U1006921

外交学院
2015年科学周论文集

主　编　秦亚青
副主编　孙吉胜

世界知识出版社

本书获中央高校基本科研业务费专项资金资助

目　录

一、外交与国际关系

二、语言文学

三、高校教育管理

四、图书馆学

五、国际经济与国际法及其他

和平发展

——经济全球化下的中国道路选择

基础教学部　崔朝东

“走和平发展道路，是我们党根据时代发展潮流和我国根本利益作出的战略抉择。”① 这是习近平在2013年1月主持十八届中央政治局第三次集体学习时讲过的话，它充分表达了中国对自身发展道路选择的坚定和自信。

早在20世纪80年代，中国改革开放总设计师邓小平就对时代主题作出了明确判断，即和平与发展，这一判断也昭示了世界历史发展进程的基本特征。1984年10月，邓小平在会见当时联邦德国总理科尔时说：“我们感到战争危险依然存在，仍要提高警惕，但防止新的世界战争爆发的因素在增长。我们的对外政策是反对霸权主义、维护世界和平。”② 由此，和平与发展时代主题的概括得以清晰，而顺应这思想理念，中国也更加明确了未来的发展道路。从20世纪70年代末至今，中国改革开放走过了近40年的历程，实践证明，近40年来，中国的和平发展理念与道路选择始终没有改变，而邓小平关于和平与发展时代主题的认识和概括，也成为我国走和

① 《习近平谈治国政》，北京：外文出版社，2014年版，第247页。

② 《邓小平文选》第三卷，北京：人民出版社，1993年版，第82页。

平发展道路的坚实理论基础和指导思想。

一、经济全球化与中国和平发展道路的选择

（一）经济全球化趋势凸显，引发中国对时代主题的重新思考与认识

在“和平与发展”时代主题这一新的概括提出之前，为人所知并产生重要影响的是来自列宁和斯大林的“战争与革命”。尽管后人对这一主题思想有着诸多的评价与解读，但20世纪两次世界大战的爆发足已证明其理论预见的科学性和对时代把握的准确性。从第二次世界大战结束，尽管世界和平发展的态势已经明朗，但冷战的现实存在与影响让世界一时很难摆脱战争、革命的传统思维。谈及中国，受苏联以及以意识形态区分和看待问题的思维模式影响，对时代主题的认识和把握在很长时间里一直没能突破。然而，进入20世纪80年代，世界经济发展呈现出新的发展态势，经济全球化趋势越发凸显。虽然学界对于经济全球化取代经济国际化成为世界经济发展突出特征的起点界定和阶段划分等诸多问题，一直都有着不同的认识和看法，但经济全球化已成为世界经济的发展趋势则是国际共识。邓小平“和平与发展”时代主题的概括正是形成于这样的世界历史背景。

（二）顺应经济全球化，合作共赢开启发展新思路

经济全球化最突出的表现是，身处其中的各国家、各民族经济联系更加频繁、更加广泛，使得各国家、各民族越来越形成统一的整体。具体特征表现是：各国经济联系渠道更加宽广多样，涉及贸易、投资、劳务、金融、技术、管理等多种方式；各国经济联系更加紧密深入，除了开展双边合作，还通过组织自由贸易区、实施经济一体化、建立经济合作机制等提升多边合作水平；各国经济联系

更加横纵交错，叠加复合，既有链的维系，也有面的参与。经济全球化使各国经济利害相关、荣辱与共。

经济全球化的上述特点，对各国发展的模式道路选择提出了新的要求。这里有这样几点认识值得我们深思：第一，在以往的世界历史中，有些国家的社会发展与经济繁荣一定程度上是以牺牲他国利益、甚至不惜是以掠夺他国为代价条件的，这样的情形能否再继续？第二，在损害了别国利益但同时不能规避本国损失的情形下，我们该做怎样的选择？第三，强者必霸、零和博弈是否是绝对的不二法则、毫无破解的可能？

无法否认的一个基本事实是，人类社会发展过程其实也是一个不断纠正自身作为的过程，这正如市场经济不断走向成熟一样：当完全自由竞争的资本主义市场经济宣告破产，取而代之的是国家宏观调控的资本主义市场经济；当高度集中的社会主义计划经济难以为继，代之而起的是社会主义市场经济，由此，市场经济以更加现代的体制模式适应着社会生产力的发展。在经济全球化的今天，各国经济一荣俱荣、一损俱损，面对这种情形，我们解决问题的思路首先需要作出调整和改变，问题解决的出路不应再是对抗、冲突，而应是合作、共赢，这不仅与经济全球化的基本特征相适应，也是经济全球化未来继续发展的关键所在。而这也恰符合中国的发展理念。

（三）和平发展，是中国直面经济全球化对世界作出的庄严承诺

一个国家发展道路的选择往往受到诸多因素的影响。就中国而言，中华民族优秀文化的历史传承、中国人民从近代以来遭受外侵的苦难经历，都可成为我们今天选择走和平发展道路的强有力根据。“中国历史上曾经长期是世界上最强大的国家之一，但没有留下殖民和侵略他国的记录”，[①] 这足以让那些心存疑虑的人们

① 《习近平谈治国政》，北京：外文出版社，2014年版，第265页。

进一步地感受和了解中国。然而，这里我们想强调也更为重要的是，走和平发展道路是当代中国的现实选择，它既脱离不开经济全球化的世界大背景，也脱离不开对我国根本利益的深刻考量。具体来看：第一，2014年中国国内生产总值63.6万亿元，继续稳居世界第二位。而如此超大规模的经济体要继续保持发展势头，和平稳定的国际环境是必不可少的先决条件。“党的十八大明确提出了‘两个百年’的奋斗目标，我们还明确提出了实现中华民族伟大复兴的中国梦的奋斗目标。实现我们的奋斗目标，必须有和平国际环境。”[①] 而要争得和平稳定的国际环境，中国自身首先要坚持和平发展，不走殖民侵略他国的路，不以牺牲和损害他国利益为前提。第二，中国目前的工业化水平还处于传统工业时期，作为制造业大国，中国商品的出路是世界市场。没有世界市场对中国商品的消化和吸收，中国自身的生产链条就会断掉，经济增长也就无从谈起。而要保持通畅的商品销售渠道，中国就要保持与世界各国的友好往来和密切沟通，在等价交换、公平竞争的基础上实现繁荣自己，惠及他人。第三，进一步思考，尽管历史上崛起的大国几乎没有谁能在完全摆脱战争的情形下保持自身的发展，但我们必须清楚的一点是，世界历史发展已经进入了新的阶段，弱肉强食的丛林法则无论今天还有到何种程度的被认同，它都已经到了需要人类反思，或被破解的时候。正像人类征服自然反被自然报复的情形一样，今天我们不善待世界，中将会被世界抛弃。中国已经认识到了这一点，“坚持开放的发展、合作的发展、共赢的发展，通过争取和平国际环境发展自己，又以自身发展维护和促进世界和平。”[②] “综观世界历史，依靠武力对外侵略扩张最终都是失败的。这就是历史规律。”[③]

---

① 《习近平谈治国政》，北京：外文出版社，2014年版，第248页。

② 同上书，第247页。

③ 同上书，第248页。

二、对中国和平发展道路内在蕴意的几点思考

（一）走和平发展道路是中国人民的自觉选择

20世纪80年代以来，中国社会用短短的几十年时间取得了令世界瞩目的长足进步和发展，从不能解决温饱到即将迎来小康社会。然而，在国家迅速走向富强的同时，中国人开始静心思考，未来该如何继续成就我们的辉煌。如果说，在新中国成立之初，中国面临着艰巨的工业化起步任务，急需大量的建设资金，在没有积累、没有外援、不能掠夺、难以开放的境遇下，中国人自己勒紧腰带，硬是靠自身力量，解决了工业化起步所面临的资金难题。虽然在这一过程中，人民作出了巨大的牺牲，但中国坚持下来了，中国人靠自己的努力支撑起了国家建设的大厦。经历了这样的工业化历史，经历了这样的现代化奋斗历程，加之今天的中国早已不是一穷二白，而是拥有了强大的物质基础，中国人没有理由不继续奋发图强，走和平发展的道路。

（二）走和平发展道路是中国坚定的国家意志

回顾中国改革开放的历史，中国社会前行的每一步，都伴随着国家发展的顶层设计：从经济特区，到全方位对外开放格局；从发展外贸，到加入世界贸易组织；从招商引资，到实施“走出去”战略；从开放汇率市场，到人民币国际化。而谈及顶层设计，就不能不涉及现代中国的执政党——中国共产党，在中国，依靠坚强的执政党领导是中国道路成功的关键所在。艾伦·塔斯克曾这样评价：“中国共产党刚刚结束三中全会。中共在会议上提出一系列改革，目标是解决世界第二大经济体的中长期问题。”① 改革开放历史证

① 《美国能向中国学什么：在政治中，能力很重要》，环球时报，2013年11月14日。

明，中国执政党始终站在民族振兴的高度，根据时代发展潮流和国家根本利益，加强战略思维，增强战略定力，统筹国内外，谋划国家发展大计，并把它转化为人民的意志、国家的意志。中国正一步步接近自己的目标，中国正一步步靠近世界的中心。

（三）走和平发展道路不以牺牲国家核心利益为代价

和平发展，其根本要义在于发展自己，但同时不损害他人利益。中国对和平发展的这一界定是以国家信用做保证的，是中国对世界的庄严承诺。但是，倡导和坚持和平发展，并不等于说可以丢弃国家的基本原则。在这里，国家发展的目标不能放弃；国家的根本利益、核心利益不能放弃；国家的主权、安全必须得到保障。“我们要坚持和平发展道路，但决不能放弃我们的正当权益，决不能牺牲国家核心利益。任何外国不要指望我们会拿自己的核心利益做交易，不要指望我们会吞下损害我国主权、安全、发展利益的苦果。”[①] 值得一提的是，也许有人认为，我们提出这样的主张，只不过是一种宣传，是想为自己争取建设时间，是缓兵之计。而我们想说的是，“中国走和平发展道路，不是权宜之计，更不是外交辞令，而是从历史、现实、未来的客观判断中得出的结论，是思想自信和实践自觉的有机统一。”[②]

（四）走和平发展道路的中国离不开世界的支持

如前所述，经济全球化的发展对世界各国提出了新的要求，即合作、共赢。具体来说，“和平发展道路对中国有利、对世界有利”。[③] 当今时代，任何一个国家的繁荣与发展都离不开他国。“中国走和平发展道路，其他国家也要走和平发展道路，只有各国都走

① 《习近平谈治国政》，北京：外文出版社，2014年版，第249页。

② 同上书，第267页。

③ 同上书，第267页。

和平发展道路，各国才能共同发展，国与国才能和平相处。”① 谈及中国与世界的关系问题，我们还要进一步明确这样一点：“世界的繁荣稳定是中国的机遇，中国的发展也是世界的机遇。和平发展道路能不能走通，很大程度上要看我们能不能把世界的机遇转变为中国的机遇，把中国的机遇转变为世界的机遇，在中国与世界各国良性互动、互利共赢中开拓前进。”② 在这里，一个关键点是如何实现“机遇”相互“转变”。对中国而言，目前的经济全球化就是最大的世界机遇；对世界而言，目前中国经济的稳定增长就是最大的中国机遇。抓住机遇，抢占时机，中国、世界可以共赢。

三、中国和平发展道路面临现实挑战

在中国倡导与践行和平发展道路的过程中，始终伴随着一种声音——中国威胁论。从粮食威胁到经济威胁；从能源威胁、军事威胁再到环境威胁，中国威胁论始终不曾消失和停止。

剖析和认识中国威胁论的产生和存在原因，我们可以发现以下几点：第一，中国威胁论产生的时间背景正值中国经济社会发生显著变化，综合国力迅速提升的时期。中国作为一个大国，其快速发展会给其他国特别是周边国家造成冲击和影响，这是不争的事实，而这种冲击和影响不仅表现于中国在世界、地区经济中的份额比例的变化，更表现于人们认识中的中国形象的改变，进而产生疑惑、担心，这种情景是难以避免的。第二，中国威胁论调的背后也透视着一种既定思维模式的影响与羁绊，正所谓冷战结束，但冷战思维并未消失。但这种冷战思维带来的结果却是各种直接针对中国的曲解与抹黑，进而损害中国的生存环境，这是需要我们尤其警惕的。

---

① 《习近平谈治国政》，北京：外文出版社，2014年版，第249页。

② 同上书，第248页。

第三，从政治思辨的角度说，中国作为发展中大国，坚持走中国特色社会主义道路，其政治、经济、文化、社会等体制、制度，在很多方面有别于西方，也有别于其他发展中国家。而中国崛起，不仅意味着其硬实力的提升，更包含着其软实力[①]的作用和影响。中国的崛起，预示着另一种秩序，一种有别于现有秩序的新秩序的形成。从这一点出发，在某些人和国家眼里，中国的崛起和发展，无论如何似乎都称得上是一种“威胁”。

应对中国威胁论需要有中国大智慧，其核心就是要走好和平发展之路。这里有两个方面工作：第一，宣传自己，向世界传递中国声音。习近平强调：“我们要深入宣传我国坚持走和平发展道路的战略思想，引导国际社会正确认识和对待我国的发展。”[②]当今世界进步发展的一个重要表现就是民主、公开、透明，这不仅适用于政治经济，也适用于国家之间、人民之间的相互认识和了解。针对那些因不知、不了解而误读中国的情景来说，我们发出声音，加强自身宣传，是一种非常有效的应对方法和途径。第二，坚定目标，做和平发展的实践者。中国是否能真正实现和平发展，关键是看具体实践结果。为此，我们要“不断夯实走和平发展道路的物质基础和社会基础”，[③]打牢和平发展的根基。从目前具体工作看，我们要做世界“共同发展的推动者、多边贸易体制的维护者、全球经济治理参与者”[④]以实际行动，赢得世界的信赖。

① Joseph S. Nye Jr., *Bound to Lead: The Changing Nature of American Power*, Toronto: HarperCollins Publishers, 1990; [美]约瑟夫·奈:《软实力》，马娟娟译，北京：中信出版社，2013年版。

② 《习近平谈治国政》，北京：外文出版社，2014年版，第249页。

③ 同上书，第247页。

④ 同上书，第249页。

“冷静观察、稳住阵脚、沉着应对”

——走和平发展道路

基础教学部　孟　艳

改革开放以来，中国外交工作进入新的发展阶段。邓小平继承毛泽东和周恩来的和平外交思想，审时度势，把握国际国内两个大局，提出“和平与发展是当代世界两大主题”的新论断。以这一判断为依据，邓小平适时地调整了外交战略，提出独立自主的和平外交路线。20世纪80年代末90年代初，在国际形势复杂多变、国际关系大变动的历史转折时期，邓小平坚持和平发展的世界主题判断，提出“冷静观察、稳住阵脚、沉着应付”的战略方针，为我国在各种复杂的国际环境中坚持中国特色社会主义道路提供了有力保障。进入新的历史时期，中国共产党人坚持邓小平时期形成的独立自主的和平外交路线和十二字外交方针，逐渐形成了具有中国特色的和平发展道路。

一、和平发展的时代主题与中国外交战略调整

20世纪80年代，邓小平立足世界格局的转变，抓住了当代世界最突出的矛盾、最根本的变化和最主要的特征，以实事求是的科学态度，深刻反思社会主义建设的经验与教训，从中国的基本国情

出发，形成了和平与发展是当代世界主题的思想。在这一时代背景下，邓小平对中国外交战略进行了重大调整，开创了具有中国特色的社会主义外交工作的新局面。

（一）坚持独立自主的原则是新时期中国外交战略的出发点

独立自主原则是新中国成立以来我国外交工作始终坚持的一项基本原则。早在新中国成立前夕，毛泽东就指出："中国的事情必须由中国人民自己作主张，自己来处理，不容许任何帝国主义国家再有一丝一毫的干涉。"[①] 邓小平在中国共产党第十二次全国代表大会上的开幕词中指出："中国的事情要按照中国的情况来办，要依靠中国人自己的力量来办。独立自主，自力更生，无论过去、现在和将来，都是我们的立足点"。[②] 在新的历史条件下，我们党继承了这一原则，并赋予了独立自主新的时代内涵。

新时期的独立自主原则是真正的不结盟。中苏边界冲突后，我党改变了过去"一边倒"的外交战略，提出"一条线、一大片"联美抗苏的新战略。一些西方学者将1971年至1989年的国际格局描述为中美苏战略大三角，中国开始成为主导美苏关系的一个重要因素。[③] 这一次外交调整为中国争取到了更大的外交活动范围。十一届三中全会以后，我党依据时代主题的深刻变化，逐步将"一条线"战略调整为"不结盟"战略。邓小平指出："中国的对外政策是独立自主的，是真正的不结盟。中国不打美国牌，也不打苏联牌，中国也不允许别人打中国牌""我们奉行独立自主的正确的外交路线和对外政策，高举反对霸权主义，维护世界和平的旗帜，坚定地站在和平力量一边，谁搞霸权就反对谁，谁搞战争就反对谁。所以，中国的发展是和平力量的发展，是制约战争力量的发展。现

---

① 中华人民共和国外交部中共中央文献研究室编：《毛泽东外交文选》，中央文献出版社，1994年12月，第90页。

② 《邓小平文选》第3卷，人民出版社，1993年版，第3页。

③ 李婕：《毛泽东与新中国的内政外交》，北京：中国青年出版社，2003年版，第3页。

在树立我们是一个和平力量、制约战争力量的形象十分重要，我们实际上也要担当这个角色。"[①] 这一战略表明中国独立自主发展的决心，树立了中国良好的国际形象，并再次阐明了中国和平发展对世界和平发展的重要意义。

新时期的独立自主原则是同对外开放紧密联系在一起的。中国所提倡的坚持独立自主的外交原则，不做任何大国的附庸，并不是要盲目排外，闭关自守。1978年10月，邓小平指出："中国在历史上对世界有过贡献，但是长期停滞，发展很慢……同发达国家相比较，经济上的差距不只是十年了，可能是二十年、三十年，有的方面甚至可能是五十年……所以，要实现四个现代化，就要善于学习，大量取得国际上的帮助。要引进国际上的先进技术、先进装备，作为我们发展的起点"，必须要"大胆吸收和借鉴人类社会创造的一切文明成果，吸收和借鉴当今世界各国包括资本主义发达国家的一切反映现代社会化生产规律的先进经营方式、管理方法"。[②] 因此，独立自主原则在和平发展的时代主题下，在经济全球化浪潮中具有了新的时代特征，是新时期邓小平外交战略调整的重要内容。

（二）维护国家利益是新时期中国外交战略的最高准则

维护国家利益是一切外交工作的核心，其中，国家主权和安全是核心利益，国家发展是根本利益。维护国家利益就是要抛弃意识形态和社会制度的标准，维护国家主权和安全，促进国家发展。

邓小平是第一个明确提出以国家利益作为外交出发点的新中国领导人。早在1979年，邓小平在会见美国总统卡特时说："我们两国社会制度不同，意识形态不同，但是两国政府都意识到，两国人民的利益和世界和平的利益要求我们从国际形势的全局、用长远的

① 《邓小平文选》第3卷，北京：人民出版社，1993年版，第57、128页。

② 同上书，第373页。

战略观点来看待两国关系。"[①] 1989年10月，邓小平在与美国前总统尼克松会见谈话中明确使用了国家利益的概念。"考虑国与国之间的关系主要应该从国家自身的战略利益出发。着眼于自身长远的战略利益，同时也要尊重对方的利益，而不去计较历史的恩怨，不去计较社会制度和意识形态的差别，并且国家不分大小强弱都互相尊重，平等相待"，邓小平强调"我们都是以自己国家利益为最高准则来谈问题和处理问题的"。[②]

邓小平坚定不移地把国家主权和国家安全放在国家利益的首要位置。1982年9月，当英国企图在1997年以后继续管治香港时，邓小平对撒切尔夫人指出："关于主权问题，中国在这个问题上没有回旋的余地。坦率地讲，主权问题不是一个可以讨论的问题……如果十五年后还不收回，人民就没有理由信任我们，任何中国政府都应该下野，自动退出政治舞台。"[③] 1989年政治风波后，邓小平明确提出，"国家的主权、安全要始终放在第一位"，[④] 我们决不允许西方国家打着人权、社会主义制度不合理的幌子侵犯中国的国权，中国也绝不会接受任何违反国际准则的制裁和行动。

国家的发展在中国现阶段就是指社会主义现代化建设。十一届三中全会明确提出将国家的工作重心转移到经济建设上来，邓小平则指出社会主义现代化建设是我们当前最大的政治，因为它代表着人民的最大的利益、最根本的利益，其他一切任务都要服从这个中心。[⑤] 中国坚持独立自主的和平外交政策，就是要给社会主义现代化建设创造一个和平的、有利的国际环境，只有中国发展壮大了，才能更好地维护世界和平。

---

① 中共中央文献研究室编：《邓小平思想年谱（1975—1997）》，北京：中央文献出版社，1998年版，第110页。

② 《邓小平文选》第3卷，北京：人民出版社，1993年版，第330页。

③ 同上书，第12—13页。

④ 同上书，第348页。

⑤ 《邓小平文选》第2卷，北京：人民出版社，1993年版，第162—163页。

（三）建立国际新秩序是新时期中国外交战略的重要内容

邓小平认为建立在殖民主义、帝国主义、霸权主义基础上的旧的经济秩序是发展中国家解放和进步的最大障碍，并积极主张建立公正、平等、合理的国际经济新秩序。进入20世纪80年代后，邓小平围绕“和平”“发展”的主题，多次提出以和平共处五项原则为基础建立国际政治经济新秩序的主张，具体内容包括：不干涉别国内政；各个国家不论大小，一律平等；和平解决争端。[①]

邓小平提出：“国际关系新秩序的最主要的原则，应该是不干涉别国的内政，不干涉别国的社会制度。”[②] 不干涉别国的内政，不干涉别国的社会制度是当前世界局势的大背景，全世界不可能都是一个发展模式，各个国家不论先进落后、不论大小都有平等发展的权利。“少数国家垄断一切，这种形式过去多少年没有解决任何问题，今后也不能解决任何问题”。[③] 对于问题、分歧和争端，邓小平主张采取和平对话的方式，求大同存小异，寻求双方更多的利益共同点，对于暂时解决不了的，可以先放一放，“搁置争议，共同开发”，继续增进经济往来和文化交流。国际政治经济新秩序的建立将有利于南北问题的彻底解决，有利于维护世界的和平与发展，是中国外交策略又一次创新。

在和平共处五项基本原则基础上，中国展开“大国是关键、周边是首选、发展中国家是基础、多边是舞台”[④] 的外交布局，积极推动国际政治经济新秩序的建立，彻底完成了从“革命外交”到“和平外交”的转变。

总之，邓小平独立自主的和平外交战略，为中国社会主义现代

① 黄仁伟等著：《中国和平发展道路的历史选择》，上海：上海人民出版社，2008年版，第35页。

② 《邓小平文选》第3卷，北京：人民出版社，1993年版，第359页。

③ 同上书，第360页。

④ 阮宗泽：《维护世界和平促进共同发展——邓小平外交思想的形成及其丰富内涵》，《国际问题研究》，2004年第6期，第11页。

化建设创造了有利的国际环境，为中国经济迎头赶上争取了宝贵时间，为世界和平发展事业作出了重要贡献。

二、冷战格局终结与中国外交战略抉择

20世纪80年代末至90年代初，我国外交遇到了改革开放以来未曾有过的困难局面和多方压力。面对国际国内的复杂局势，邓小平提出，全党要“冷静观察，稳住阵脚，沉着应付”，坚持“一个中心，两个基本点”，坚持反对霸权主义、强权政治，维护世界和平，既不当头，又要有所作为，积极推动国际政治经济新秩序的建立。

（一）和平与发展的世界主题没有变

所谓冷静观察，就是要看到国际社会关注的基本问题没有改变，各种力量对比的变化正在促进多极化的发展趋势，有利于我国和平发展的国际因素依然存在，从而认清和平与发展的时代主题没有改变。

20世纪80年代末90年代初，苏联东欧许多国家纷纷倒向资本主义，社会主义阵营瓦解，冷战格局就此终结。但这并不意味着世界要重回革命与战争的年代，因为苏联解体主要是由内因造成的，并不能决定国际形势的走向。邓小平对时代主题进行思考并及时指出：“和平与发展两大问题，和平问题没有得到解决，发展问题更加严重……我们过去对国际问题的许多提法，还是站得住的”。[①]同时，邓小平敏锐地看到世界由两极格局向多极格局的过渡趋势，提醒我们对国际形势还要继续观察。既要看到问题和不利因素，“世界上矛盾多得很，大得很，一些深刻的矛盾刚刚暴露出来”，更要看到，“我们可利用的矛盾存在着，对我们有利的条件存在着，

① 《邓小平文选》第3卷，北京：人民出版社，1993年版，第353页。

机遇存在着，问题是要善于把握”[①]。

同时，邓小平对中国的发展与地位作出了准确的判断。一方面，中国现在已经是一个政治大国，不久的将来还会成为一个经济大国，中国已经构成世界的一极。而中国的发展必将有力地制约战争因素的增长，对于平衡国际力量对比，维护世界和平稳定具有重大意义。另一方面，中国有抗拒外部压力、坚持和平发展的坚定意志。面对少数几个西方发达国家对中国的制裁和强权政治的升级，邓小平表现出一个大国领袖、一个无产阶级革命导师的气魄：“中国不能接受西方七国首脑会议的指责和制裁，他们有什么资格，谁给他们的权力，一个国家自称为“世界宪兵”的时代已经过去了。世界上最不怕孤立、最不怕封锁、最不怕制裁的就是中国，同中国闹僵没有什么好处，中国坚持社会主义，不会改变！”[②]

和平与发展的时代主题没有改变，但是霸权主义、强权政治依然威胁着世界的和平与发展，因此中国的对外政策还是两条：第一条是反对霸权主义、强权政治，维护世界和平；第二条是建立国际政治新秩序和经济新秩序。[③]总之，旧的格局还在变化中，新的格局还没有形成，在这个过程中，“我们主要观察，少露锋芒，沉着应付”[④]。

（二）坚持社会主义和平发展的现代化之路

所谓稳住阵脚，就是要沿着中国特色社会主义方向前进，坚持改革开放，走和平发展的现代化之路。

1989年6月4日，党和政府采取果断措施，平息了持续近两个月的北京政治风波。在谈到之后怎么办的问题时，邓小平指出：有

① 《邓小平文选》第3卷，北京：人民出版社，1993年版，第354页。

② 中共中央文献研究室编：《邓小平思想年谱（1975—1997）》，北京：中央文献出版社，1998年版，第438页。

③ 《邓小平文选》第3卷，北京：人民出版社，1993年版，第353页。

④ 中共中央文献研究室编：《邓小平思想年谱（1975—1997）》，北京：中央文献出版社，1998年版，第457页。

些事情要向人民作出交代，其中，反对资产阶级自由化，坚持四项基本原则，这不能动摇。[①] 不久，邓小平在接见首都戒严部队干部时希望同志们可以“很冷静地考虑一下过去，也考虑一下未来”，也许可以把这件坏事变成使我们改革开放的步子迈得更稳、更好，甚至更快的好事。他提出两个关键性问题：党的十一届三中全会制定的路线、方针、政策，正不正确？党的十三大概括的“一个中心，两个基本点”对不对？经过冷静地观察分析，邓小平指出，总结过去的十年，我们的一些基本提法，从发展战略到方针政策，包括改革开放都是对的，并强调照样干下去，坚定不移地干下去。”[②]

社会主义国家的动乱解体使世界社会主义运动遭受重挫。“历史终结论”等反对社会主义的声音不绝于耳，作为社会主义国家的中国能否坚持改革开放，坚持社会主义道路，能否取得既定的发展目标，不仅关乎中国命运，更是世界社会主义运动命运之所系。对此，邓小平说，“别人的事我们管不了，只讲一个道理：中国的社会主义是变不了的”，无论面临什么样的挑战，“中国肯定要沿着社会主义道路走到底。谁也压不垮我们。只要中国不垮，世界上就有五分之一的人口在坚持社会主义。我们对社会主义的前途充满信心。”[③] 与此同时，邓小平警告全党，“西方国家正在打一场没有硝烟的第三次世界大战——要社会主义国家和平演变”。[④] 因此，必须进一步加强思想政治教育，加强无产阶级专政，自觉抵制资产阶级自由化倾向。

1992年，邓小平在南巡讲话中指出：“社会主义经历一个长过程发展后必然代替资本主义。这是社会历史发展不可逆转的总趋势，但道路是曲折的。从一定意义上说，某种暂时复辟也是难以完

① 中共中央文献研究室编：《邓小平思想年谱（1975—1997）》，北京：中央文献出版社，1998年版，第427页。

② 《邓小平文选》第3卷，北京：人民出版社，1993年版，第305—307页。

③ 《邓小平文选》第3卷，北京：人民出版社，1993年版，第320、321页。

④ 同上书，第344页。

全避免的规律性现象……社会主义中国应该用实践向世界表明，中国反对霸权主义、强权政治，永不称霸。中国是维护世界和平的坚定力量。我们要在建设有中国特色的社会主义道路上继续前进。”①

（三）抓好国际国内两个大局

沉着应付，就是指既坚持独立自主的和平外交战略，努力争取和维护有利于中国发展的国际环境，又要善于利用国际社会矛盾，抓住时机，促进国内的稳定与发展。

社会主义阵营瓦解，社会主义和资本主义力量对比严重失衡，以美国为首的发达国家一方面对我国实行经济制裁，另一方面又企图用和平演变颠覆社会主义中国。我们应该怎么办？邓小平提出“不扛旗、不当头、不称霸”，加快发展步伐，认认真真做好自己的事。

首先，不当头，是中国作为社会主义国家向全世界做出的庄严承诺，是总结国际共产主义运动特别是苏联解体教训的深刻认识，也是出于中国基本国情的政治考虑。1982年6月，邓小平会见马耳他总理明托夫。当明托夫希望中国能成为不结盟运动的精神领袖时，邓小平表示不赞成。说千万不要想当什么头，兄弟关系、朋友关系比那个牢靠得多。② 邓小平在1982年8月21日会见联合国秘书长德奎利亚尔再次重申了这一主张。他说，中国坚持反对霸权主义，维护世界和平，加强同第三世界国家的团结和合作，但中国决不会当第三世界的头头。“我们说，头头可不能当，头头一当就坏了。搞霸权主义的名誉很坏，当第三世界的头头名誉也不好。这不是客气话，这是真实的政治考虑”。③ 1990年12月24日，邓小平在同中央几位负责同志的谈话中进一步指出：“第三世界有些国家希望中国当头。

---

① 《邓小平文选》第3卷，北京：人民出版社，1993年版，第382—383页。

② 中共中央文献研究室编：《邓小平思想年谱（1975—1997）》，北京：中央文献出版社，1998年版，第222页。

③ 《邓小平文选》第2卷，北京：人民出版社，1993年版，第416页。

我们千万不要当头，这是一个根本国策。这个头我们当不起，自己的力量也不够。当了绝无好处，许多主动都失掉了。中国永远站在第三世界一边，中国永远不称霸，中国也永远不当头。”①

其次，社会主义国家出现问题，主要还是经济没有搞上去。当东欧一些社会主义国家出现动荡时，邓小平说“东欧的事情对我们来说并不感到意外，迟早要出现的。东欧的问题首先出在内部。”②其中最重要的一点是，这些国家的经济没有搞上去，人民长期过紧日子。现在中国实行改革开放，大力发展生产力，得到了人民的拥护，就是因为，中国这十年有发展，发展很明显。因此，不发展或发展速度慢，不只是经济问题，实际上是个政治问题。邓小平始终从政治高度和社会主义本质等根本性问题出发，看待社会主义国家经济发展问题。“中国能不能顶住霸权主义、强权政治的压力，坚持我们的社会主义制度，关键就看能不能争得较快的增长速度，实现我们的发展战略。”③

最后，中国必须有一个稳定的政治局面，以保证有领导有秩序地进行现代化建设，中国不能再折腾，不能再动荡。1989年2月，邓小平对美国总统布什说：“中国的问题，压倒一切的是需要稳定。没有稳定的环境，什么都搞不成，已经取得的成果也会失掉……要改革，就一定要有稳定的政治环境”。④针对国内资产阶级自由化抬头和政治动乱，邓小平特别强调必须在新的历史时期，加强人民民主专政建设。“稳定压倒一切，人民民主专政不能丢。这个专政可以保证我们的社会主义现代化建设顺利进行，有力地对付那些破坏建设的人和事。无产阶级作为一个新兴阶级夺取政权，建立社会主义，本身的力量在一个相当长时期内肯定弱于资本主

① 《邓小平文选》第3卷，北京：人民出版社，1993年版，第363页。

② 《邓小平文选》第3卷，北京：人民出版社，1993年版，第344页。

③ 同上书，第356页。

④ 同上书，第284页。

义，不靠专政就抵制不住资本主义的进攻”。[①]

十二字方针是邓小平在复杂的国际国内形势下，提出的战略性主张，其要点为坚持对外政策、坚持改革开放、坚持社会主义，在和平稳定中求发展，以发展促稳定促和平。这些战略方针体现了社会主义原则的坚定性和政策策略的灵活性。在十二字方针的指导下，中国不断开创外交工作的新局面，粉碎了少数国家和平演变的企图，为国际和平发展事业作出了杰出贡献，并为中国现代化建设赢得了宝贵的发展时机。

三、中国走和平发展道路的历史必然性

二十世纪初，经过20多年改革开放的历程，中国综合国力不断增强，各项社会事业全面发展，人民生活总体上实现了由温饱到小康的历史性跨越。中国的崛起引起国际社会的广泛关注，一些学者抛出“中国威胁论”“中国崩溃论”，质疑中国现代化发展道路。为应对世界对中国发展崛起的不安、不良和不利反应，我党将1978年十一届三中全会以来在以和平发展为主题的时代条件下，同经济全球化相联系并立足于本国实际，独立自主地建设中国特色社会主义，基本实现现代化，努力实现中华民族伟大复兴的战略道路凝练为中国和平发展道路。[②] 中国走和平发展道路绝不是历史的偶然，而是中国特色社会主义现代化的必然选择。

（一）和平发展是社会主义的价值追求

邓小平提出“中国是社会主义国家，这个社会制度的性质决定

① 《邓小平文选》第3卷，北京：人民出版社，1993年版，第364—365页。

② 郑必坚：《关于历史机遇和中国特色社会主义的战略道路》，载郑必坚著：《郑必坚论集》下卷，上海：上海人民出版社，2005年版，第1189—1190页。

了我们对外奉行和平外交政策”。[1] 社会主义作为资本主义的替代物，本身就包含着对资本主义的否定与超越。这一理想的社会形态是一个物质财富充分涌流，个人自由全面发展的社会，和平是这个社会的显著特征。“同那个经济贫困和政治昏聩的旧社会相对立，正在诞生一个新社会，而这个新社会的国际原则将是和平。”[2] 列宁、毛泽东等无产阶级革命导师和社会主义国家领导人一贯倡导并践行着马克思主义主张世界和平的思想。

1915年，列宁在《和平问题》一文中揭露了帝国主义伪和平的口号，提出只有社会主义政策才能“结束战争，实现国际和平，停止掠夺和暴行”。[3] 在武装夺取政权时期，布尔什维克高举“和平”大旗，夺取政权后，立即颁布了《和平法令》，提出缔结普遍的公正的民主条约，表明苏维埃为争取建立正常的政治经济关系以及同各国人民友好相处的立场。十月革命后，列宁预见到社会制度不同的国家共存共处的不可避免性，提出了社会主义国家对不同社会制度国家和平共处的思想，从而提供了社会主义国家处理国际关系的基本指导原则。[4] 同时，列宁认为和平外交政策，是社会主义制度的必然产物，是社会主义区别于资本主义的重要标志。“只有工人阶级才能在夺取政权以后，在实际上而不是口头上执行和平政策……无论在任何军事情况下……工人阶级还是要毫不迟疑地向各国人民提出公开的、明确的、公正的和平条件（不割地、不侵占、不赔款）。”[5]

新中国成立前，中国共产党向全世界表明：中国人民愿意同世界各国人民实行友好合作，恢复和发展国际间的通商事业，以利发展生产和繁荣经济。新中国成立初，毛泽东指出，“中国是农业国，

---

① 中共中央文献研究室编：《邓小平思想年谱（1975—1997）》，北京：中央文献出版社，1998年版，第282页。

② 《马克思恩格斯选集》第3卷，北京：人民出版社，1995年版，第19页。

③ 《列宁全集》第21卷，北京：人民出版社，1963年版，第271页。

④ 刘昀献：《论邓小平对和平共处思想的发展》，《河南大学学报(社会科学版)》，1998年第5期，第17页。

⑤ 《列宁全集》第25卷，北京：人民出版社，1963年，第309页。

要变为工业国需要几十年，需要各方面帮助，首先需要和平环境”，并表示了愿意同一切主张和平的国家合作，“用和平的方法来解决存在的问题”。[①] 在如何处理国际关系、世界各国如何相处的问题上，毛泽东和周恩来结合新中国的外交实践经验，提出了和平共处五项原则。毛泽东指出：“五项原则是一个长期方针，不是为了临时应付的。这五项原则是适合我国的情况的，我国需要长期的和平环境……对我们来说，稳定比较好，不仅是国际上要稳定，而且国内也要稳定。”[②] 他还指出：“我国的外交政策是以和平共处五项原则为基础的。为了缓和国际紧张局势和支援反殖民主义的民族解放运动，我国政府和人民已经做了许多有益的工作。今后还应当做更多的工作，争取世界上一切和平力量使它们更加发展，以有利于世界的持久和平，也就有利于我国的建设。为了和平建设的利益，我们愿意和世界上一切国家，包括美国在内，建立友好关系。”[③] 此外，中国共产党一直把发展同亚非拉民族国家的友好合作关系作为对外工作的重点和外交工作的根本立足点。毛泽东多次发表声明，支持亚洲、非洲和拉丁美洲各国的民族独立解放运动，以及世界上一切国家的和平运动和正义斗争。在反对霸权主义的斗争中，我党坚持原则的坚定性与政策的灵活性，主张主要依靠和平来解决问题。毛泽东说“帝国主义总是要战胜的。打么，有两种打法文打和武打。基本上是文打，用和平的方法打它。”[④]

虽然受客观形势和个人认识的局限，社会主义国家在对外交往中有过一些失误与挫折，但是社会主义追求和平的信念却从未动摇过。

---

① 《毛泽东文集》第6卷，北京：人民出版社，1999年版，第340、411页。

② 中华人民共和国外交部中共中央文献研究室编：《毛泽东外交文选》，北京：中央文献出版社，1994年版，第186—187页。

③ 同上书，第246页。

④ 中华人民共和国外交部中共中央文献研究室编：《毛泽东外交文选》，北京：中央文献出版社，1994年版，第90页。

（二）和平发展是中国现代化建设的现实需要

现实社会主义不是马克思恩格斯所设想的建立在资本主义高度发达基础之上的，恰恰相反，它最先在经济发展落后的国家出现。因此，现实社会主义更要追求和平与发展，从而缩小与发达国家的差距，体现对资本主义的制度优越性。

新中国成立初，毛泽东多次表达了中国需要和平的环境，以便发展国内生产，改善人民生活的愿望。70年代中后期，邓小平反复提到争取和平对中国社会主义建设的重要意义。1978年11月，在出席泰国总理江萨举行的欢迎宴会上，邓小平说道："世界形势趋向紧张、不安宁，其根源是霸权主义争夺的结果……正是基于这样的判断和分析，中国对外政策除发展同世界各国的政治、经济、文化关系外，就是怎样能够延缓这个战争的爆发，这是我们处理国际事务的根本依据"。[①] 邓小平特别诚恳地指出，维护世界和平，反对霸权主义，不是讲空话，是基于中国自己的需要。[②]

二战结束后，经济全球化趋势加强，世界各国都在谋求自身的发展，围绕综合国力的竞争日趋激烈。中国要想在激烈的国际竞争中立于不败之地，就必须充分认识自身发展的紧迫性，把谋求发展放在优先的位置。为此，邓小平提出"落后国家建设社会主义，在开始的一段很长时间内生产力水平不如发达的资本主义国家，不可能完全消灭贫穷。所以，社会主义必须大力发展生产力，逐步消灭贫穷，不断提高人民生活水平"。[③]

社会主义要发展，发展离不开和平，邓小平热切地希望可以有一段和平时期、一个和平的国际环境让中国加快现代化的步伐。因此，邓小平反复强调："中国对外政策的目标是争取世界和平。在

① 中共中央文献研究室编：《邓小平思想年谱（1975—1997）》，北京：中央文献出版社，1998年版，第90页。

② 《邓小平文选》第2卷，北京：人民出版社，1994年版，第415—417页。

③ 《邓小平文选》第3卷，北京：人民出版社，1993年版，第10页。

争取和平的前提下，一心一意搞现代化建设，发展自己的国家，建设具有中国特色的社会主义”。[①] 中国现代化能否取得成功，关键一条，就在于能否争取持久的和平环境，没有和平环境谈不上建设。争取一个长期的国际和平环境，符合我们国家的最大利益，符合中国人民的最大利益。

1989年10月，邓小平会见泰国总理差猜时，精辟地概括了中国特色社会主义同和平发展的关系：“中国搞社会主义，是谁也动摇不了的。我们搞的是有中国特色的社会主义，是不断发展社会生产力的社会主义，是主张和平的社会主义。”[②] 这一概括将国际国内两个大局统一起来，将坚持中国特色社会主义同发展生产力同维护和平统一起来，因此，中国特色社会主义和平发展的现代化探索之路既符合中国特色社会主义现代化建设的需要，又最好地诠释了社会主义国家对世界和平和共同发展的价值追求。

（三）和平发展道路是邓小平和平发展观的内在逻辑

邓小平极为重视中国的现代化建设走什么道路的问题。他认为，“过去搞民主革命，要适合中国情况，走毛泽东同志开辟的农村包围城市的道路。现在搞建设，也要适合中国情况，走出一条中国式的现代化道路。”[③] 这条中国式的现代化道路是指在和平发展时代主题背景下，中国如何走向现代化的道路。苏联社会主义的历史和中国新中国成立初期社会主义的实践告诉我们：传统的社会主义模式不能解决中国生产力落后和人民群众日益增长的物质文化需求之间的矛盾；发展社会主义生产力不能从美好的愿望出发，不能一味地依靠人民群众的热情、脱离实际地搞运动；也不能闭关自守，盲目排外。因此，邓小平总结国内外社会主义建设的经验教

---

① 《邓小平文选》第3卷，北京：人民出版社，1993年版，第57页。

② 同上书，第328页。

③ 《邓小平文选》第2卷，北京：人民出版社，1993年版，第163页。

训，从中国国情出发，开始了中国式现代化道路的探索。

首先，邓小平重新确立了实事求是的思想路线。邓小平抓住了马克思主义理论的精髓，打破了长期以来世界共产党人将战争与革命看做时代主题的普遍观念，开启了中国共产党认识时代、认识世界的新视野和新思维。没有实事求是、一切从实际出发的科学态度，就不会有对世界主题的新判断，不会有中国特色社会主义理论体系，更不会有中国特色社会主义的现代化。

其次，邓小平首次将发展问题提升至与世界和平问题相同的高度，突出了现实社会主义最主要的矛盾，并促使中国共产党将中国的发展同世界的发展联系起来。如前所述，现实社会主义国家面临着发展生产力的首要任务，在从革命战争年代走出来的中国共产党人更加认识到没有和平稳定的环境，经济建设根本无从谈起。正如邓小平所说，“对于第三世界来说，发展自己同维护和平是一回事情”。[①] 而中国的和平与发展必然会对世界和平与发展产生积极意义。邓小平指出：“如果十亿人的中国不坚持和平政策，不反对霸权主义，或者是随着经济的发展自己搞霸权主义，那对世界也是一个灾难，也是历史的倒退。十亿人的中国坚持社会主义，十亿人的中国坚持和平政策，做到这两条，我们的路就走对了，就有可能对人类有比较大的贡献。”[②]

最后，和平发展不是权宜之计，而是同整个社会主义制度、道路、理论体系连在一起的，如十四大报告所指出的：“建设有中国特色社会主义的理论，是在和平与发展成为时代主题的历史条件下，在我国改革开放和社会主义现代化建设的实践过程中……逐步形成和发展起来的。”[③] 同时，随着改革开放的深化和中国国力不断增强，邓小平的和平发展观也必然会随着时代的变化不断地丰富和发展。

---

① 中共中央文献研究室编：《邓小平思想年谱（1975—1997）》，北京：中央文献出版社，1998年版，第386页。

② 同上书，第158页。

③《中国共产党第十四次全国代表大会文件汇编》，北京：人民出版社，1992年版，第16页。

四、结语

邓小平在准确把握和平发展时代主题的基础上，适时地调整外交战略，提出独立自主的和平外交路线。在国际形势复杂多变、国际关系大变动的历史转折时期，邓小平坚持和平发展的世界主题判断，提出“冷静观察、稳住阵脚、沉着应付”的战略方针，逐步提出了和平发展道路的外交战略，不断开创中国特色社会主义外交新局面。邓小平的和平发展道路思想是新时期中国和平发展道路的主要理论来源，是中国特色大国外交道路的重要理论支撑，具有重大的理论价值和实践意义。

在新的历史时期，习近平始终强调，中国的和平发展道路，是新中国成立以来特别是改革开放以来，经过艰辛探索和不断实践逐步形成的。走和平发展道路，对中国有利，对亚洲有利，对世界也有利。因此，中国走和平发展道路，不是权宜之计，更不是外交辞令，而是从历史、现实、未来的客观判断中得出的结论。

中国的发展离不开世界，世界的发展离不开中国。在全球化纵深挺进，国内改革逐渐进入深水区的今天，在以习近平同志为总书记的党中央的坚强领导下，中国将继续秉承“冷静观察，稳住阵脚，沉着应付”的外交战略方针，不断开拓外交工作的新局面，始终不渝地走和平发展道路，在实现中华民族伟大复兴的“中国梦”的同时，也实现各个国家共同发展、和平共处的“世界梦”。

“一带一路”与中国和平发展的外交理念

外交学与外事管理系　唐　晓

“一带一路”是中国共产党“十八大”以后中国领导人在传承和平发展外交理念的基础上，提出的实现中国和平崛起和发展的宏伟战略规划，是党中央、国务院根据全球形势深刻变化、统筹国际国内两个大局做出的重大战略决策，对于构建开放型经济新体制，形成东西互济、海陆统筹的全方位对外开放新格局，实现“两个一百年”奋斗目标，实现“中国梦”，具有重大而深远的意义。分析和研究“一带一路”与中国和平发展的外交理念之间的关系，有助于加深对“一带一路”的基本内涵、基本原则和目的的了解和认识。

一、中国和平发展外交理念的基本内涵及创新

（一）中国和平发展外交理念的基本内涵

自改革开放以来，中国外交战略始终贯穿一条主线，即和平发展。这一外交战略的核心长期以来表现为“韬光养晦、有所作为”和以处理国家关系的“和平共处五项原则”为基础的独立自主不结盟外交政策。进入新世纪以来，在全球金融危机和经济萧条的背景下，中国经济保持持续高速发展，在全球化和区域化进程加速及世

界各国相互依存度加深的新形势下，中国如何处理好自身发展与外部世界的关系举世瞩目，中国共产党和政府坚持不懈地阐明中国和平发展的理念和内涵。

1. 独立自主，对外开放。2003年12月10日，温家宝总理在哈佛大学发表了题为《把目光投向中国》的演讲，首次全面阐述了"中国和平崛起"的发展思想。明确地把中国选择的发展道路称作"和平崛起的发展道路"。温家宝总理说："中国是个发展中的大国，我们的发展，不应当也不可能依赖外国，必须也只能把事情放在自己的力量的基点上。这就是说，我们要在扩大对外开放的同时，更加充分和自觉地依靠自身的体制创新，依靠开发越来越大的国内市场，依靠把庞大的居民储蓄转化为投资，依靠国民素质的提高和科技进步来解决资源和环境问题。中国和平崛起发展道路的要义就在于此。"①

2. 坚持和平共处五项原则。2003年12月26日，在纪念毛泽东诞辰110周年座谈会上，胡锦涛主席强调，要坚持和平崛起的发展道路和独立自主的和平外交政策。中国"要坚持走和平崛起的发展道路，坚持在和平共处五项原则的基础上同各国友好相处，在平等互利的基础上积极开展同各国的交流和合作，为人类和平与发展的崇高事业作出贡献"。②

3. 和平发展，不称霸。2004年3月7日，李肇星外长在十届人大二次会议记者会上指出，"中国发展的最大特点就是和平发展，我们不使用过去殖民主义强国或者帝国主义列强那种掠夺别人、欺负别人、剥削别人的办法，我们靠的是和平发展，我们走的路就是维护世界和平、积极参与平等互利合作、促进共同发展。"③

---

① 张明：《温家宝总理哈佛演讲："把目光投向中国"》，中新网，2013年12月12日，http://www.chinanews.com/n/2003-12-12/26/380015.html，2015年10月20日登录。

② 胡锦涛：《胡锦涛在纪念毛泽东诞辰110周年座谈会的讲话》，新华网，2013年12月26日，http://news.xinhuanet.com/newscenter/2003-12/26/content_1250092.htm，2015年10月20日登录。

③ 北山：《论题背景："中国和平崛起"论的由来》，新华网，2004年4月7日，http://news.xinhuanet.com/herald/2004-04/07/content_1406123.htm，2015年10月20日登录。

2004年3月14日，温家宝总理在十届人大二次会议记者会上，重申了“中国和平崛起的要义：充分利用世界和平的大好时机，努力发展和壮大自己。同时又以自己的发展，维护世界和平。中国的崛起离不开世界。中国必须坚持对外开放的政策，在平等互利的基础上，同世界一切友好国家发展经贸关系。中国现在不称霸，将来即使强大了也永远不会称霸。”①

4. 维护世界和平，促进共同发展。2005年9月胡锦涛主席在联合国大会上指出：“新的世纪为人类社会发展展现了光明前景。在机遇和挑战并存的重要历史时期，只有世界所有国家紧密团结起来，才能真正建设一个持久和平、共同繁荣的和谐世界。”为此“中国将始终不渝地把自身的发展与人类共同进步联系在一起”。② 中国外交政策的宗旨，是维护世界和平，促进共同发展。中国外交工作的目标是要积极争取一个较长时期的和平环境，以推进中国的现代化建设，并与各国共同致力于建设一个持久和平、共同繁荣的和谐世界。

5. 以互利合作寻求共同安全。2002年7月31日，参加东盟地区论坛外长会议的中国代表团向大会提交了《中方关于新安全观的立场文件》，全面系统地阐述了中国在新形势下的新安全观，其核心内容是：互信、互利、平等、协作。2009年9月23日中国国家主席胡锦涛在纽约联合国总部第六十四届联合国大会一般性辩论会上发表题为《同舟共济 共创未来》的讲话，再次强调应坚持互信、互利、平等、协作的新安全观，既维护本国安全，又尊重别国安全关切，促进人类共同安全。③ 由此可见，中国的新安全观超越了单方

① 北山：《论题背景：“中国和平崛起”论的由来》，新华网，2004年4月7日，http://news.xinhuanet.com/herald/2004-04/07/content_1406123.htm，2015年10月20日登录。

② 陈鹤高等：《胡锦涛在联合国首脑会议上发表重要讲话》，新华网，2005年9月16日，http://news.xinhuanet.com/world/2005-09/16/content_3496825.htm，2015年10月20日登录。

③ 胡锦涛：《胡锦涛在第64届联大一般性辩论时的讲话》，新华网，2009年9月24日，http://news.xinhuanet.com/world/2009-09/24/content_12103701.htm，2015年10月25日登录。

面安全范畴，以互利合作寻求共同安全，主张在互利、互信的基础上，建立超越意识形态和社会制度的合作关系，以合作的方式谋求共同利益和解决冲突。

综上，中国和平崛起发展理念的基本内涵在于它不谋求军事扩张、掠夺资源、争霸或称霸，而是主要依靠自己的经济力量，经济上发展内需，制度上改革创新，积极参与国际经济技术合作与竞争，在与经济全球化相联系而非脱离更非背离的历史进程中，在改革开放的大背景下，独立自主地建设有中国特色的社会主义，同时促进国际社会互利共赢和共同发展。

（二）中共“十八大”以来中国领导人对和平发展理念的传承和创新

新世纪以来，世界多极化、经济全球化深入发展，文化多样化、社会信息化持续推进，科技革命孕育新突破，全球合作向多层次全方位拓展，新兴市场国家和发展中国家整体实力增强，国际力量对比朝着有利于维护世界和平方向发展。同时，国际金融危机影响深远，世界经济增长不稳定不确定因素增多，全球发展不平衡加剧，霸权主义、强权政治和新干涉主义有所上升，局部动荡频繁发生，粮食安全、能源资源安全、网络安全等全球性问题更加突出。面对世界形势发生深刻复杂变化，新一代中国领导人坚持和平与发展的时代主题，站在人类命运共同体的高度，总结人类历史经验，创新性地提出和平与发展的新理念。

1. 合作共赢的和平发展理念。习近平上任后从俄罗斯、非洲、东盟、中亚，再到欧洲和拉美四国的外事活动及在国际舞台上的平实直白发言，传递出中国外交战略转型的新思路，即处理国际关系时强调“合作共赢”，处理与美国等大国强国关系时追求既博弈又合作的“平等关系”，以维护国家核心利益，既建立强大安全屏障，又维护良好外部关系。2014年习近平主席在中央外事工作会议上指出，“我们要坚持合作共赢，推动建立以合作共赢为核心的新型国际关系”“坚持互利共赢的开放战略，把合作共赢理念体现到政治、经济、安全、文化等对外合作的方方面面”。① 2015年9月28日，国家主席习近平在纽约联合国总部出席第70届联合国大会一般性辩论并发表题为《携手构建合作共赢新伙伴　同心打造人类命运共同体》的讲话中指出：“当今世界，各国相互依存、休戚与共。我们要继承和弘扬联合国宪章的宗旨和原则，构建以合作共赢为核心的新型国际关系，打造人类命运共同体。”“我们……要奉行双赢、多赢、共赢的新理念，扔掉我赢你输、赢者通吃的旧思维。”“我们要在国际和区域层面建设全球伙伴关系，走出一条‘对话而不对抗，结伴而不结盟’的国与国交往新路。大国之间相处，要不冲突、不对抗、相互尊重、合作共赢。大国与小国相处，要平等相待，践行正确义利观，义利相兼，义重于利。”② 习近平提出构建以合作共赢为核心的新型国际关系，这是中国作为联合国安理会常任理事国，就人类进步与和平发展提出的创新性概念，其目的就是达到国家之间相互尊重、平等对待、和平发展和共同繁荣。

2. 建立人类命运共同体。习近平多次强调，“中国梦是和平、发展、合作、共赢之梦”，③ 中国追求的是中国人民的福祉，也是各国人民共同的福祉。“人类只有一个地球，各国共处一个世界。共同发展是持续发展的重要基础，符合各国人民长远利益和根本利益。我们生活在同一个地球村，应该牢固树立命运共同体意识，顺应时代潮流，把握正确方向，坚持同舟共济，推动亚洲和世界发展不断迈上新台阶。”④ “为了和平，我们要牢固树立人类命运共同体

---

① 《习近平出席中央外事工作会议并发表重要讲话》，新华网，2014年11月29日，http://news.xinhuanet.com/politics/2014-11/29/c_1113457723.htm，2015年10月25日登录。

② 习近平：《携手构建合作共赢新伙伴　同心打造人类命运共同体》，人民网，2015年9月29日，http://politics.people.com.cn/n/2015/0929/c1024-27644905.html，2015年10月25日登录。

③ 习近平：《中国梦是和平、发展、合作、共赢的梦》，中国文明网，2014年5月9日，http://www.wenming.cn/xj_pd/zgdlzgm/xjpcszgm/201405/t20140509_1928845.shtml，2015年10月25日登录。

④ 张远、潘阳：《“习外交”元年》，新华网，2014年1月8日，http://news.xinhuanet.com/politics/2014-01/08/c_118887268.htm，2015年10月25日登录。

意识。偏见和歧视、仇恨和战争，只会带来灾难和痛苦。相互尊重、平等相处、和平发展、共同繁荣，才是人间正道。世界各国应该共同维护以联合国宪章宗旨和原则为核心的国际秩序和国际体系，积极构建以合作共赢为核心的新型国际关系，共同推进世界和平与发展的崇高事业。”[①] 推动建设人类命运共同体，是新时期中国特色大国外交的生动实践。从“十八大”报告首次将“命运共同体”的提法写入党代会报告，到致力于构建新型国际关系不断拓展全球伙伴关系网，从“亲、诚、惠、容”的周边外交理念到“真、实、亲、诚”的对非工作方针，再到中阿命运共同体、中拉命运共同体、亚洲命运共同体。据媒体统计，习近平两年多来共62次提到“命运共同体”。这一超越民族国家和意识形态的“全球观”，表达了中国追求和平发展的愿望，体现了中国与各国合作共赢的理念。[②] 表明中国已从独善其身的和平发展，转为兼济天下的“负责任大国”推动全世界的共同发展；从利益相关到命运相连，在实现中华民族伟大复兴的同时，努力拓宽与世界的合作共进之路，将“命运共同体”付诸实践。

3. 公平、开放、全面、创新的发展观。2015年10月，习近平在联合国发展峰会上的讲话进一步深入全面阐述了中国的发展观：一是要争取公平的发展，让发展机会更加均等。各国都应成为全球发展的参与者、贡献者、受益者。不能一个国家发展、其他国家不发展，一部分国家发展、另一部分国家不发展。二是要坚持开放的发展，让发展成果惠及各方。在经济全球化时代，各国要打开大门搞建设，促进生产要素在全球范围更加自由便捷地流动。各国要共同维护多边贸易体制，构建开放型经济，实现共商、共建、共享。要尊重彼此的发展选择，相互借鉴发展经验，让不同发展道路交汇

① 闫嘉琪:《习近平：为了和平，要牢固树立人类命运共同体意识》，人民网，2015年9月3日，http://politics.people.com.cn/n/2015/0903/c398090-27543272.html，2015年10月25日登录。

② 《习近平频提命运共同体　提交思考未来“中国方略”》，中国共产党新闻网，2015年5月18日，http://cpc.people.com.cn/n/2015/0518/c164113-27017916.html，2015年10月25日登录。

在成功的彼岸，让发展成果为各国人民共享。三是要追求全面的发展，让发展基础更加坚实。发展的最终目的是为了人民。在消除贫困、保障民生的同时，要维护社会公平正义，保证人人享有发展机遇、享有发展成果。要努力实现经济、社会、环境协调发展，实现人与社会、人与自然和谐相处。四是要促进创新的发展，让发展潜力充分释放。创新带来生机，创新产生动力。发展中的问题只有通过发展才能解决。各国要以改革创新激发发展潜力、增强增长动力，培育新的核心竞争力。[①]

4. 共同、综合、合作、可持续的安全观。2014年5月，习近平在亚信峰会开幕的主旨讲话中说，“形势在发展，时代在进步。要跟上时代前进步伐，就不能身体已进入21世纪，而脑袋还停留在冷战思维、零和博弈的旧时代。我们应该积极倡导共同安全、综合安全、合作安全、可持续安全的亚洲安全观，创新安全理念，搭建地区安全合作新架构，努力走出一条共建、共享、共赢的亚洲安全之路！”[②] 2015年9月28日，国家主席习近平在纽约联合国总部出席第70届联合国大会一般性辩论会上发言指出，“在经济全球化时代，各国安全相互关联、彼此影响。没有一个国家能凭一己之力谋求自身绝对安全，也没有一个国家可以从别国的动荡中收获稳定。弱肉强食是丛林法则，不是国与国相处之道。穷兵黩武是霸道做法，只能搬起石头砸自己的脚。我们要摒弃一切形式的冷战思维，树立共同、综合、合作、可持续安全的新观念。”“我们要营造公道正义、共建共享的安全格局。”[③] 从十八大中共对外交战略的传承和创新的表述以及习近平和其他领导人的外事活动来看，新一

---

① 《习近平在联合国发展峰会上的讲话》，新华网，2015年9月27日，http://news.xinhuanet.com/politics/2015-09/27/c_1116687809.htm，2015年10月25日登录。

② 《习近平在亚信峰会阐述亚洲新安全观 讲话全文》，新华网，2014年5月21日，http://www.js.xinhuanet.com/2014-05/21/c_1110796579.htm，新华网，2015年10月25日登录。

③ 习近平：《携手构建合作共赢新伙伴　同心打造人类命运共同体》，人民网，2015年9月29日，http://politics.people.com.cn/n/2015/0929/c1024-27644905.html，2015年10月25日登录。

届中国领导人提倡的是“新安全观”，即尊重世界各国的多样文明和制度、谋求共同发展、构建和谐世界与周边环境。

二、“一带一路”体现了中国和平发展外交理念的传承和创新

2013年9月和10月，中国国家主席习近平在出访中亚和东南亚国家期间，先后提出“丝绸之路经济带”和“21世纪海上丝绸之路”的战略构想，得到沿线国家和地区的积极响应。2015年3月，经国务院同意，由国家发展改革委、外交部、商务部联合发布了《推动共建丝绸之路经济带和21世纪海上丝绸之路的愿景与行动》(以下简称《愿景与行动》)。“一带一路”战略源于亚洲、依托亚洲、造福亚洲。其中的“一带一路”分别指的是丝绸之路经济带和21世纪海上丝绸之路。“一带一路”辐射沿线人口总数约44亿，经济总量预计21万亿美元，分别约占全球的63%和29%。[①]“一带一路”战略在平等的文化认同框架下谈合作，是国家的战略性决策，体现的是和平、交流、理解、包容、合作、共赢的精神。实现中国可持续发展，和平崛起，是“一带一路”的根本目标。

(一)“一带一路”的基本原则彰显和平合作、开放包容、互学互鉴、互利共赢的和平发展观

党的“十八大”后，中国不仅迎来新的执政团队，中国的GDP总量也已稳居全球第二，必须向世界回答如何崛起，如何解决新兴大国与守成大国之间的问题。中国提出不走传统大国的崛起之路，不争霸，要和平崛起，但美国提出亚太再平衡，即针对中国的崛起

① 《“一带一路”经济总量约21万亿美元 约占全球29%》，中新网，2014年10月21日，http://www.chinanews.com/cj/2014/10-21/6699000.shtml，2015年10月28日登录。

而再平衡。中国的和平发展面临抉择，要么跟着美国走，全面开放，服从西方规则，但这不符合我们独立自主的发展目标，也未必是最理想的路。另一条就是开创一条新路，和周边国家建立命运共同体，走合作共赢的和平发展道路。

2014年6月国家主席习近平在出席中阿合作论坛第六届部长级会议开幕式上的讲话，[①] 以及《愿景与行动》都指出需要弘扬“和平合作、开放包容、互学互鉴、互利共赢”的丝绸之路精神，它体现了“一带一路”战略的核心价值、共建原则和实现路径。

和平合作，就是在恪守联合国宪章的宗旨和原则、遵守和平共处五项基本原则的基础上，通过坦诚对话、平等交流、深入沟通，与不同国家和地区合作，形成命运共同体、责任共同体，将政治关系优势、地理毗邻优势、经济互补优势转化为合作优势、持续发展优势。在和平与发展为时代主题的形势下，以和平促合作，以合作推动发展，坚持互信、互利、平等、协作的新安全观，倡导通过和平对话、协商谈判等方式解决国际分歧与争端，不称霸、不对抗，反对诉诸武力或以武力相威胁，促进世界和平、稳定和发展。

开放包容，体现在诸多层面。在合作理念上，“一带一路”建设基于各国文化认同，遵从世界多种文明共存，尊重世界多极发展模式，国家无论大小强弱，都是“一带一路”平等的参与者和建设者。在合作空间上，“一带一路”立足亚洲，从中国向中亚、东亚、南亚、北非，以及中东欧方向辐射，以欧亚大陆为合作平台。在合作伙伴选择上，以沿线国家为主要对象，同时又不限于沿途国家和地区。“一带一路”欢迎任何有意愿而真诚合作的国家和地区。在合作行为模式上，本着平等、共商、共建、共享、互利共赢的原则，共同制定时间表、路线图，一道推进“一带一路”建设。在合作领域上，以经贸合作为核心，但也涉及文化交流、安全合作、生

① 杜尚泽、焦翔：《习近平出席中阿合作论坛第六届部长级会议开幕式并发表重要讲话》，人民网，2014年6月6日，http://politics.people.com.cn/n/2014/0606/c1024-25110595.html，2015年10月28日登录。

态环境保护和发展民生等诸多领域。

互学互鉴，就是尊重世界文明多样性、发展道路多样化，尊重和维护各国人民自主选择社会制度和发展道路的权利，相互借鉴，取长补短。一带一路作为横跨中西、联结欧亚的贸易交通线，不仅需要实现货物商品的贸易往来，还需要实现不同国家和地区间文化的交流融合，在交流中尊重彼此的文化和宗教信仰，以虚心的态度和包容的精神学习各国发展的有益经验，吸收借鉴、和谐共处，让文明交流互鉴成为增进各国和地区之间人民友谊的桥梁、推动人类社会进步的动力、维护世界和平的纽带。

互利共赢，就是互惠互利、共生共赢、相得益彰，实现双方或多方共同收益。习近平2014年在中央外事工作会议上指出：“我们要坚持合作共赢，推动建立以合作共赢为核心的新型国际关系”“坚持互利共赢的开放战略，把合作共赢理念体现到政治、经济、安全、文化等对外合作的方方面面”。[①] 从这个意义上讲，“一带一路”的构建对未来国际关系格局走向具有重要的建设性意义。中国坚持新发展观、新安全观，致力于合作共赢的新型国际关系。“一带一路”合作模式的提出，再次表明了中国新时代特色的创新思维。中国历来主张摒弃集团政治、零和博弈的冷战思维，主张建立不结盟、不对抗、互利共赢的伙伴关系。2014年在上海举行的亚信峰会期间，中国向亚洲和国际社会呼吁“共同、综合、合作、可持续安全观”。“一带一路”合作的重点在亚洲，“源于亚洲，依托亚洲，造福亚洲”。[②]“一带一路”清晰阐释了中国“亲、诚、惠、容”的周边外交理念。

---

① 《习近平出席中央外事工作会议并发表重要讲话》，新华网，2014年11月29日，http://news.xinhuanet.com/politics/2014-11/29/c_1113457723.htm，2015年10月28日登录。

② 《习近平在亚信峰会阐述亚洲新安全观 讲话全文》，新华网，2014年5月21日，http://www.js.xinhuanet.com/2014-05/21/c_1110796579.htm，2015年10月28日登录。

（二）“一带一路”的框架思路倡导利益共同体、命运共同体、责任共同体的和平发展理念

《愿景与行动》指出，“一带一路”是促进共同发展、实现共同繁荣的合作共赢之路，是增进理解信任、加强全方位交流的和平友谊之路。中国政府倡议，秉持和平合作、开放包容、互学互鉴、互利共赢的理念，全方位推进务实合作，打造政治互信、经济融合、文化包容的利益共同体、命运共同体和责任共同体。

共商、共建、共享，体现了“一带一路”的开放包容，中国本着互利共赢的原则同沿线国家开展合作，与沿线国家共享中国发展的红利。自2013年秋习近平先后提出“一带一路”以来的短短一年半时间，已有60多个国家和国际组织做出了积极响应，参与“一带一路”正成为兼顾各方利益、反映各方诉求的共同愿望。“一带一路”沿线国际多是新兴经济体和发展中国家，各国资源禀赋各异，经济互补性强，彼此合作潜力和空间巨大。“一带一路”是中国贸易投资领域突破TPP、TTIP，金融领域突破IMF、WB，推动国际区域共赢合作、融入全球经济的国家战略。基础设施互联互通是“一带一路”优先建设领域，国际经济走廊是核心内容。陆上打造新亚欧大陆桥、中蒙俄、中国—中亚—西亚、中国—中南半岛等国际经济合作走廊；海上建设运输大通道。共同的利益铺就了“一带一路”。

面对复苏乏力的全球经济形势，纷繁复杂的国际和地区局势，共建“一带一路”是中国的倡议，也是中国与沿线国家的共同愿望，倡导在追求本国利益时兼顾他国合理关切，在谋求本国发展中促进各国共同发展。习近平主席多次强调，中国梦是和平、发展、合作、共赢之梦，我们追求的是中国人民的福祉，也是各国人民共同的福祉。王毅外长形象地说道，“一带一路”不是中国一家的“独奏曲”，而是各国共同参与的“交响乐”。换言之，“一带一路”是中国与广大沿线国家致力于共同圆梦、实现政策沟通、设施联通、

贸易畅通、资金融通、民心相通的美好的宏伟蓝图。

“一带一路”是21世纪中国为国际社会提供的经济发展便车和快车，是中国与沿线国家共同打造的跨地区和区域的公共产品。2015年第一季度，沿线国家在中国实际投入外资16.8亿美元，中国对沿线国家实现非金融类直接投资25.6亿美元。[①] 中国已经与俄罗斯、哈萨克斯坦等国家建立战略合作关系。陆上，中白工业园、中俄丝路创新园孕育着高科技合作的新希望。海上，中国和斯里兰卡共建的科伦坡南港码头创造了2014年世界港口增长的最快纪录。中国—马来西亚钦州产业园区、马来西亚—中国关丹产业园区正在建设中。海陆交汇处，中国和巴基斯坦将以中巴经济走廊为中心，以瓜达尔港、能源、基础设施建设、产业合作为重点。

（三）“一带一路”主张共商、共建、共享的实施方式体现了开放包容、合作共赢的发展理念

“一带一路”不是复制二战后美国的马歇尔计划，而且立足于发展中国家对发展中国家的援助，多做产业转移、共建，少做资本支持，追求合作共赢。中国绝不是借“一带一路”开启一个中国参与，甚至主导国际规则的新时代。“一带一路”由中国提出，但需要多国参与。

共商，即在“一带一路”建设中充分尊重沿线国家对各自参与合作事项的发言权。沿线各国无论大小、强弱、贫富，都是“一带一路”的平等参与者，都可以积极献言献策。“一带一路”不是中国一家的“独奏曲”，而是各国共同参与的“交响乐”。平等协商，兼顾各方利益，反映各方诉求，携手推动更大范围、更高水平、更深层次的大开放、大交流、大融合。在既有双多边和区域次区域合作机制框架下，以目标协调、政策沟通为主，不刻意追求一致性，

① 秦玉才、周谷平、罗卫东主编：《“一带一路”读本》，杭州：浙江大学出版社，2015年版，第88页。

可高度灵活，富有弹性，通过合作研究、论坛展会、人员培训、交流访问等多种形式，促进沿线国家对共建“一带一路”内涵、目标、任务等方面的进一步理解和认同。中国的倡议为各方实质性参与“一带一路”建设提供了基础，未来的规划、建设和实施都将通过双边及多边磋商谈判来寻求彼此经济优势互补和发展战略对接。

共建，即鼓励沿线国家在参与商讨的基础上，引入资金、人才、技术等要素，增强自主发展能力。通过合作共建，参与国可以分散风险，增强利益绑定，形成合力，增强整体的稳定性。共建可以采用创新政府和社会资本合作模式，吸纳沿线国家和民众参与，减少当地政治风险和社会风险。共建还可以吸纳国际组织或第三方参与，降低双边关系波动带来的风险。中国愿与沿线国家一道，不断充实完善“一带一路”的合作内容和方式，共同制定时间表、路线图，积极对接沿线国家发展和区域发展合作规划，稳步推进示范项目建设，共同确定一批能够照顾双多边利益的项目，对各方认可、条件成熟的项目抓紧启动实施，争取早日开花结果。

共享，即在共商、共建的基础上，由“一带一路”参与国共同享受建设和发展带来的成果，实现政策沟通、设施联通、贸易畅通、资金融通、民心相通的美好愿景，推动沿线国家形成利益共同体、责任共同体和命运共同体。

三、通过“一带一路”实现中国和平与发展理念所面临的挑战

（一）开放包容、合作共赢的理念需要通过有关政策、机构、人员等配套措施来落实

好的想法需要好的政策来体现，需要配套的机构和人员来落实。尽管目前中国和有关沿线国家在发展战略对接、政策沟通和有关领域已经取得了可喜的成绩和进步，但“一带一路”涉及亚、欧

两大洲和部分非洲国家，沿线60多个国家和地区，合作内容十分丰富，合作规划十分长远。目前中国在政策、机构、人员配套上仍有大量的工作需要做，如何将中国“一带一路”中包含的上述理念和愿景在共商、共建、共享的过程中逐步有序地贯彻和落实到双多边、区域次区域的合作政策与实施中去，任重而道远。

（二）需要减消沿线有关国家的疑虑

中国作为世界第二大经济体的规模，目前保持在中高位的经济发展速度，提出如此庞大宏远的经济发展战略，客观上与周边邻国和“一带一路”沿线发展中国家的经济发展规模和速度存在比较大的反差和不对称性，加上与中国在社会、经济、文化、政治制度上的差异性，一些国家对“一带一路”的战略目的、合作风险、实际成果等心存疑虑，在安全上更加求助于美国发挥更大的地区安全保障作用。尽管中国反复表明合作共赢，建立利益、责任和命运共同体，但中国需要通过切实行动和良好结果减消有关国家的疑虑，坚定其合作共赢的信心。

（三）如何处理有关国家间潜在的利益冲突

“一带一路”提倡建立“海上新秩序”，但如何解决眼前的南海问题，涉及中国“一带一路”战略中的和平发展及合作共赢的核心价值观如何实现的问题。如何在潜在的国家利益冲突和彼此国家国际关系准则不相容的情况下，处理好中美关系以及中国与有关南海岛礁争议国的关系，有效掌控局面，使南海争端不升温、不扩大，避免战争爆发，是一个十分现实的挑战。

（四）如何合作应对恐怖主义和极端势力的威胁

随着美国势力的收缩，在西亚、中东和北非地区的恐怖主义和极端主义势力有重新扩展之势，这将威胁“一带一路”沿线的安全与稳定。暴力恐怖势力、宗教极端势力、民族分裂势力是影响“一带一路”建设的最不稳定的因素，目前沿线各国对打击这三股势力并没有形成合力。

（五）如何协调不同国家和地区间发展战略或计划[①]

1997年7月，日本提出与中亚和南高加索八国“丝绸之路地区”开展“丝绸之路外交”，加强双方政治对话，开展能源、基础设施等方面的合作。2003年，印度提出与巴基斯坦、中亚、西亚地区开展能源和基础设施等方面合作的“西进战略”。2003年，联合国发起“丝绸之路倡议”，旨在促进丝绸之路沿线国家和地区在贸易、投资、旅游、文化等领域的交流与合作。2007年，欧盟制定首份中亚战略文件，计划建立欧盟“中亚伙伴关系”，在政治、贸易和投资、能源、安全和教育领域开展广泛合作。2011年7月，美国提出覆盖南亚和西亚的“新丝绸之路”计划，旨在推进该地区的贸易自由化和能源管道及基础设施建设。2011年10月，俄罗斯提出“欧亚经济联盟”计划，打造覆盖俄罗斯、白俄罗斯、哈萨克斯坦、亚美尼亚、塔吉克斯坦和吉尔吉斯斯坦六个原苏联国家的经济、政治超国家联盟，秉持开放、平等、自愿和主权原则，最终建立一个紧密的一体化的超国家联合体。2013年1月，土耳其提出“脱欧入亚”战略。中国和“一带一路”沿线国家都面临如何将“一带一路”战略与上述国家和地区发展战略或计划相互协调和对接的挑战。

（六）如何实现跨文化交流、互学互鉴、民心相通

陆路上，从阿富汗、巴基斯坦，到中亚五国、伊朗、伊拉克、叙利亚，直到土耳其，穆斯林人口均占各国九成以上。从云南进入老挝、缅甸到柬埔寨、泰国，都属于小乘佛教主导的国家。海路上，过了金兰湾，就进入了穆斯林主导的“马来世界”，印尼有两

① 有关不同国家和地区间发展战略或计划，参见秦玉才、周谷平、罗卫东主编：《“一带一路”读本》，杭州：浙江大学出版社，2015年版，第50—68页。

亿多穆斯林，接近总人口的九成，是世界上最大的伊斯兰国家；马来西亚穆斯林占六成以上，并在国家和地方均享有政治优势。马六甲海峡以西的南亚国家巴基斯坦、印度、孟加拉国，穆斯林人口超过一亿，分别是世界上第二、三、四大伊斯兰国家。印度的印度教徒几近八成，斯里兰卡的佛教徒也有七成之多。宗教在实施“一带一路”的区域不仅仅是信仰问题，而是处于这些国家政治经济和社会文化生活的核心。因此，有人说，“一带一路”其实是一个“宗教的路带”[①]。伊斯兰文明在丝绸之路的历史发展中，曾起到积极的作用，当下的“一带一路”建设应该站在文明交往的高度，对各个国家的文化作具体的研究，特别是对各国伊斯兰文化及风俗的研究，以促进不同文明之间的交流互鉴，实现民心相通。

总之，“一带一路”是在深刻变化的国际形势以及中国经济与国家发展的时代要求下，新一代中国领导人在坚持和创新和平发展理念的基础上，提出的经济发展大战略。“一带一路”的基本原则彰显了和平合作、开放包容、互学互鉴、互利共赢的和平发展观，“一带一路”的框架思路倡导利益共同体、命运共同体、责任共同体的和平发展理念，“一带一路”主张共商、共建、共享的实施方式体现了开放包容、合作共赢的发展理念。由于“一带一路”是一项宏大的系统工程，涉及面广，跨越时间长，从理念到政策到实践的过程中，面临着不少困难、风险或挑战。只要中国与沿线参与国家一道，和衷共济，比肩同行，一定能够取得合作共赢的丰硕成果，让沿线各国人民共享“一带一路”共建成果。

① 梁永佳、李小云：《实施“一带一路”战略要有宗教考量》，凤凰网，2015年4月30日，http://news.ifeng.com/a/20150430/43669863_0.shtml，2015年10月28日登录。

澳门在21世纪海上丝绸之路建设中的角色与参与策略*

科研处　佟　巍

当今世界正发生复杂深刻的变化，国际金融危机深层次影响继续显现，世界经济缓慢复苏、发展分化，国际投资贸易格局和多边投资贸易规则酝酿深刻调整，各国面临的发展问题依然严峻。如何顺应世界多极化、经济全球化、文化多样化、社会信息化的潮流，秉持开放的区域合作精神，维护全球自由贸易体系和开放型世界经济成为世界各国的共同话题。2015年3月28日，国家发展改革委、外交部、商务部联合发布了《推动共建丝绸之路经济带和21世纪海上丝绸之路的愿景与行动》。“一带一路”的宏伟构想，包括推进丝绸之路经济带和21世纪海上丝绸之路建设。“一带一路”倡议的提出，契合沿线国家的共同需求，为沿线国家优势互补、开放发展开启了新的机遇之窗，是国际合作的新平台。21世纪海上丝绸之路不仅是一条商业通路，同时也是思想与知识交流的途径。澳门作为近代中西文化的交汇点，应该结合自身优势，以经贸合作为基石，以文化交流为契机，遵循“和平合作、开放包容、互学互鉴、互利共赢”的丝路精神，抓住发展新机遇，拓展合作新空间。

* 本文是澳门欧洲研究学会（IEEM）欧亚比较研究项目（AECSRP）2014—2015年度项目的研究成果。

本文基于澳门在地缘政治及区域协同发展框架下的经济、文化发展现状，剖析澳门融入21世纪海上丝绸之路建设的切入点，从历史视角出发，着眼于澳门自身的发展潜力以及经济转型带来的机遇与挑战，制定务实、科学、前瞻性的城市发展战略，使澳门可以积极参与21世纪海上丝绸之路建设，融入国家发展战略，助力城市的多元高速发展。

本文主体分为四个部分。第一章为背景知识介绍，就21世纪海上丝绸之路的时代背景、发展历程、规划定位、合作重点进行全面的介绍；此外，还对澳门在新时期的经济转型、多元发展进行细致的梳理，对澳门未来的发展模式做一个系统的介绍。第二章为澳门的发展历程回顾，本章将梳理澳门在三个时期的发展特点。一为澳门在古代海上丝绸之路的角色和作用；二为澳门博彩业高速发展的黄金时代；三为新时期粤澳合作背景下，澳门迎来的新的发展契机。第三章为澳门新时期发展的优势与挑战。澳门的发展优势部分将重点介绍澳门与欧盟、葡语国家的合作机制，以及澳门的经济自由度与法制情况。澳门面临的挑战包括资源和人力的稀缺、对国家层面政策反应不够迅速以及与地方尤其是沿海省份联系不够紧密。第四部分为对策部分。本章从三个方面对澳门参与21世纪海上丝绸之路建设提出具体的对策，包括制定符合澳门自身发展定位的21世纪海上丝绸之路参与计划、完善多元发展的城市发展战略以及三管齐下（国家层面、省市层面、本土层面）的协同合作发展战略。

一、背景介绍

（一）21世纪海上丝绸之路

2013年10月3日，中国国家主席习近平在印度尼西亚国会发表重要演讲，强调东南亚地区自古以来就是“海上丝绸之路”的重要枢纽，中国愿同东盟国家加强海上合作，使用好中国政府设立的中国—东盟海上合作基金，发展好海洋合作伙伴关系，共同建设21世纪“海上丝绸之路”。自此之后，21世纪海上丝绸之路成为中国推动的一项重要议程。2015年3月，在国务院授权下，国家发展改革委、外交部和商务部联合发布了《推动共建丝绸之路经济带和21世纪海上丝绸之路的愿景与行动》，明确界定了21世纪海上丝绸之路的重点方向是从中国沿海港口过南海到印度洋，延伸至欧洲；从中国沿海港口过南海到南太平洋（见图1）。[①]

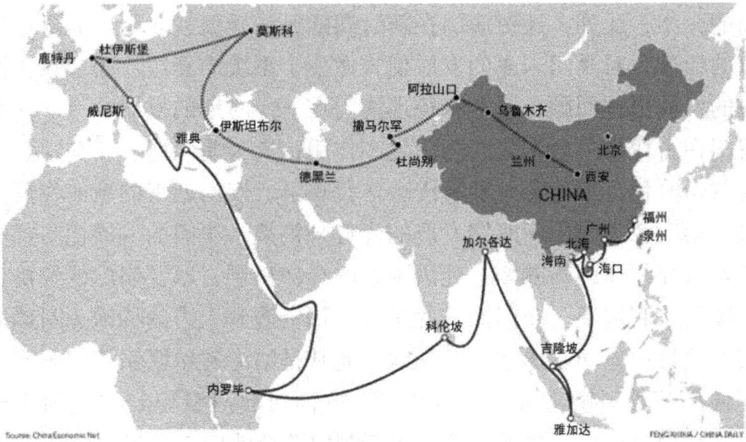

图1　丝绸之路经济带与21世纪海上丝绸之路重要节点

资料来源：中国日报。

根据三部委联合下发的文件，沿海和港澳台地区在21世纪海上丝绸之路建设中应利用长三角、珠三角、海峡西岸、环渤海等经济区开放程度高、经济实力强、辐射带动作用大的优势，充分发挥深圳前海、广州南沙、珠海横琴、福建平潭等开放合作区作用，深

① 赵可金:《“一带一路”的十五个港口》,http://opinion.china.com.cn/opinion_87_131187.html,2015年8月31日登录。

化与港澳台合作，打造粤港澳大湾区。发挥海外侨胞以及香港、澳门特别行政区独特优势作用，积极参与和助力“一带一路”建设。

从国家对于21世纪海上丝绸之路的规划来看，澳门应该充分发挥自身在葡语、自由贸易、横琴开放合作区、粤澳合作上的优势，在21世纪海上丝绸之路建设中找好切入点，争当排头兵，在经贸合作以及自贸区建设上做出自己的贡献。

（二）澳门多元发展

据美国《华尔街日报》2014年12月18日报道，凭借博彩业的繁荣，澳门近些年来成为全世界发展最快的地区之一，但目前，澳门的GDP正在下降，该地区的博彩业收入也出现了自2002年以来的首次下降。报道称，北京对于澳门的洗钱和腐败风险越来越不满。澳门有关机构日前表示正在与内地央行和公安部合作，防止有人利用澳门洗钱和转移资金。这些新动态说明，中央政府可能对澳门博彩业的监管发挥更直接、更积极的作用。① 中央政府希望澳门的经济更加多样化，澳门应当尝试开发新的发展计划，减少对博彩业的依赖，这对澳门和整个国家都有利。

2014年12月20日，庆祝澳门回归祖国十五周年大会暨澳门特别行政区第四届政府就职典礼在澳门举行。国家主席习近平出席会议并为澳门的多元发展做了准确又具有前瞻性的定位。习近平说，要善于从长计议，抓住国家全面深化改革的重大机遇，围绕建设世界旅游休闲中心、中国与葡语国家商贸合作服务平台的发展定位，推动澳门经济适度多元可持续发展。这是关系澳门居民利益的大事，也是关系区域发展乃至国家发展的大事。要做好顶层设计，制定具体推进的步骤和措施。②

---

① 《习近平到访促澳门多元发展不再优先发展博彩业》，中华网，2014年12月19日，http://news.china.com/domestic/945/20141219/19127155.html，2015年9月1日登录。

② 《习近平：推动澳门走经济适度多元可持续发展道路》，中国新闻网，2014年12月20日，http://www.chinanews.com/ga/2014/12-20/6895713.shtml，2015年9月1日登录。

二、澳门发展轨迹

（一）澳门在古代海上丝绸之路的角色和作用

澳门是在中国封建社会末期，明清两代厉行海禁政策的夹缝中冒土兴起的一个重要港口。澳门虽最早被西方早期殖民者葡萄牙人强占，但也是近代中国最早接触西方科技文化的一个窗口。澳门还是自东而西的古代海上丝绸之路向自西而东的近代海上丝路转折的分界点。澳门在中国近代史、中西交通史乃至国际关系史上，都占有极其特殊的地位和重要的影响。[①]

明朝初年，郑和下西洋，庞大的舰队遍访亚非40余个国家，创造了空前繁荣的海上贸易盛世。然而，随着明王朝实施闭关锁国的海禁政策，郑和创造的海上贸易繁盛也是昙花一现，逐渐衰败。但是贸易发展的时代浪潮不会因为保守势力的阻挠而停滞。葡萄牙人盘踞澳门后，以澳门为商贸集散地，积极向四周辐射，澳门一时成为出入最繁忙的海港。从此一个荒凉的岛屿变成了一颗东方明珠。

葡萄牙人利用澳门绝佳的地理位置，以“为居货之地”，建立了三条海上商贸航路，即澳门—果阿—里斯本；澳门—马尼拉—墨西哥;澳门—长崎。新航线的开通，把中国大量的生丝、绸缎、茶叶、陶瓷、药材及各种手工艺品，源源不断地运往世界各地。[②] 澳门作为古代重要的海上贸易中转中心，为东西方的贸易往来提供了良好的中转平台，也就此迎来自身发展的良机。

---

① 纪宗安:《十六世纪以来澳门在太平洋大帆船贸易网中的作用与地位》,《暨南学报（哲学社会科学版）》，1996年，第6期。

② 刘重日:《明代海上丝绸之路与澳门》,《东岳论丛》，1999年9月，第20卷第5期。

（二）博彩业的黄金时代

从1961年到2002年初，澳门博彩娱乐有限公司专营博彩业长达41年之久。2001年，澳门特区政府决定适度开放博彩业。2002年，通过竞标，除了本地的澳门博彩有限公司外，三家外资公司以独家或联合的形式获得了在澳门经营博彩业的资格。以此为标志，在澳门持续半个多世纪的博彩专营制度成为历史。自2002年4月1日澳门正式开放外资经营博彩业后，澳博、永利及威尼斯人旗下的新赌场相继落成。此举不仅推动了行业的升级换代，同时也意味着澳门博彩业进入了巨头博弈的“战国时代”。[①]

由于引入竞争，澳门博彩业进入了良性发展阶段，博彩税收也大幅增长。在博彩业开放的带动下，澳门的发展也进入一个全新的“黄金时代”。2006年，澳门博彩业收入首次超越拉斯维加斯，成为世界第一赌城。随后，澳门的博彩业走上了高速发展的快车道，2013年，澳门博彩业收入达到452亿美元，为拉斯维加斯的7倍。澳门的博彩业为澳门政府贡献了80%的税收，并带动了酒店业、旅游业等第三产业的全面发展。

（三）新时期粤澳合作新篇章

现代城市的发展不可能依靠单一的产业，澳门的博彩业也不可能成为澳门可持续发展的永恒动力。随着2014年6月开始的博彩业收入连续下跌，酒店入住率不足等一系列的连锁反应令澳门的经济受到了不小的冲击。

不过对于澳门经济的可持续发展，特区政府早就开始谋划长远的科学布局。早在2001年，特区政府就提出“以旅游博彩业为龙头、以服务业为主体，带动其他行业协调发展”的基调，国家

① 《亚洲新龙虎榜：人流带金流澳门步入“黄金时代”》，出国在线，2006年10月13日，http://www.chuguo.cn/a5a6/2006-10/102252.htm，2015年9月2日登录。

“十一五”和“十二五”规划明确提出“促进澳门经济适度多元发展”。① 澳门的旅游相关产业主要包括博彩、零售、饮食、住宿、客运及旅行社服务等六大行业。在旅游业快速增长的拉动下，批发零售、酒店、餐饮等旅游关联产业保持良好了发展势头。根据国家“十二五”规划，中央政府支持澳门加快发展休闲旅游、会展商务、中医药、教育服务、文化创意等产业。

更为重要的是，2009年8月14日，国务院正式批复《横琴总体发展规划》，横琴成为探索粤港澳紧密合作新模式的新载体。澳门特区政府于2011年就启动了同广东省的协同发展计划，力求借助广东省的资源将澳门的优势在横琴新区全面释放，带动澳门经济的多元发展。《粤澳合作框架协议》全面涵盖了粤澳经济、社会、民生、文化等各合作领域，明确了新形势下粤澳合作的定位、原则、目标，确立了合作开发横琴、产业协同发展、基础设施与便利通关、社会公共服务、区域合作规划等五个合作重点，提出了一系列具体、务实、可操作的合作举措，并明确了完善合作机制建设等保障机制安排。② 根据协定，粤澳合作被定位为建设世界著名旅游休闲目的地、打造粤澳产业升级发展新平台、探索粤港澳合作新模式示范区以及拓展澳门经济适度多元发展新空间。

《粤澳合作框架协议》为澳门的多元发展提供了广阔的发展空间，澳门的旅游、文化产业等优势将拥有世界级的新舞台，结合旅游休闲、文化创意等新产业，澳门的多元发展迎来了又一个历史机遇期。

---

① 《澳门经济适度多元发展情况》，人民网，2014年12月4日，http://hm.people.com.cn/n/2014/1204/c391081-26148865.html，2015年9月4日登录。

② 《粤澳合作框架协议》，百度百科，http://baike.baidu.com/link?url=ke8VwxBNdVQ1vmhf_NPfiSduLlrALxXT7xXwRTOVBSmp9aOiafXqGoSFKH6ctdPMgOkzcUJDCHlJYkjvAykj_a，2015年9月4日登录。

三、澳门新时期发展的优势与挑战

澳门自古就是东西方文化的交汇之地以及海上贸易的东方中转中心，澳门凭借其优越的地理位置和特殊的社会文化，在过去的发展中积累了宝贵的经验并造就了其“东方蒙地卡罗”的独特魅力。澳门在新时期的发展优势，是基于其跨文化社会发展史积淀下来的人脉优势、语言优势以及社会治理结构优势。

（一）澳门自身的发展优势

1.人脉优势

澳门与欧洲素来有着紧密联系，这都是源于葡萄牙盘踞统治的四个世纪。一直以来，欧洲的宗教、文化、技术以至产品，经由东南亚传入澳门再扩散到东亚地区，澳门成为重要的中西方交流的窗口城市。澳门与欧盟之间的正式关系，始于双方在1992年签订的《欧盟澳门贸易和合作协议》(EU-Macao Trade and Cooperation Agreement)。时任欧盟委员会主席巴洛佐在《欧盟澳门贸易和合作协议》签订二十周年庆典上表示，在欧盟澳门混合委员会的机制上，双方每年都会就贸易合作计划进行高层对话，对于今后不断加强澳门与欧盟间可持续发展的长期战略伙伴关系，混合委员会机制扮演着主动的角色。

澳门一直是欧盟在亚洲地区最为信赖的合作伙伴之一，欧盟除了与澳门进行贸易、投资、法律、教育、公共服务、信息等方面的全方位合作，而且在一些重要项目的推广计划安排上会将澳门作为首选。“尤里卡”计划是一个在欧洲范围内的工业研究开发网络，由欧盟和另外26个欧洲国家组成。澳门是亚洲区首个引进这项计划的地区，第二届的“尤里卡”计划亚洲活动于2000年5月在澳门举行，来自欧、亚两洲21个国家和地区的500多家厂商、800多名中外企业和科研机构的代表参加了该活动，共设140多个参展摊位，进一步巩固了澳门作为中国内地与欧盟的中介角色，以及国际会议中心的地位。亚洲投资计划(Asia-Invest Program)由欧洲共同体倡议，1998年底，欧盟正式批准澳门成为亚洲投资计划在亚洲的受惠地区之一。自此，澳门的商业中介团体可与欧盟的对口单位联合申办有关亚洲投资计划项目。[①]

除欧盟外，澳门与亚太地区国家的经贸往来也比较密切。澳门的对外交往能力以及积累的人脉资源，为澳门提升在国际贸易、教育等领域的国际合作能力，发挥了重要的作用。随着中国全面推进21世纪海上丝绸之路，澳门在国际贸易信息平台建设方面的优势将发挥越来越重要的作用。

2.语言优势

澳门特别行政区的官方语言为中文和葡萄牙语，澳门的公务员队伍中葡语是一门重要的语言，在高级别官员中母语为葡语的比例高于20%，[②] 澳门的官方档案、公共标识、统计公告都有完整的葡语版本。葡语作为一门国际语言，在澳门同葡语国家的合作交往中架起了一座方便的桥梁。澳门特区政府一直发挥葡语国家经贸合作平台作用，通过澳门的葡语人才和固有联系，协助内地与葡语国家的商人展开经贸洽谈活动。

回归后，澳门特别行政区在葡萄牙首都里斯本设立了“中国澳门驻葡萄牙经济贸易代表处”（2007年更名为“澳门驻里斯本经济贸易办事处”，Delegação Económica e Comercial de Macau，em Lisboa），以此巩固已有的良好基础，并继续加强澳门同葡萄牙之间的各项合作。

2001年5月23日行政长官何厚铧及葡萄牙外长伽马分别代表中

① 《澳门与欧盟关系》，中国网，2004年12月1日，http://www.china.com.cn/zhuanti2005/txt/2004-12/01/content_5718247.htm，2015年9月4日登录。

② Zeng Wei, Liu Shangfu, The Multi-language Phenomenon and Language Policy in Macao, *Around Southeast Asia*, January 2010.

国澳门特别行政区及葡萄牙共和国签署了《中华人民共和国澳门特别行政区与葡萄牙共和国合作纲要协定》。协议旨在推动澳门特区与葡萄牙在经济、金融、技术、科学、文化、治安、司法等领域的合作。[①] 根据协议，双方每两年举办一次会谈。2014年5月17日，澳门行政长官崔世安与葡萄牙外长签署《合作纲要协议修订协议书》，把“澳葡联合委员会”的定期会谈加密至每年一次。

澳门也是中国发展与葡语国家关系的重要官方平台，由中央政府主办、澳门特别行政区承办的“中国—葡语国家经贸合作论坛（澳门）”，于2003年10月中在澳门举行，旨在于加强中国与葡语系国家之间的经贸交流与合作，发挥澳门特区联系中国与葡语国家的平台作用，促进中国、葡语系国家和澳门特区的共同发展。[②] 论坛每三年举办一次，成员由中国和世界葡语系国家(主要有安哥拉、巴西、佛得角、几内亚比绍、莫桑比克、葡萄牙及东帝汶)组成，同时还将邀请相关国际组织，各国商会组织及企业家代表团出席。中葡论坛成立以来，中国与葡语国家间的贸易额增长势头良好。2015年7月，中国与葡语国家进出口总额105.78亿美元，环比增长7.95%。[③]

3.经济自由度与法制优势

美国传统基金会最新发布的2015年度《全球经济自由度指数》报告，连续七年评价中国澳门特区为“较自由”的经济体：在全球178个经济体中排名第34位；在亚太地区42个经济体中，澳门排名第9。

澳门作为一个历史悠久的自由港，其开放的国际贸易及投资环境，为经济自由提供了坚实的基础。澳门司法机关很大程度上尊重

① 《澳门的对外关系》，中国新闻网，2009年3月31日，http://www.chinanews.com/ga/zlg/news/2009/03-31/1626696.shtml，2015年9月5日登录。

② 《中国一葡语国家经贸合作论坛》，新华网，http://news.xinhuanet.com/ziliao/2010-11/15/content_14245851.htm，2015年9月5日登录。

③ 《中国一葡语国家经贸合作论坛(澳门)常设秘书处》，http://www.forumchinaplp.org.mo/category/news/recent-news/?lang=zh，2015年9月5日登录。

产权，政府已加强反洗钱的执法力度，并一直实施低税率及谨慎支出政策。

根据《中国城市竞争力蓝皮书2015》，澳门排名最具竞争力城市第九位，综合经济竞争力排名第四位，在其他指标如可持续竞争力上均名列前十位。

澳门的金融系统稳健，澳门可提供银行、保险、退休基金管理等全方位金融服务；澳门拥有完善的融资及资金清算系统；澳门的银行资本金充足率（CAR）超过15%且外汇储备丰厚。澳门是一个经济高度开放的商贸都市，为来自世界各地的投资者提供公平竞争的投资环境。世界贸易组织在对澳门的贸易政策审议报告中指出，澳门仍然是世界上最开放的贸易和投资体系之一。澳门的吸收外来投资政策一般对外来投资没有禁止或限制的领域，只是一些行业例如银行、餐饮等的机构设立和运作仍需要符合一定的条件，但这些条件对外来投资者和本地投资者一视同仁。[①] 澳门的经济自由度在亚太地区名列前茅，在税收、优惠政策上具备很强的国际竞争力，这为澳门在21世纪海上丝绸之路的建设中发挥贸易平台作用打下了基础。

澳门回归祖国后实行的“一国两制”方针确定澳门特区保持原有的法律体系不变，而澳门源于葡萄牙的法律体系与现在欧盟的法律体系基本相同。于是，在中国与欧盟国家的各种交往中，澳门在内地与欧盟两个不同法律体系间的桥梁和平台作用就被凸显了出来。[②]

中国在推进21世纪海上丝绸之路的项目与工程时，将会面临诸多的来自法律领域的挑战，澳门作为中西方法律的融合之城，可以为国际交往中法律事务提供专业的人才、丰富的经验以及治理的范式。以中医药行业为例，内地的中医药企业及知识产权在欧盟市

① 《澳门：全球最开放的投资体系之一》，安徽省商务厅，2012年9月14日，http://anhui.mofcom.gov.cn/aarticle/sjgongzuody/201209/20120908340588.html，2015年9月5日登录。

② 《小澳门发挥大优势——访澳门特区全国人大代表梁维特》，新华网，2012年3月4日，http://news.xinhuanet.com/politics/2012-03/04/c_111601680.htm，2015年9月7日登录。

场几乎没有注册，这和欧盟药品检验机构严苛的检验制度以及一些特设的“门槛”是分不开的。澳门拥有中医药市场开发方面的专家，他们了解不同国家药品的检查登记制度，澳门完全可以利用自身的法律人才储备为内地和澳门中医药企业进入欧盟市场架起桥梁。

澳门在法律方面的人才储备、治理经验以及法律体系优势是独一无二的。21世纪海上丝绸之路的建设将会有大量的法律问题在国际合作中产生，澳门在法律方面的独特优势将助力中国规避复杂的金融国际合作和项目国际推广中的法律风险，在21世纪海上丝绸之路上开辟更加广阔的市场。

（二）澳门发展中的挑战

澳门由于经济规模和社会发展模式的限制，在长远多元发展的道路上依然面临很多严峻的挑战，澳门面临的挑战主要包括经济外部依赖性过高、对国家层面政策反应不够迅速以及与地方尤其是沿海省份联系不够紧密。

1. 外部依赖性过高

首先，澳门整体经济规模较小，对外部资源依赖性过强，这导致澳门经济受外部经济大环境影响较大，难以单独抵御外来经济风险，存在潜在的不稳定性。中国内地和中国香港、日本、东南亚国家以及欧盟、美国等国家和地区都与澳门有着紧密经济联系，其政治经济环境的各种变化都会对澳门经济造成不同程度的影响。其次，澳门的产业结构较为单一，没有形成多元发展的规模经济，不利于澳门长远、健康、高速、可持续发展。从2008年开始，博彩业占澳门GDP的比重从不到70%上升到近90%，这对澳门经济来说并不是一个很令人振奋的成绩（见表1）。澳门经济目前过度依赖博彩旅游业，同时又要面对亚洲其他地区的强势竞争，如泰国、缅甸及老挝三国交界的金三角地区正在兴建现代化赌城，澳门的博彩业地位将在未来不断受到周边国家和地区的冲击。单一的产业结构不能支撑起一个城市的长期繁荣，单一的产业也会给一个城市的经济增添极大的风险。最后，澳门的基础设施陈旧也是制约其发展的一个重要因素。21世纪海上丝绸之路建设强调以重点港口为节点，共同建设通畅、安全、高效的运输大通道，但是澳门缺乏可以停泊大吨位货轮的深水港，致使产品出口运输成本高昂，自由港功能大打折扣，限制了澳门在运输大通道上发挥应有的港口中转功能。这种基础设施建设方面的滞后，会令澳门在与21世纪海上丝绸之路沿线国家和地区的合作与竞争中不能完全发挥优势，施展拳脚。

表1　澳门博彩业收入与GDP统计

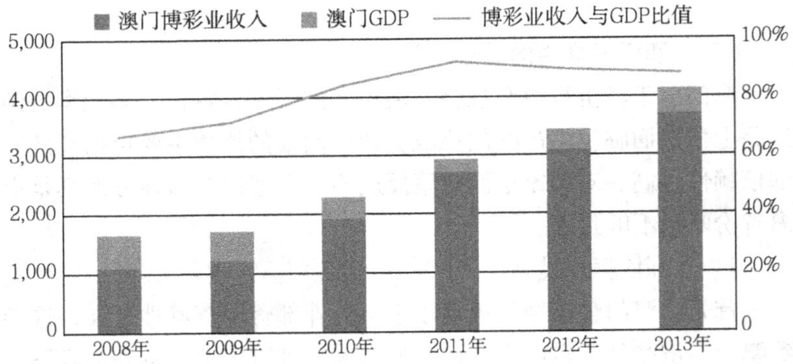

资料来源：澳门统计暨普查局。

2. 对中央政府政策反应迟缓

中国目前的政权组织体系属于中央集权制类型，国家所有的重大政策由中央统一制定，地方政府制定的相关政策主要是具体落实中央的重大政策。由于中国人口众多、各地社会情况多样、经济发展不平衡，中央政策往往只是一些宏观、战略性、普遍适应的原则性规定。地方政府在学习相关材料和领会中央文件精神后开始因地制宜地制定适合自身发展的地方政策。这既是对中央政策的具体落实，又是对中央政策的地方化处理。中央政策是地方政府制定政策的核心依据和逻辑起点。地方政府制定政策的过程可以总结为“中央政策(宏观、战略、普遍适用性)—地方政策(因地制宜)”。

地方政府对于政策的解读能力以及反应能力往往决定一方的发展是否可以得到政策的支持。这种政策的支持对于地方政府而言是非常宝贵的发展机遇，如果可以在深化改革体制创新或者国家重大发展方向这一级别的重大政策上准确把握中央的战略思想，可以为地方省市获得空前的发展动力和空间。

澳门特区政府与中央保持了紧密的联系，在涉及澳门特区重点问题上会向中央及时的上报沟通。但是在涉及国家发展战略方面的政策解读和反应方面，澳门往往落后于广东及其他沿海省份。虽然特区政府在“澳人治澳”的政策下可以自行制定发展战略，但是如果不能把握好国家的发展战略，不能在国家政策上争取到有利于自身的倾斜政策，本来就受限于资源匮乏的澳门将丧失宝贵的发展机遇。

《推动共建丝绸之路经济带和21世纪海上丝绸之路的愿景与行动》作为国家“一带一路”倡议的纲领性文件，一经发布，得到了全国各省市的热烈讨论和响应。2015年与“一带一路”规划有关的各省、直辖市的两会纷纷将“一带一路”写进地方《政府工作报告》，讨论自己省份或城市在丝绸之路经济带或21世纪海上丝绸之路上的作用，制定近期建设目标以及远期参与规划。以动作最快的陕西省为例，作为古代丝绸之路的起点，陕西希望抓住机遇，以丝绸之路经济带建设为契机，让陕西省的经济和影响力上一个新台阶。2015年7月，陕西省发布《“一带一路”建设2015年行动计划》，陕西将加快推进丝绸之路经济带新起点建设，发挥“一带一路”中心区域作用，在通关、物流、科教、金融等领域改革创新，打造铁路物流集散中心，规划建设自贸区，搭建对外开放平台，将陕西打造成内陆改革开放新高地，推动陕西对外开放大发展。

相比之下，澳门并没有针对“一带一路”倡议进行系统的规划，也没有制定澳门参与“一带一路”倡议的方案，这不仅不利于澳门在经济转型期借助国家的资源和项目促进本地经济的多元化发展，更不利于澳门在区域内发挥中转平台优势，提升澳门在博彩业之外的地区影响力。

3. 与内地联系不紧密

早在2003年，为促进内地与澳门经济共同繁荣与发展，中央政府与澳门特区政府签署了《内地与澳门关于建立更紧密经贸关系的安排》(Closer Economic Partnership Arrangement，简称CEPA)，随后又陆续签署了多个补充协议，此项政策旨在减少内地与澳门在经贸交流中的体制性障碍，促进要素便利流动，提高内地与澳门经济交流合作的水平。

根据商务部的资料，2013年内地与澳门贸易额35.7亿美元，较回归前增长3.9倍；实际使用澳资4.6亿美元，较回归前增长48.4%。虽然澳门与内地的经贸联系呈现出一定数量的增长，但是这个量级的增长并不符合当今中国作为世界第二大经济体的经济增长速度以及区域内的经济辐射能力。造成澳门与内地经贸往来不够紧密的原因是多方面的，既有经济结构方面的限制，也有实际操作方面的障碍。在经济结构方面，由于澳门产业结构较为简单，出口商品较为有限，主要集中于覆铜板、粗甘油、纺织品、服装等低端产品，附加值较低，市场竞争力较弱，导致澳门和中国内地外贸进出口总规模较小。

在交往频率方面，澳门与内地的经贸往来不够频繁，双方的合作方式比较单一，合作领域比较有限。双方经贸往来主要集中于初级产品的进出口、旅游观光、转口贸易等有限领域，较少涉及人才培养与交流、专业资格认证、金融服务、项目合作等更为宽广的领域。虽然近些年，尤其是横琴岛的整体规划被国家批准以后，澳门获得了更多的发展空间和参与机会，但是总体来说，澳门作为一个国际城市的多种优势并没有被完全释放出来。

在项目实施过程中，不少地方政府、个别政府部门仍然存在地方保护主义、部门保护主义的错误思想，人为地设置种种障碍，限制或者阻碍澳门投资者的进入。《内地与澳门关于建立更紧密经贸关系的安排》本来是为了消除资本、人才等要素流动的障碍而设立，但是就其性质而言，CEPA是一个中央政府和澳门地方政府加强彼此经贸合作的协议，对地方政府少有约束力，无法对地方政府的行为在法律层面进行约束和管理。

当然，澳门不能坐等内地抛来的橄榄枝，澳门需要依靠自身的优势及合理的策略去争取更多的发展机会。如果不能把内地的资源和政策转化为澳门多元发展的外部动力，澳门将不能迅速而有效地完成经济转型和结构调整。以目前澳门与内地的联系来看，这将极大地限制澳门长远的多元发展。

四、澳门参与21世纪海上丝绸之路的对策

21世纪海上丝绸之路作为国家新时期的重要倡议和宏伟构想，将为澳门的多元发展和经济转型提供千载难逢的发展机遇。澳门必须抓住这次难得的历史机遇，与相关省份协同合作，在优势领域充分参与，才能在时代的浪潮中乘风破浪，扬帆远航。本章将为澳门参与21世纪海上丝绸之路建设从三个方面提出具体的对策，包括制定符合澳门自身发展定位的21世纪海上丝绸之路参与计划、完善多元发展的城市发展战略以及三管齐下（国家层面、省市层面、本土层面）的协同合作发展战略。

（一）量身定制的参与计划

澳门独特的人脉优势、语言优势、经济自由度与法治优势以及其深厚的历史底蕴，为澳门在区域内打造世界旅游休闲中心和葡语国家商贸平台提供了坚实的基础。然而，光是这些基础并不足以支撑澳门未来宏大的多元发展愿景，因为在资源和机遇上澳门需要依靠国家政策来推动其经济转型和发展模式的拓展。21世纪海上丝绸之路建设刚好契合了澳门的发展需求，并在区域内提供了广阔的发

展空间，澳门可以充分发挥自身的优势，通过观光业、酒店业、饮食业、娱乐业、旅客运输业、金融业、商贸服务业等行业的国际合作，打造自身的城市国际品牌，扩展自身的区域影响力。

正如前文所述，"一带一路"倡议提出后，众多的省份、直辖市、省会城市纷纷开始集中研究如何利用"一带一路"的宏伟规划，促进自身的国际交往和经济发展。澳门在政策的解读和反应上已然落后于内地的一些省份和城市，甚至不及西北的一些内陆城市。这不仅会使澳门在"一带一路"建设的时代大潮中被其他城市赶超，而且也不利于澳门在"一带一路"的规划版图上争取更多的政策支持。

本文认为，澳门亟须结合其他省市的先期经验，根据自身的优势和发展特点量体裁衣的制定21世纪海上丝绸之路的参与计划，这对于澳门的长远高效、可持续多元发展至关重要。澳门毗邻广东省，在粤澳合作的框架下，澳门应该多和广东省交流经验并尽快融入粤港澳大湾区的建设中。

广东省作为改革开放的前沿阵地，一直以其敏锐的嗅觉和务实的作风闻名全国。2015年6月3日，广东省在全国率先发布《广东省参与建设"一带一路"的实施方案》。广东成为全国首个上报实施方案、完成与国家"一带一路"战略规划衔接并印发实施方案的省份。

根据广东省的规划方案，广东将充分发挥区位优势，深化港口、机场、高速公路、高速铁路和信息国际合作，打造国际航运枢纽和国际航空门户，面向沿线国家，构筑联通内外、便捷高效的海陆空综合运输大通道。打造世界一流粤港澳大湾区，建设国际金融贸易中心、科技创新中心、交通航运中心、文化交流中心，建设粤港澳大湾区物流枢纽。旅游也是广东省重点打造的一个领域，广东省计划在广州、深圳市建设国际邮轮母港，在珠海、汕头、湛江等市启动邮轮旅游开发。筹划一批跨境丝绸之路主题旅游项目。[①]

① 《参与"一带一路"建设广东提出9项重点任务》，南方网，2015年6月4日，http://news.southcn.com/g/2015-06/04/content_125624363.htm，2015年10月10日登录。

广东省对于21世纪海上丝绸之路的反应迅速，也得到了国家的批准，但是广东省的规划并不能完全适合澳门，毕竟澳门与广东在经济体量上差别很大，在重点发展产业上也不甚相同。澳门需要依托广东省的规划和资源布局，将自身的经济转型和多元发展嵌入广东省的发展框架，这样不但有利于澳门与广东共同发展旅游业等重点发展行业，更有利于澳门通过加强同内地省份的联系从而得到更多有利于自身发展的宝贵资源。

澳门想要打造参与21世纪海上丝绸之路建设的规划，关键在于拥有专业高效的规划团队，这样才能结合澳门自身的特点和现状制订出合适的方案。根据澳门特别行政区政府的组织架构，澳门特别行政区政府政策研究室 (Gabinete de Estudo das Políticas do Governo da Região Administrativa Especial de Macau) 应该充当类似于广东省发改委的角色。根据澳门特区政府网站的公开信息，政策研究室应该在政治、法律、经济、社会、文化方面开展调研、相关工作及研究；开展澳门特区经济和社会发展过程的调研工作；对澳门特区经济和社会的结构性问题和形势进行分析、研究；展开中长期的前景研究；以民意、民愿为基础，制订公共政策、施政计划及方针，向行政长官提供信息准备及意见咨询。

目前广东省对于粤澳合作进行了一些政策、产业、学术方面的调研，但是澳门方面对内地的调研显然不够。政策研究室应该联合澳门的高等院校、研究机构、商业联合会等社会团体，对内地尤其是广东省展开专题调研，搜集一手资料和数据，熟悉相关产业的业态和动向，找到合作的抓手，助力澳门在21世纪海上丝绸之路建设中发挥更大的作用。

政策研究室也应该在澳门本地向其他政府机构、学术团体、商业联合会宣传国家层面政策的最新发展，让澳门的官员、学者、企业家更深入地了解国家的发展动态以及重大政策。通过内部调研和总结，对澳门长远的发展规划进行科学的验证。

政策研究室应该积极发挥自身的研究专长，利用自身的研究网络和咨询渠道，就澳门参与21世纪海上丝绸之路的规划制定出合理、科学的方案。

（二）完善多元发展的城市发展战略

依托完善的法律、教育资源优势，澳门的城市发展应该在传统的博彩业、服务业、休闲旅游业基础上制定更加多元的战略。但是值得注意的是，澳门作为一个外向微型经济体，产业结构的全面多元化并不是明智的选择。因为将有限的资源用于过多的行业，会使每个产业都不能获得规模经济效益；然而为了避免产业结构过于单一，规避外部经济的波动和风险，又不得不考虑增加产业结构的多元化，所以如何科学合理的完善多元发展的城市发展战略是澳门必须面对的研究课题。

澳门的多元发展战略应该遵循两个主线，一条主线是要依托支柱产业纵向融合丰富产业链；另一条主线是根据国家发展规划纲要依托现有社会资源横向拓展新产业。纵向融合（vertical integration）和横向拓展（horizontal expansion）是澳门未来城市多元发展的两条主线：在纵向融合方面，澳门要依托一业独大的博彩业，除了要融合酒店行业、餐饮行业、珠宝首饰行业、古玩行业、运输行业、娱乐行业、当铺行业等传统行业，还要加大在具有非博彩因素的现代文化创意行业的投入；在横向拓展方面，澳门要依托人才、语言、社会制度的优势，重点开发会展、贸易服务平台、产业园区、金融服务、智库服务等领域，助力澳门的经济转型。

纵向融合中的酒店行业、餐饮行业、珠宝首饰行业、古玩行业、运输行业、娱乐行业、当铺行业等传统行业与博彩业具有很强的融合性，博彩业的消费者在以上传统行业的连带性消费能力比较强，所以对于传统行业的维护和提升并不是很困难的工程。非博彩因素的现代文化创意行业是一种在全球化消费社会的背景中发展起来的，推崇创新、个人创造力、强调文化艺术对经济的支持与推动的新兴的理念、思潮和经济实践。[①] 通过积极引导和合理规划，文化创意产业应该可以像传统行业一样与博彩业进行有效充分的融合。博彩业与文化创意产业在本质上具有很多的共性，两者之间的融合互动是产业集成的一种有效形式，也是产品创新的主要途径之一。随着博彩业的发展壮大，对文化创意产业的需求会迅速增加，这有利于提高博彩业的生产效率;反之，文化创意产业也可以借助博彩业这一特殊平台，得到进一步的发展。[②] 目前博彩行业从外部建筑特征、内部内饰装潢、游艺项目设定、游客互动节目、节日庆典活动、周边产品设计等环节已经有了非常多积极的探索，如很多娱乐场提供的文艺表演、嘉年华活动、纪念品商店都是以丰富的中西方文化为基础来吸引游客，达到了非常好的效果。

横向拓展方面，澳门已经做了积极的尝试。2009年国际展览协会(UFI)公布的亚洲展览产业报告显示，澳门是亚洲展览产业成长最快速三大地区之一；2013年，共有1030项会议展览在澳门举行；"澳门国际贸易投资展览会""澳门国际环保合作发展论坛及展览"等也已跻身国际知名展会行列。澳门的会展业也得到了国家政策的大力支持，2012年，国家商务部与澳门特区政府签署《关于加强会展业合作的协议》，对内地与澳门会展业的合作目标、合作内容、政策支援、合作机制等方面作出了更加明确的规定。[③] 未来，澳门应该利用已经搭建的国际会展平台，与贸易服务平台、产业园区、金融服务领域进行跨行业合作，提升澳门的多元经济发展进程。值得一提的是，澳门拥有一流的高等院校、研究机构、大型商业集团和国际化背景的专业人才，具备了复合研究的资源，可以建立与广东省和香港的研究联盟，打造粤港澳智库高地。澳门可以发挥自身的优势，在博彩、旅游、贸易服务平台、产业园区、金融服务等领

---

① 宫承波、闫玉刚:《文化创意产业总论》，北京：中国广播电视出版社，2008年版。

② 王鹏:《澳门博彩业与文化创意产业的融合互动研究》,《旅游学刊》,2010年第6期，第25卷。

③《澳门回归十五周年：会展产业异军突起》，中国经济网，2014年12月18日，http://expo.ce.cn/sy/gd/201412/18/t20141218_4150674.shtml，2015年11月23日登录。

域进行专业研究，发布权威报告，打造澳门智谷，为澳门多元经济发展和地区协同发展提供智力支持。

（三）三管齐下（国家层面、省市层面、本土层面）的协同合作发展战略

澳门参与21世纪海上丝绸之路的关键在于内部统一协调和外部有效互动。在国家层面，澳门要保障与中央政府以及各部委的沟通渠道畅通；在省市层面，澳门要保障与地方政府及各委办局在互助合作中保持紧密联系；在本土层面，澳门要加强政策宣传、统筹本土资源、确保相关项目与国家政策和发展方向的匹配度以及本土企业的有效参与。

从国家层面来看，目前澳门特区政府与中央政府和外交部驻澳机构保持了比较紧密的联系。但是，从中央政府驻澳门联络办公室以及外交部驻澳门特派员公署的日常活动来看，澳门在“一带一路”，尤其是21世纪海上丝绸之路建设方面并没有同中央政府有很紧密的互动。澳门驻北京办事处也缺乏在相关重大战略上的活动安排。所以，澳门在参与21世纪海上丝绸之路建设的战略上应重视与中央政府及相关部委的沟通联系，一方面澳门可以通过和高层领导的沟通对国家战略有更清楚地认识，从而找准自身的定位和切入点，积极参与国家战略；另一方面澳门可以主动宣介自身的优势，表达自身的诉求，争取更多的政策支持。

从省市层面来看，澳门已经同国内很多省份建立了沟通机制，共同举办招商会、论坛进行交流，为寻求合作机会做了很多有益的尝试。然而，除了广东省，澳门同内地大部分省市的联系还是基于情况介绍、特色展示等较为初级的贸易招商活动，并没有针对国家战略和地方发展战略进行一些能够发挥各自优势的项目尝试。澳门应该在以下几个方面开展工作：1）加强宣传沟通。内地的省市对于澳门的了解有限，澳门应该加强同重点省市的联络往来，定期将澳门的社会发展情况同重点省市的相关部门进行对接，宣介澳门

的优势与资源，让合作伙伴清楚认识澳门并从中发现合作的机会；2）加强研究策划。澳门也应该加强对重点省市的研究，摸清合作伙伴的发展前景，选取和澳门优势和资源相匹配的领域进行重点工作；3）加强国际合作。澳门作为葡语国家贸易平台，应该积极为内地省市走进葡语国家以及葡语国家进入内地搭桥铺路，这样不仅巩固了澳门葡语国家贸易平台的地位，更为内地省市的国际合作创造了更广阔的合作空间。

从本土层面来看，澳门通过多年的快速发展，已经形成了一定的发展思维定式，在经济适度多元转型和参与国家发展战略层面上缺乏民众、企业家的理解。澳门需要向社会各个阶层宣传国家发展战略和澳门经济发展战略，动员全社会积极参与澳门经济发展，让全社会看到澳门多元发展以及参与国家发展战略的红利。澳门应该在智库建设、企业联盟建设以及人才储备建设方面加大投入，创造有利于澳门经济发展和融入国家发展战略的社会基础。

在智库建设方面，政府应该引导澳门的高等院校，科研院所，社会独立研究机构针对国家发展战略进行专项研究，并提供财政和调研渠道的支持。通过智库建设，澳门特区的专业人士可以对国家战略开展全方位的研究，并为政府、企业提供专业的方案，为澳门融入国家发展战略提供智力支持。澳门特区还应该重视第三方评估作用，利用政府财政购买第三方评估服务，雇佣第三方专业、独立机构对政府的重大发展规划和实施进行评估，保证方案实施的效果。政府应该对优秀的研究计划给予适度奖励，并积极为研究的成果转化铺路搭桥。特区政府应积极引导相关政府部门、企业开展活动，促进智库研究成果的落地。

在企业联盟建设方面，澳门政府应该引导同国家发展战略相匹配的相关行业形成企业联盟，并与企业联盟建立畅通的沟通机制，及时了解行业动态和企业诉求，为行业发展提供政策支持。澳门政府应该根据国家发展战略、澳门社会发展战略以及内地各省市合作伙伴的情况，结合企业联盟的资源禀赋和利益诉求，筹办相关的国际博览会、招商会、研讨会、洽谈会，为澳门企业走出去搭建平台。只有通过企业联盟建设，才能统筹澳门的企业资源，形成合力，找准切入点，开拓更广阔的市场。

在人才储备方面，澳门政府应该设立专项财政资金和特殊人才引进政策，吸引具有国际背景、了解国家方针政策、适应澳门发展环境的复合型人才来澳工作。政府应该在社会福利、工作环境、发展空间等方面为引进人才提供充足的保障，并鼓励专业人才扎根澳门，通过专业、勤奋的工作为自己和澳门社会经济发展创造更好的前景。同时，政府应注重本土人才的储备和培养，对本土人才进行国家外交、经济、社会方面的专业培训，引导本土人才利用澳门本地资源和国家政策进行对接，找到突破口和切入点，让澳门的社会经济发展走上快车道。

五、总结

澳门作为古代海上丝绸之路的重要枢纽和当代享誉世界的旅游休闲城市，拥有独一无二的地缘优势、人脉优势、语言优势和社会治理结构优势。在21世纪海上丝绸之路建设的时代背景下，澳门将获得前所未有的发展机遇并可以为国家发展战略做出自己的贡献。澳门应该立足《内地与澳门关于建立更紧密经贸关系的安排》（CEPA）与《粤澳合作框架协议》，通过制订符合澳门自身发展定位的21世纪海上丝绸之路参与计划、完善多元发展的城市发展战略以及三管齐下（国家层面、省市层面、本土层面）的协同合作发展战略，积极融入国家发展战略中，发挥澳门所长，为澳门社会经济发展和国家的大发展开创更美好的前景。

探究新中国体育外交发展历程

基础教学部　王洪飞

毋庸置疑，新中国成立至今六十多年来，体育对外交流交往在国家外交发展中发挥了重要的作用，并且逐步成为我国总体外交实力的重要组成与延伸部分。随着世界形势的日益变缓和世界大环境的不断变化，体育外交在促进国家交流互信、增强国家软实力、改善国家形象等方面的功效日益受到关注。中国体育外交的发展是我国体育事业、社会主义现代化建设和改革开放伟大进程的缩影，也是中华民族奋发图强、努力实现伟大复兴的精彩写照。回顾和展望为我国外交和体育事业做出重大贡献的体育外交的历程和未来，对促进体育大国向体育强国迈进、更好地为我国和谐社会服务推动和谐世界的建设，有着重要的历史与现实意义。运用文献资料法对中国体育外交进行回顾，旨在总结历史经验与教训，为今后我国体育外交工作提供借鉴。

一、体育外交的概念

传统的观点认为，外交是运用智力和机智处理各独立国家政府之间的官方关系，有时也推广到独立国家与附庸国之间的关系，或者简单地说，是指用和平手段来调节和处理国与国之间的关系。① 体育外交是一国通过与其他国家和地区开展体育交流、体育比赛和体育文化输出等活动，以促进各国公众间的理解与信任，从而达到维护国家利益、改善国家间关系、实现对外政策目标的一种新兴外交方式。② 笔者认为，体育外交就是一国围绕本国对外关系的一种工作部署和格局，旨在推动体育事业发展，采用体育文化交流、体育运动交流等方式，与国际性体育组织亦或者其他主权国家进行的双边及多边的、官方的、正式的活动。

体育作为外交活动的重要表现形式与交流手段之一，在新时期公共外交大背景下，随着世界形势的日益变缓和世界大环境的不断变化，体育外交会在国家公共外交范畴中发挥着越来越重要的作用，其促进国家交流互信、增强国家软实力、改善国家形象的功效日益受到关注。

二、新中国体育外交的发展历程回顾

新中国体育外交基本上可以划分成五个阶段：第一阶段，新中国成立（1949年）到20世纪50年代中后期，该阶段是新中国和国际体育组织接触并争取合法权益的重要时期，即“争取恢复权益”时期；第二阶段，20世纪50年代中后期到60年代中期，该阶段是开展“限制与反限制”斗争、打破国际封锁以及发展与第三世界国家（亚非拉）体育关系的重要时期，即“捅破封锁”时期；第三阶段，20世纪60年代中后期到70年代末，该阶段是在著名的“乒乓外交”拉动下，打破外交僵局，恢复与国际关系的重要时期，即

① [美]戈尔－布思主编:《萨道义外交实践指南》(第五版)，杨立义等译，上海译文出版社，1984年版，第1页。

② 李德芳:《体育外交的作用及其运用：以北京奥运会为例》，《现代国际关系》，2008年第10期，第55页。

“恢复关系”时期；第四阶段，20世纪70年代末到90年代初，该阶段是全面走向世界、频繁参与国际体育事物的时期，即“蓬勃发展”时期。

（一）争取恢复权益（1949年新中国成立—20世纪50年代中后期）

上文已提及，该时期为新中国成立（1949年）到20世纪50年代中后期，国际形势和国内形势都对中国非常不利。在国际方面，国际上已经形成了社会主义与资本主义两大阵营互相对峙的严峻局面，为了将国际敌对势力的封锁打破，得到有利的国际环境，新中国领导人采取“一边倒”的战略，坚定地站在社会主义阵营，相继与苏联、朝鲜、罗马尼亚及越南等社会主义国家建立外交关系。而学习并借鉴先进的国外体育经验、继承优秀的体育遗产成为建设新中国体育事业的必经途径。因西方国家对于新中国持否决的态度，因而可供新中国学习的仅仅有东欧模式和苏联模式。在这一形势下，新中国对外体育交流也基本上集中于社会主义国家，其规模与范围都受到了很大的制约。

中国于1950年派体育代表团访问苏联，这是自成立新中国后第一次派体育代表团进行国外访问。随后，苏联体育代表团来华访问，由此成为第一个访问新中国的国外体育代表团。1952年我国派出 40人的代表团参加赫尔辛基第十五届奥运会，五星红旗第一次在奥运赛场上高高飘扬，从此向世界宣告了新中国奥林匹克运动的存在。[①] 自此之后，中国开始与诸多东欧社会主义国家诸如匈牙利、捷克斯洛伐克、民主德国等积极开展体育交流。除了社会主义国家，中国还与印度尼西亚、缅甸、巴基斯坦和印度等周边民族主义国家，以及芬兰、瑞士、挪威、瑞典、丹麦等倾向于中立的欧洲国家建立起外交关系由此为中国和这些国家的体育交流奠定了

① 《当代中国》丛书编辑部:《当代中国体育》，北京：中国社会科学出版社，1984年版。

基础。

中国政府也积极为恢复自身在联合国的席位不断努力，中国体育也争取加入各种各样的国际体育组织。然而在这个时期，台湾当局长时间非法占据中国在联合国的席位，由此台湾问题成为恢复中国在国际体育组织权益的障碍。1952年，中国体育总会向国际奥林匹克委员会致函，声明中华全国体育总会要参与第十五届奥林匹克运动会，同时声明中华全国体育总会是唯一代表中国的体育组织，任何其他团体均无权代表中国，也不容许任何其他团体以中国合法代表的名义参与奥林匹克运动会及相关的会议。即便是国际奥林匹克委员会承认中华全国体育总会在奥林匹克委员会的地位，但是仍然拒绝中国所提出的将台湾参赛组织排除在外的议案，企图在国际奥林匹克委员会中制造“一中一台”和“两个中国”的事实。[①]当时担任国际奥林匹克委员会主席的伦代奇在没有同任何人商议讨论的前提下，以“中华民国”的名义把台湾列入合法的国家奥委会当中，导致国际奥林匹克委员会的文件中出现“福摩萨中国”、“北京中国”等字样。在交涉无果的情况下，中华全国体育总会及相关运动协会发表了同国际奥委会断绝关系的声明，自此，中国和国际体育组织及相关的赛事有了将近20年的隔绝。

（二）打破封锁(20世纪50年代中后期—60年代中期)

20世纪50年代中后期到60年代中期，该阶段的国际形势为大改组、大分裂、动荡不安。此段历史时期，为国家利益服务依然是中国体育外交的指导思想，其政策和措施的选择紧紧围绕着中国对外战略目标，其外交措施与行动很好地体现了对外政策。中国体育外交与中国的对外战略密切相关、密切呼应，它把自身的发展纳入到国家的对外战略框架中，为配合国家对外战略的实施、实现和维

---

① 《建立与国际体育组织的正常联系》，中国大众体育网，http://www.chinasfa.net/lshg/xzgty/xzg02_14.htm。

护国家利益做出了重要贡献。

受国家对外战略的影响，中国体育加大了与社会主义国家的体育交往，进行了争取两个中间地带的体育交往。这些体育之间的交往使中国“扩大了国际体育往来，与22个国家进行了85次友好活动，增进了友谊，宣传了我国大跃进的成就，坚决反对了一些国际体育组织搞‘两个中国’的阴谋，各项体育事业的发展，对增强人民体质，支援国防建设，促进生产、工作、学习，都起到了良好的作用。”①

因苏联大力实行霸权主义，中苏关系不断恶化，再加上美国持续推动反华政策，中国为了维护世界和平并捍卫国家利益，提出以“两个拳头打人”、依靠亚非拉国家的外交政策，来反抗美国、苏联的霸权主义行径。由此体育外交的重点开始转变为将国际体育组织的孤立打破，大力发展同新兴的亚非拉国家如印度尼西亚、泰国、印度、缅甸、柬埔寨、斯里兰卡等的体育外交关系。1965年成为这一阶段新中国体育外交的一个最高潮，同时，中国同53个国家及地区相继开展了158起体育交往活动，中国的国际体育活动范围得以持续加大。②

毛主席于1956年在中南海接见来华访问的南斯拉夫足球队，并且请南斯拉夫足球队转达了对其总统的问候，同时提出了派中国足球队对南斯拉夫进行回访的建议，随后南斯拉夫领导人对到访的中国足球代表队进行了接见。中南两国的体育互访增进了两国之间的友谊及了解，在第三届世界男子篮球锦标赛（1959年）上，保加利亚和苏联由于反对“两个中国”拒绝和台湾比赛而将决赛成绩取消，周总理为了表示中国政府的谢意，于同年亲自观看了来中国访问的保加利亚排球赛，并且对保加利亚体委主任予以接见。日本的松村谦三（著名政治家）于1959年来华访问，提出学习太极拳的要

① 国家体委政策研究室:《体育运动文件选编(1948—1981)》，北京：人民体育出版社，1982年版。

② 李秀梅:《中华人民共和国体育史简编》，北京：北京体育大学出版社，2002年版。

求且得到周总理的支持，[①] 随后太极拳教材及相关电影带进入日本广泛宣传，由此，越来越多的日本友人对太极拳产生兴趣，这也列为友好交流的重要内容。为了更好地发挥对外工作中体育的作用，也为了更好的配合国家外交工作，原国家体委经周总理等领导人的批示在1957年向越南派出我国史上首支援外体育教练队伍，新中国援外教练工作的帷幕自此拉开。

可以说，中国通过举办和参加世乒赛、新兴力量运动会、亚洲新兴力量运动会，加强了同第一和第二中间地带国家的关系，加强了同日本与西欧国家的友好关系，这为中国外交局面的打开、获取第三世界国家的支持、加快中国重返联合国进程做出了重要贡献。

（三）恢复关系（20 世纪60年代中后期—70年代后期）

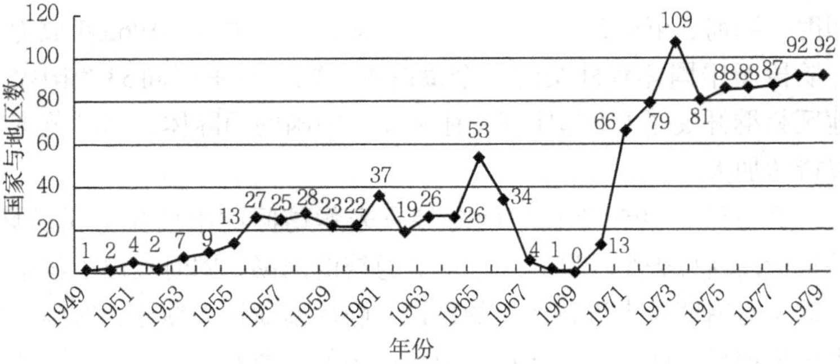

图1　中国体育外交涉及的国家及地区数（1949—1979）

伴随着中国与世界各国关系的正常化，中国体育外交的范围也不断扩大，交往的规模呈急剧上升趋势。1971年10月25日，在获得第26届联合国大会以压倒多数通过恢复中华人民共和国合法席位的决议的关键性胜利鼓舞下，中国改变了在国际组织中“另起炉

① 张现成:《建国以来我国体育与外交政策的互动研究》，硕士论文，湖南师范大学，2006年5月。

灶”的初衷，开始积极争取在国际体育组织中的合法席位。1973年，中国陆续加入或重返国际赛艇联合会、亚洲运动会联合会、国际划艇联合会、国际中学生体育联合会等国际体育组织。与此同时，中国与友好国家和地区的体育交往不断增多，从图1中可以看出，20世纪60年代末期到70年代中期，中国体育外交涉及国家和地区数目呈现几何式增长，中国体育重新在风起云涌的世界体坛上崭露头角。

代表40多个非洲国家体育组织的非洲最高体育理事会主席阿拉伯罕·奥迪亚向报界发表谈话说，中国是一个拥有8亿人口、占世界人口四分之一的国家。世界的四分之一被排斥在国际奥林匹克运动之外，是不合理的，非洲最高体育理事会将支持中国恢复在国际奥委会中的合法席位。① 经过不懈的争取和努力，国际奥委会于1979年在日本名古屋举行了会议，一致通过在国际奥委会上恢复中国合法席位的提议，而撤销设于台湾的奥委会的中国奥林匹克委员会代表身份，仅维持台北奥委会的名称，这就是众所周知的“奥运模式”。“奥运模式”的实践应用为恢复中国在国际体育组织中的席位提供了优秀范例，截至1989年，中国相继共计参与了74个国际体育组织以及38个亚洲体育组织，② 在第23届洛杉矶奥运会上（1984年），中国打破了奥运会金牌的“零突破”，随后，中国运动健儿不断在大型国际体育赛事上取得可喜成绩，不仅彰显了中国的良好形象与面貌，也极大地提升了国际影响力。

（四）拓展推进（20世纪70年代末—90年代初期）

十一届三中全会上（1978年）提出了将工作重心向经济建设转移的决议，实行改革开放的决策得以通过。中国外交政策做了全面

① 孙葆丽：《奥林匹克运动与中国》，北京：大众文艺出版社，2000年版，第131页。

② 王梦柔：《新中国体育外交繁荣事件回顾及其发展建议》，《哈尔滨体育学院学报》，2013年第2期，第166—167页。

调整，仍始终坚持独立自主的原则，并且赋予了崭新的内容，不依附于任何大国，不同任何国家建立战略关系，提出和平与发展为世界的主题并将对外开放列为基本国策。中国与各国的各个领域的往来得以扩大，中国现代化建设得以加快。同时，“一国两制”的构想将香港和澳门问题解决。在新外交政策的引导下，中国外交呈现出自新中国成立以来最为活跃的新局面。中国加入国际性的体育组织，反映出了中国体育实力甚至是国家实力的大大增强，体现了中国对外关系的发展及对外开放程度的加大，更多的中国人开始在国际体育组织中担任重要职务，参与到世界体育事务管理工作中来，这对于维护中国合法权益、中国在世界体坛影响力的扩大都发挥着尤为重要的作用。北京于1990年成功举办第十一届亚运会，该亚运会是新中国自成立后首次举办的大型综合性运动会，中国不但借此向世界各国展现了我国改革开放后的巨大成就以及悠久的历史文化，并且还将冷战后中国外交所面临的不良局面予以改善，推动了中国和周围国家的关系，创造了最好的周边环境。

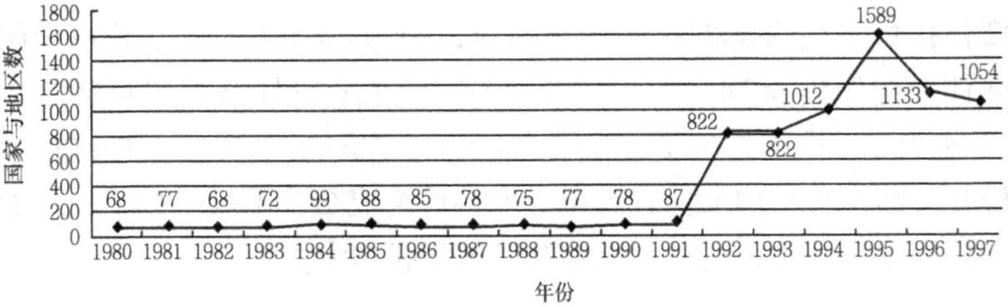

图2　中国体育外交涉及的国际与地区数（1980—1997）

据统计，从新中国成立到1984年，中国与152个国家和地区进行了6000多起体育交往，参加者近90000人次。仅自1980年至1984年这一段，中国参加国际体育活动每年就达500多起，7000多人次，比70年代每年平均数增长1倍。从图2中可以看到，在经历了80年代10年的平稳发展后，进入90年代，中国体育外交涉及国家和地区又呈现出爆发式增长；到1989年，中国同150多个国家和地区进行了8000多次体育交往，共达100000多人次。中国体育在这一时期也开始“走出去，请进来”，对外开放的格局全方位展开，开创了全新的体育外交局面，其广度和深度都有了空前的发展。[①]

（五）繁荣发展（20世纪90年代中后期—至今）

伴随着国家政治的日益稳定、国民经济的持续发展、人民生活水平的不断提高，我国体育事业体育的快速发展，体育竞争实力日益增强。[②] 在1995年国家体委制定的“奥运争光计划”的推动下，中国竞技体育实力不断提高，中国运动健儿在世界体坛上一展雄风，世界锦标赛中频频夺冠，奥运赛场上捷报频传，巴塞罗那、亚特兰大、悉尼奥运会成绩斐然。另外，中国与世界愈来愈多的国家和地区建立了体育关系，与亚洲所有国家和地区特别是周边国家保持和发展着较为密切的体育外交，还与各国际和亚洲体育组织建立和保持着友好合作关系。我国与世界上150多个国家有着双边体育交流与合作，与近100个国家或地区的政府体育机构或奥委会签署了双边体育合作协议或合作备忘录，与国际体育组织交往的范围也不断扩大，交往的层次不断提高。

此外，北京奥运会的举办，全方位展示了博大精深的中华文明，使世界人民感受到一个真实的中国，更好地了解和认同中国的发展。既是体育盛会也是外交盛会的北京奥运会为中国与世界的全面交融提供了前所未有的平台，使中国与世界的融合达到前所未有的水平。中国向世界集中展示了灿烂悠久的中华文明和改革开放30年的巨大成就，进一步树立了文明、民主、进步、开放的形象，在国际上掀起了新一轮“中国热”。正如前外交部长杨洁篪所指出的，

① 谷世权：《中国体育史》，北京：北京体育大学出版社，2002年版。

② 祝莉、唐沛：《中国体育外交六十年：回顾与展望》，《体育文化导刊》，2009年第12期，第140—145页。

中国在北京奥运会收获的最重要的一枚金牌，就是在赢得世界人民的理解、信任和友谊方面取得新的突破，所取得的外交成果是比单纯靠外交辞令所无法比拟的。

三、结束语

总而言之，新中国体育外交的主线为发展与国际奥委会的关系，目标为发展空间、拓展生存，并以推动体育事业、增进国际了解以及发展国际友谊为任务，可谓是历尽沧桑曲折的发展过程。体育外交配合国家外交政策并切实根据国际形势，在增进中国同各国关系的同时，还使中国良好的国家形象得到了广泛宣传，为外交僵局的打破发挥了卓越的贡献。随着国际关系深入的发展，和平和发展已经成为历史发展主流，在新时期公共外交背景下，我国对外体育交往要不断适应国际形势的变化，自觉服从于国家外交战略，为国家外交全局服务。中国体育外交应据此确立自己的任务，在建设体育强国的进程中，应该积极提高中国体育文化的内涵与品质以及国际社会的吸引力，不断完善对外话语体系建设，有效发挥体育外交的“软实力”功能；在实施体育外交的过程中，要逐步建立体育外交长效机制，对体育外交有一定战略规划；逐步加强国际体育的交流与合作机制，充分利用好新媒体对外传播功能；积极参加与承办国际大型体育比赛，使其成为开展公共外交的有效手段；注重体育精英的力量，积极发挥体育特使的明星效应；调动全体社会成员共同参与，形成政府、非政府组织和普通公众参与的立体化全方位体育外交体系。

中国优秀运动员公共外交素养的重要性分析

基础教学部　王　莉

在新公共外交视域下，国内相关学者对体育公共外交的研究重点也从体育外交的相关理论性研究逐渐转向实用性研究。但研究对象主要集中于国家首脑、体育外交使节、体育文化、体育媒体、群众体育等，而作为体育中最为活跃的核心因素——优秀运动员却往往被忽略，实质他们的参赛就是在进行外交，他们的日常及赛场表现的恰当与否直接影响到体育公共外交的效果。

近年，全球公共外交迅速发展，体育公共外交的作用日益突显，在此过程中，部分优秀运动员在公共外交工作中做出了突出的贡献。运动员身上具有的特质是健康、青春、热情、自信的代言，尤其是优秀运动员凭借其自身高超的运动技能，拥有了更多进行国际交流的机会，他们无疑是成为整个国家的形象代言人，是体育公共外交中的精英团队。美国的公共外交使节关颖珊和我国的篮球巨星姚明，就是优秀运动员在公共外交中成功发挥作用的典型案例。但是不能忽视的是我国的大部分优秀运动员在某些公共外交场合却表现平平，甚至因种种不恰当言行举止事件而引发诸多负面国际舆论，没能有效发挥其具有的外交价值，这是缺乏系统的公共外交知识的表现。

因此，我们有必要对优秀运动员公共外交素养的重要性做出分析，优秀运动员如具备良好的公共外交素养，能够在参与公共外交的过程中，充分发挥其外交价值，有效辅助塑造国家良好国际形象，从而为我国营造更加和谐的国际环境。同时，通过树立有力的外交形象，有助于争取我国在国际上的体育话语权，加速从体育大国向体育强国的转变，促进竞技体育发展。

一、新公共外交视域下体育公共外交的重要性凸显

随着当代国际关系形式和内容的变化，各国对外战略的起点和目标，都开始由国家硬实力转向国家文化软实力的建设，公共外交便是软实力建设中的重要内容和战略路径。“9・11”事件引发了美国学者关于公共外交缺位以及其复位后能否奏效的深层动因的考察，这一新的思考也引发了全球学者研究“全球化时代所赋予公共外交的新内涵”的热情。到目前，可将新公共外交的特点归结为：强调行为主体的“网络化”，即超国家行为体、国家附属行为体、非政府组织和跨国公司参与并主导的公共外交活动；[①]重视适应当代网络传播和技术发展的新特点，做好传播信息、引导舆论的工作。近些年来，我国积极参与全球外交事务，合作之余也产生了很多摩擦，在新公共外交视域下，如何更好地开展外交活动、携手共创利益共同体也是我们需要深入思考的问题。

体育具有重要文化价值和交流功能，因其本身是一种共通性文化而更容易引起人们的共鸣，有利于各国公众间信任和认同的建立，从而成为公共外交的“草根战略”手段。[②]同时作为一种“世界通用语言”，它发挥着其他文化交流方式所不具备的战略作用，从而越来越成为各国公共外交的首选方式，乒乓外交、棒球外交、

① 郑华：《新公共外交内涵及对中国公共外交的启示》，《世界经济与政治》，2011年4期，第143页。

② 李德芳：《体育外交——公共外交的草根战略》，《国际论坛》，2008年11期，第11页。

奥运外交、世界杯外交等体育外交方式广为世界各国所运用，并成为增强国际社会沟通与信任，改善国际关系的重要手段。目前，随着全球化的不断扩展及新公共外交理念的产生，体育交流也呈现出全球化的趋势，体育外交越来越成为国家间民众沟通与交流的重要手段，被纳入到国家的总体外交战略中，它在提升国家软实力、塑造良好国家形象中起着重要作用。体育在我国的外交史中起着独特作用，从20世纪70年代的中美乒乓外交，到2008年举办北京奥运会，体育都发挥了其巨大的外交价值。新公共外交视域下，体育公共外交也体现出新的特征：参与主体层面广泛；影响程度更大；受众目标更广；媒介传播加速；外交方式手段多样等。鉴于此，我国更加积极探索体育公共外交的有效路径，经历了举办国际大型赛事、体育代表团交流访问、领导人的体育外交、体育会议培训、体育产业交往等不同形式的体育公共外交。

简言之，随着国际关系的发展，软实力在国际社会中发挥着越来越重要的作用，体育外交作为秉承软实力理念的公共外交之一，在塑造和传播国家形象中的作用日益凸显，成为国家外交战略的重要组成部分。2008年北京奥运会成为我国大力践行“体育外交”的典范，为中国国家形象的改善提供了契机，加强了世界对中国的正确认识，新世纪的中国要想成为国际社会认可的负责任大国，也离不开体育外交的辅助与推动。

二、优秀运动员在体育公共外交中的角色分析

公共外交是一种以人为本的外交，强调公众在外交中的参与，公共外交的行为主体包括政府、社会精英和普通公众三个方面，其中政府是主导，社会精英是中坚，普通公众是基础，强调了社会精

英在公共外交中的特殊作用。[①] 同样，体育公共外交也必须重视体育社会精英在外交过程中作用。

体育及各种竞赛在全球范围内普及，全世界人民都给予热切关注，并积极参与各种体育运动，这使得体育成为宣传国家形象、推动公共外交的绝佳舞台。体育明星作为体育外交的直接参与者和体现者，必然成为体育公共外交的精英，他们越来越受到世界人民的关注，他们活跃在运动赛场及日常生活、甚至是国际外交的舞台上，他们的身影使得体育公共外交更具活力和成效。体育运动员阳光活泼和健康自信的外在形象深刻地影响着人们，是积极向上的代言，他们体现出的奋勇拼搏、坚持不懈、团结宽容的赛场精神更是社会所需要的主流价值观的辐射与引领。尤其是活跃在国际体坛的优秀运动员借自身高超的运动技能和独特的赛场更是受到大众的追捧。因此，运动员的一举一动都备受关注，他们身上的特质使得他们成为大众愿意追随的偶像，甚至成为很多人的精神支柱。运动员的这些特点也很自然地拉近了与大众的距离，具备进行公共外交的“天然”优势。可以明确，优秀运动员是体育公共外交活动中的最活跃核心因素。

随着国际赛事的增加、信息传播技术的飞速发展及媒体的倾力打造，优秀运动员受到的关注比以往任何一个时期都要更广泛、更直接、更快速，这使他们拥有了更多进行国际交流的机会，同时也对他们形象及言行提出了更高的要求，例如一次赛事或者一个赛后新闻发布会，这些优秀运动员在几十亿全球观众的瞩目之下，其一言一行必将被迅速传播到全球，可以说他们这时表现的好坏直接关乎国家形象的好坏。世界人民通过体育明星不仅能了解一国在该体育项目上的水平，也能从他们身上了解和认识国民特征和国家风貌。“姚明的高度、刘翔的速度、丁俊晖的准度、李娜的力度”一次又一次地被世界当作中国体育代言人。美国前总统克林顿曾这样

① 赵启正:《公共外交与跨文化交流》，中国人民大学出版社，2014，第215页。

说过："姚明是中国向美国输出的最大单宗出口。"总是面带微笑的姚明被全世界公认为"是一个球技精湛、朝气蓬勃、勤奋好学、并且有社会责任心的中国新青年，一个NBA的国际亲善大使。"姚明作为中国面向世界的一个"窗口"，是中国与世界友好交流的"桥梁"，他的形象在某种程度上代表了国家的形象，是国家形象的缩影。①

然而优秀运动员也只有具备良好的公共外交意识和一定的外交专业知识才能在外交活动中发挥其价值。因此，我们应该重视优秀运动员公共外交素养的提升，通过良好的优秀运动员公共外交素养，有效辅助塑造国家良好国际形象，增强我国在国际上的体育话语权，加速从体育大国向体育强国的转变，促进竞技体育发展，同时加快我国传统体育文化走向世界的进程。

三、我国优秀运动员公共外交现状及原因分析

近年，以姚明、刘翔、李娜、丁俊晖为代表的中国职业体育明星的不断涌现，体育精英已经成为中国体育公共外交行为主体的中坚力量。尤其在2002年，当姚明成为第一位没有美国篮球背景的外籍状元时，这也是中国运动员第一次成为世界主流媒体的焦点人物。凭借个人良好形象，姚明成为东西方文化交流的一座桥梁。美国三任总统都曾在公开演讲中称赞姚明，提及他在中美交流中所做出的贡献。姚明的成功取决于他高超的篮球水平，更来自于他谦虚、聪明、幽默的人格魅力。从公共外交的角度来说，由姚明引发的精英模式效应，在中国公共外交事业具有里程碑的意义。②

---

① 李智慧：《姚明在电视广告中形象塑造研究》，硕士毕业论文，《成都体育学院》，2013年5月，第21页。

② 倪京帅：《体育公共外交使节——公共外交中的有效行为体》，《成都体育学院学报》，2013年12月，第30页。

通过研究近年我国优秀运动员在公共场合交流的案例，发现有成功案例的同时，也有很多失败案例，部分运动员因种种不恰当言行举止事件而引发诸多负面国际舆论，没能有效发挥其具有的外交价值，这是缺乏系统的公共外交素养知识的表现。通过整理资料发现，我国优秀运动员的不当言行主要发生在比赛前后的新闻发布会、媒体或记者的采访及其他一些公众场合中，他们时常与媒体发生误会。例如，李娜从2011年中网对媒体的冷言冷语，再到2013年语出惊人，李娜似乎总在以她的“个性”挑战着公众的价值底线。[①] 总体来说，我国的绝大部分优秀运动员并没有公共外交意识，他们在公共外交场合表现平平，面对媒体与观众时要不是“敷衍了事”要不就是不善于运用“国际方式”的表达自己思想，其表现结果就是要不就是千篇一律的回答、毫无生气，要不就是过度自负张扬的表述，这对个人形象、中国运动员形象及国家形象的塑造都没能起到正面作用。面对这一现实问题，国内呼吁提高运动员公共外交能力的声音时常出现，呼声也越来越紧迫，公共外交界、体育界和媒体都在强调优秀运动员从容应对公共外交场合必要性和重要性，但就优秀运动员如何提高公共外交能力等问题，无论在理论的阐释上还是具体应对的方法上都存在着研究缺失的问题。

在国外，职业联赛运动员与媒体交流、建立良好的公众形象是必修课之一，属于需要专门进行培训的内容。而在我国，由于社会背景局限性及竞技体育人才培养机制的特殊性，缺乏培育优秀运动员公共外交素养的意识，导致我国目前并没有展开相应的工作，仅仅是运动员在出国比赛前进行短期培训，做一些出国注意事项提醒及简单的知识普及，或者在日常训练中做一些不系统的培训。从国家到基层都没能做出提升优秀运动员公共外交能力的系统规划，没有理论指导，更没有相应的培育制度。

① 王莹:《中国优秀运动员形象特征——定位与塑造的研究》，硕士论文，山西大学，2014年6月，第15页。

四、提升我国优秀运动员公共外交素养的建议

外交学院前院长吴建民大使总结的四个词语高度概括了公共外交素养的内涵，即："爱国"、"懂世界"、"懂中国"、"会交流"。[①] 因此优秀运动员的公共外交素养可以简述为"优秀运动员在参与公共外交的过程中，需要具备的相关知识及有效表达能力，具体到仪容仪表、外交礼仪、言谈举止、相关知识素养等多方面"，这是需要通过后天培育形成的。

基于此，建议我国相关部门，包括体育总局、各大体育高校及基层运动队，增强对优秀运动员进行公共外交素养培育的意识；加强优秀运动员公共外交素养的理论研究；设立不同层次的培育机构，增强培育机构协调能力；加强政府主导，健全培育制度；健全培育效果的考核制度；采用多种方式进行培育。

良好的公共外交素养将有助于优秀运动员在参与公共外交的过程中体现出良好的基本公共外交素养，能够运用专业的技巧和方法从容应对公共场合各种情况，在面对大量的采访中运用"国际表达"的方式更加生动地表述自己的思想，间接引导媒体报道方向等等，从而树立良好的个人及国家形象，为国家大外交做出应有的辅助作用。

---

① 刘坤喆:《资深外交官吴建民：中国外交官需要四种素质》,《中国青年报》,2005年9月9日，第二版。

国际公共产品的权力要素分析

英语系　吴晓萍

20世纪以来，科技极大拓展了人类活动空间，资源要素更迅速地在全球范围流动。国家利益外溢和出现国际公共利益是国家间合作的根本动因。在这个时期出现了大量国际公共产品。国际公共产品通常以国际组织或国际机制等具体合作形式出现。“过去50年里成立的国际组织比过去500年成立的都要多。1750年世界只有86个多边组织，到1950年已经有1200个，到了2001年则达到了2100个。”①

在无政府状态中，国家对于权力的占有是天然而无节制的。为了实现某个共同利益，国家可以有限让渡部分主权，任何主权让渡都是以预期利益回报为前提的。国家从国际公共产品中会获得何种利益回报？国际公共产品和主权国家之间是如何实现权力和利益互动的？很多学者对这些问题做了探讨。其中最有代表性的是霸权稳定论和国际机制理论。查尔斯·P. 金德尔伯格（Charles P. Kindleberger）认为，在权力不均衡的国际社会中，霸权国家是国际公共产品的最大提供者。霸权国提供的国际公共产品在实现本国利

① Inge Kaul et al, eds., *Providing Global Public Goods: Managing Globalization*, Oxford: Oxford University Press, 2003, p.387.

益最大化的同时也部分实现了国际公利。[1] 但历史证明霸权国的相对衰落并没有直接导致国际公共产品供给的减少，霸权稳定论没有对此做出解释。国际机制理论的代表人物罗伯特·基欧汉（Robert Keohane）则强调国际机制本身的公利价值。他认为国际机制的公利性不仅保证了合作方能够共同获利，还确保任何一方的获利都不会阻碍他方同时获利，即国际机制是一种国际公共产品性。[2] 虽然基欧汉明确指出了国际机制的“非排他性”，但并没有指出是什么保证了国家利益分配的“非排他性”。约瑟夫·奈（Joseph Nye）从权力实现方式角度提出了软权力理论，为解释国际合作中国际公权和国家主权的互动提供了新视角。但奈只是笼统地指出国际合作会产生软权力，并没有对此种权力结构做深入分析。[3] 权力是国际公共产品的根本要素，是保证国际合作和国家利益实现的基础。本文将从合法性、规范性、存续性和扩展性四个维度对国际公共产品的权力结构进行分析。

一、国际公共产品的一般理论

12世纪的欧洲封建领主向公众提供了医疗、教育、治安等基本公共产品以实现统治目的，这就是现代公共产品的雏形。18世纪的工业化和资产阶级民主革命终结了君主制，现代主权国家诞生。保罗·萨缪尔森（Paul Samuelson）的公共产品理论就是在这个时期提出的。公共产品就是“任何人对该产品的消费都不影响其他人对

---

① Charles P. Kindleberger, *The World in Depression: 1929-1939,* Berkeley: University of California Press, 1973.

② Robert Keohane, *After Hegemony: Cooperation and Discord in the World Political Economy,* Princeton：Princeton University Press, 1984.

③ Joseph Nye, S., Jr., “Soft Power and American Foreign Policy”, *Political Science* Quarterly, Vol.119, No.2, 2004, pp. 255-270.

该产品进行同等消费的产品。”[①] 公共产品有“非排他性”和“非竞争性”两个基本属性。“非排他性”是指任何人对此产品进行消费都不影响他人对该产品进行同等程度的消费；“非竞争性”是指任何人对该产品的消费都不会减损该产品的价值从而影响该产品被他人消费。此概念的提出对经济学及政治学等相关领域产生了深远影响。

国际公共产品的概念来源于萨缪尔森的一般公共产品理论。奥利弗·莫利塞（Oliver Morrissey）等学者认为：“国际公共产品就是能够提供某种功效的有益产品。从原则上讲，此种功效性世界上任何人均可享用。”[②] 英格·考尔（Inge Kaul）首次正式提出了全球公共产品的概念。[③] 她认为：“全球公共产品就是那些利益可以惠及所有国家、民众和子孙万代的产品。”鉴于此概念过于宽泛，她又提供了一个更有实际意义的概念：“如果一个产品提供的益处不局限于某一类国家，并且对任何团体及当代和后世各代子孙都没利益损害，那么它就满足全球公共产品的要求。”[④] 以上定义都强调了国际公共产品的公益性和非歧视性，并指出国际公共产品的公益性表现为获利的事实和潜在获益的可能。

本文的国际公共产品是指由社会建构的非物质的有益人类合作成果。具体指在不损害任何一方利益前提下，同时为多个国家提供需求满足的、具有非排他性和非竞争性特征的人类产品。为了与有形的国际公共资源相区别，本文的国际公共产品只包括纯公共产品

① Paul A. Samuelson, “The Pure Theory of Public Expenditure,” *Review of Economics and Statistics*,Vol.36, No.4, 1954, pp.387–389.

② Oliver Morrissey, Dirk Willemte Velde, and Adrian Hewitt, “Defining International Public Goods: Conceptual Issues”, *International Public Goods: Incentives, Measurement and Financing,* Ferroni Marco&ModyAshoka, eds., Norwell: Kluwer Academic Publishers, 2002, p.35.

③ 国际公共产品有不同提法，最常见的为international public goods，另外还有transnational 和public goods的提法。虽然内涵和侧重有所不同，但研究方法基本相同，本文统一为国际公共产品（international public goods）。

④ Inge Kaul, *Providing Global Public Goods: Managing Globalization*, p. 95.

和俱乐部产品，[1]依其组织形式从低到高可以表现为国际规则、国际制度、国际机制、国际组织等。

与国家公共产品相比，国际公共产品的政治权力性更加突出。现代国家的主权理念和国际无政府性使每个国家都必须为自身利益负责。追求本国利益最大化是任何国家的理性选择。因此，国际公利实际是国家私利的汇合点和集合体。国际公共产品的生产过程也是国家权力和利益的博弈过程，即“全球治理不是与经济学相伴而生的管理科学，从很多方面都可以看出它是一个备受争议的政治过程”。[2]

二、国际公共产品的合法性权力

国际社会的无政府性决定了国家间合作没有天然的自上而下的合法性权力保障，只能通过主权国家互相有限让渡主权来完成。这种以自愿为基础的被让渡的主权集合体构成了国际合作合法性的根本来源，也是国际公共产品形成的权力基础。[3]工具价值、公共意志和公共权威构成了国际公共产品合法性价值的基本要素。

第一，国际公共产品能够对公共需求提供满足，工具价值是国际公共产品合法性权力的直接来源。

---

① 萨缪尔森提出的公共产品是高度抽象的理论模型，现实生活中“排他性”和“竞争性”是互相分离并且可以量化的相对概念，所以萨缪尔森的公共产品通常被称为“纯公共产品”。根据“排他性”和“竞争性”的分离，考恩斯（Cornes）和桑德拉（Sandler）将公共产品细分为纯公共产品（萨缪尔森提出的公共产品）、准公共产品（具有排他性而不具有竞争性，例如有知识产权保护的药品配方；具有竞争性而不具有排他性，例如有限的公共绿地。）和俱乐部产品（具有部分的排他性和竞争性，例如采用会员制的马术俱乐部）三种。

② Olga Memedovic, *Public Goods for Economic Development,* Vienna: United Nations Industrial Development Organization, 2008, p.22.

③ 沃尔夫勒姆（Rüdiger Wolfrum）从来源、程序和结果分析了合法性产生过程，详见Rüdiger Wolfrum and Röben Volker, eds., *Legitimacy in International Law*, p.6.; 格鲁伯（Lloyd Gruber）从国家主权让渡角度分析了合法性来源，详见Lloyd Gruber, *Ruling the World: Power Politics and the Rise of Supranational Institutions*, Princeton: Princeton University Press, 2000, p. 6.

合作的根本原因是对特定需求提供满足。基欧汉曾说："各种世界治理机制之所以存在就是因为它们具有工具性价值。即使不能说工具性价值是其存在合理性的全部来源也是其最主要的来源：我们认为它们有价值不是因为它们本身有价值而是因为它们能够带来价值。"① 沃尔夫勒姆也认为："如果一个机构，例如联合国安理会或国际法庭，尽管按照可行性原则建立并按照既定程序决策，但如果它不能产生该机构服务群体的预期结果并长此以往，该机构的合法性就会贬损。"②

第二，公共意志是国际公共产品合法性权力的法理基础。

"民主是国家政体的最佳原则，这一点现在已被广为接受。同理，国际机制的合法性应该而且只能建立在民主原则基础上。"③ 主权平等原则是国际社会的主导原则，国家在自主自愿基础上形成的公共意志是国际公共产品合法性的法理来源。

集体共识是国际公共产品合法性权力的组织基础。国际法学界传统观点认为国家共识是国际机制合法性的来源。④ "一个权威机构可以凭借其权力来源的合法性获得自身的合法性。国际公法的合法性就在于它获得了国家的共同认可——至少传统观点这样认为。"⑤ 国际共识是国际社会的稀缺资源，因为"在国际范围内，没有一个政治团体可以在何事应采取集体决策并建立国际长效磋商机制的方面能够取得广泛共识；也没有在该建立何种规范性框架讨

① Buchanan & Keohane, "The Legitimacy of Global Governance Institutions", *Legitimacy in International Law,* eds. Rüdiger Wolfrum and Röben Volker, p.46.

② Ibid., p.6.

③ Buchanan & Keohane, "The Legitimacy of Global Governance Institutions", *Legitimacy in International Law,* eds., Rüdiger Wolfrum and Röben Volker, p.38.

④ 详见Allen Buchanan, *Justice, Legitimacy and Self-Determination: Moral Foundations for International Law,* Oxford: Oxford University Press, 2003.

⑤ Wolfrum, "Legitimacy of International Law from a Legal Perspective" in *Legitimacy in International Law,*eds., Rüdiger Wolfrum and Röben Volker, p.6.

论彼此共同关注的国际共同利益方面达成共识。"[1] 所以，国际公共产品中以规则和机制形式存在的国家集体共识具有很高的合法性价值。

普世价值是国际公共产品合法性权力的内涵。美国总统富兰克林·罗斯福（Franklin D. Roosevelt）曾说："民主世界就如民主国家，权力与责任是一体的。只有为大众造福才有权力存在的合法性。"[2] 基本道义是任何多边性国际合作体存在的前提和基础，是国际公共产品合法性的价值内涵。

公众认同是国际公共产品合法性权力的社会来源。合法性可分为规范合法性和社会合法性。前者指合法性的来源和资格，后者指合法性的社会接受程度。[3] 判断一个社会事实是否具有合法性，不仅涉及功能、效率、道义和公开性等规范性要素，与公众对该社会事实的接受程度也直接相关。如果某种社会性存在成为公众普遍认可的社会事实，它就具有了社会合法性。国际公共产品作为一种公共性社会存在，社会认可度是构成其合法性的要素。"世界价值观研究"小组（World Values Study）曾在世界范围对特定国际组织进行了问卷信任评级。结果表明：在20世纪90年代中期，57%调查对象表示信任联合国，44%调查对象表示信任地区组织（例如欧盟和北美自由贸易区）。引人注目的结果是受调查民众中只有34%对其所属政府表示了某种程度的信任，民众对国际组织的信任远远超过了对其所属国家政府的信任。这种差别在后工业化和原东欧共产主义国家的民众中尤为突出。[4]

---

① Buchanan & Keohane, "The Legitimacy of Global Governance Institutions" in *Legitimacy in International Law,* eds., Rüdiger Wolfrum and Röben Volker, p.33.

② Barrett Scott, *Why Cooperate: The Incentive to Supply Global Public Goods*, Oxford: Oxford University Press, 2007, (Introduction), p.11.

③ Bodansky, "The Concept of Legitimacy in International Law" in *Legitimacy in International Law,* eds., Rüdiger Wolfrum and Röben Volker, p.313.

④ Pippa Noriss, "Cosmopolitan Citizen" in *Governance in a Globalizing World,*eds, JosephNye Jr. S.& John Donahue D., Washington DC: Brookings Institution Press, 2000, p.167.

程序和信息公开透明是国际公共产品合法性权力的重要来源。信息共享是国际合作顺利进行的前提。国际公共产品的公共性越高，即合作范围越广，成员对信息共享的要求就越高。国际公共产品本身的开放性要求其运行机制也是开放的。开放有两层含义：信息公开和程序透明。信息不公开或传播不均衡会引发受众猜忌从而导致合作成本升高甚至合作失败。“就如不允许二手车的买方把车交给独立机械师进行检测一样，如果制度外的人无法得到他们想要的信息，他们就会因为不信任制度内人的言论而拒绝进行谈判——即认为此机制没有合法性。”① 信息共享不仅是国际公共产品的内在要求，还有利于产品增值。

第三，规范性是国际公共产品合法性的保障。

集体共识是服从的前提，在集体共识基础上形成的国际公共产品的规则体系对全体成员有规范效力。“如果一个机制有发号指令的资格，那么人们即使对其决定持有不同意见，也会服从该机制的决定。”② 这就意味着即使某个国际公共产品在生产或消费的具体环节出现了公共意志不足的情况，该公共产品本身的权威性也不会受到根本影响。加里·考格林尼兹（Cary Coglianese）就把国际机制的合法性分为具体合法性（specific legitimacy）和扩散合法性（diffuse legitimacy）两种。③

① Buchanan & Keohane, “Legitimacy of International Law from a Legal Perspective,” *Legitimacy in International Law,* eds., Rüdiger Wolfrum and Röben Volker, p.59.

② Bodansky Daniel, “The Concept of Legitimacy in International Law,” *Legitimacy in International Law,* eds., Rüdiger Wolfrum and Röben Volker, p.311.

③ Cary Coglianese, “The Design of International Institutions,” *Governance in a Globalizing World*, eds., Nye & Donahue, p.312; 关于“具体合法性”和“扩散性合法性”还可见 James Gibson, “Understandings of Justice: Institutional Legitimacy, Procedural Justice, and Political Tolerance,” *Law and Society Review*, vol. 23, August 1989, p.469; Tom Tyler and Kenneth Rasinski, “Legitimacy, and the Acceptance of Unpopular U.S. Supreme Court Decisions: A Reply to Gibson,” *Law and Society Review*, vol.25, August 1991, p.621; James Gibson, “Institutional Legitimacy, Procedural Justice, and Compliance with Supreme Court Decisions: A Question of Causality,” *Law and Society Review*, vol. 25, August 1991, p.631.

三、国际公共产品的规范性权力

丹尼·罗德瑞克（Dani Rodric）曾说："必须保证某种特定情况就会产生某种特定结果，只有看到某因就导致某果的因果模式不断重复，各方（可以预期自己行为的后果）才可能把合作一直进行下去。"[①] 规则和机制降低了合作的机会成本。在无政府的国际社会中，国家间进行合作的难题之一就是信息不对等。在国际公共产品信息公有化框架内，信息脱离了权力政治的控制而成为全体成员国的公共资源，降低了囚徒困境风险，提高了合作效率。

标准的制定提高了合作效率。全球化把在地理意义上彼此分离的国家紧密联结在一起，形成了在安全、经济、文化等领域互相依存的共生结构。从"规模经济效应"角度考虑，与不同国家订立统一的多边协定比与各国分别订立双边协定更加经济高效；同时，多边监管的权威性和效力也要高于多个双边机制。因此，统一标准的多边机制使国际公共产品比单纯的国家间合作具有更高效率。国际公共产品的规范性权力职能主要通过规则和程序实现。

（一）规则的权力价值

国际公共产品的规则体系有三种权力：决定利益分配、规范成员行为、解释修改规则。

规则决定利益和权力的分配。尽管国际公共产品的"非竞争性"和"非排他性"使所有参与方都可获利，但利益并非绝对均等。掌握规则制定权的国家往往获取更多利益。国际货币基金组织关于投票和决策的规则清楚地说明了这一点。国际货币基金组织成员国的投票权由两部分组成：基于平等原则的250个基本票和基于

① Dani Rodric, "Economic Globalization," *Governance in a Globalizing World*, eds. Nye, p.357.

特别提款权的比例票，即每个国家在配额中每拥有1万个特别提款权就拥有1票。在基本票相同的情况下国家的投票能力实际上取决于特别提款权配额。根据公平和效率原则，国家特别提款权配额应与“黄金和美元持有量、国家的财政收入和外贸量”等客观经济指标相关，但布雷顿森林会议的结果是美国及其盟友获得了特定多数配额。[①] 巴西、墨西哥和韩国等虽然在国民生产总值和人口等方面大大超过比利时、荷兰和瑞士，但在美国主导的规则体系下前者配额总量只是后者的极少一部分。中国作为世界第二大经济体，其配额比例甚至不及荷兰。尽管明显有失公平和效率，但由于这种分配方式已经获得了国际性认同，该方式一直持续了50多年。[②] 这就是国际规则的权力效力。

规范和指导成员行为是国际公共产品规则体系的重要职能。规则明确了权力和责任的界限，惩罚机制可以使成员对合作收益和违规成本做出清晰判断，保证了合作后果的可预知性。“具有法律效力的规范降低了交易成本。可以想象，如果没有具有约束力的规则，在国际贸易领域和专利权领域中会发生多少无休止的纷争。”[③]

规则的权力性不仅可以避免囚徒困境，还可以保证基本道义的实现。以关税与贸易总协定（GATT）为例。GATT的全体一致原则规定，任何议案的通过必须取得全体成员国认同，即每个国家都有平等的否决权。此项规定从制度上保障了“平等”这个基本道义。乌拉圭回合美国首席谈判代表曾说全体一致原则“在决策权上保障

① 美国获得100亿中的29亿，英国是美国配额的一半，俄罗斯比英国要少些，中国则更少。关于具体配额制定的过程可见Ariel Buira, “The Governance of the International MonetaryFund,” *Providing Global Public Goods: Managing Globalization*, eds., Inge Kaul, p.227.

② 2010年11月5日，国际货币基金组织总裁卡恩宣布了配额改革方案。改革完成后，中国的配额从3.72%升至6.39%，投票权也从3.65%升至6.07%，超越德法英升至第三，位列美国和日本之后。此轮配额改革完成，国际货币基金向新兴经济体转移超过6%的配额，更好地体现了该组织的合法性和有效性。

③ Inge Kaul and Katell Le Goulven, “Financing Global Public Goods: A New Frontier of Public Finance,” *Providing Global Public Goods: Managing Globalization*, eds., Inge Kaul, p.351.

了包括弱国和强国在内所有国家的平等”。① 在西雅图回合谈判中，美国代表团主席曾试图通过少数代表组成的“绿屋会议”来使特定议案获得通过。由于该行为违反了全体协商一致原则，“绿屋会议”结果不具有任何法律效力。

规则的权力价值还表现为对违约行为的惩戒。格鲁伯曾说：“要想使规则有效，强制性惩戒威胁的存在必不可少。”② 很多学者把国际规则的惩戒功能和国内立法的惩戒功能进行了比较。③ “为什么人会遵从他人的指令？例如对WTO判决的服从……一种解释就是当事人认为其判决是合理的……而另外一种解释则是个人或国家遵从某项指令的原因不是认为它是正确的，而是因为害怕面对不遵从该项指令所产生的后果。”④

（二）程序和机构的权力价值

程序是机制化的次序规则。任何多方参与的共识性协定的达成都要经过特定程序。程序不是天然的逻辑存在，而是体现主观意志的权力载体，“讨论什么、先讨论什么、议题之间如何衔接等程序安排会极大影响协商过程和结果”，⑤ 最终影响利益分配。机构是权力运行的载体。联合国安理会、世界贸易组织仲裁委员会和欧盟委员会这些机构既是国际公共产品的副产品，又是国际公利和权力的代理人，其工作人员也因此获得了国际公共产品衍生

---

① Albin Cecilia, “Getting to Fairness: Negotiations Over GlobalPublic Goods,” *Providing Global Public Goods: Managing Globalization*, eds., Inge Kaul, p.271.

② Lloyd Gruber, *Ruling the World: Power Politics and the Rise of Supranational Institutions*, p.37.

③ 具体可见David Epstein and Sharyn O’Halloran, *Delegating Powers: ATransaction Cost Politics Approach to Policy making under Separate Powers*, Cambridge University Press, 1999; Matthew McCubbins, Roger Noll, and Barry Weingast, “Administrative Procedures as Instruments of Political Control,” *Journal of Law, Economics, and Organization*, vol. 3, Fall 1987, p.243.

④ Daniel Bodansky, “The Concept of Legitimacy in International Law,” *Legitimacy in International Law*, eds., Rüdiger Wolfrum and Röben Volker, p.310.

⑤ Albin Cecilia, “Getting to Fairness: Negotiations Over GlobalPublic Goods,” *Providing Global Public Goods: Managing Globalization*, Inge Kaul eds., p.270.

出的管理权和处置权。以国际货币基金组织（IMF）为例。国际货币基金组织有四层权力结构：最高层是各国财长和央行行长组成的董事会（Board of Governors）；第二层是各成员国执行董事（Executive Directors）组成的执行层；第三层是执行董事指定的总经理（Managing Directors）组成的管理层；第四层是具体工作人员（Staff）。董事会作为最高权力层不处理具体事务，只定期举行会议对重大问题进行协商，具体事务通常由执行董事负责。由执行董事选举产生的总裁负责各项工作协调。总裁可以影响国际贷款发放等重大金融举措，有巨大权力。原则上，总裁的决策应该基于公平和公正原则，但现实情况并非如此。由于总裁本人的非世界公民性，即总裁是具有主观感受和特定价值取向的人，其国籍、社会背景、个人经历等因素都会影响其对公共利益和权力的使用。而且，虽然原则上任何国家代表都有资格担任国际货币基金组织主席，但实际情况却是几乎历任国际货币基金组织总裁都来自欧洲（英国、法国、德国），而历任世界银行主席都是美国人。这是国家权力竞争在国际公共产品中的体现，是国家权力在国际层面的外溢。再以第二层执行董事为例，虽然每个成员国都可以有国家代表，但并不是每个国家代表都能担任执行董事，执行董事的职位分配取决于国家配额。拥有较多配额的发达国家都有自己的执行董事，同时还有强大的专业团队。配额低的发展中国家就必须集体凑成一个执行董事，即几个国家的利益由一个执行董事代表，每两年在成员间轮换。此种做法有很多不利后果。第一，国际货币基金组织的规则程序极为复杂，两年轮换制使执行董事无法在有限时间内熟悉规则运用。第二，代表多个发展中国家的执行董事对下属工作人员没有约束力。国际机构的工作人员一般实行终身职员制，没有特殊原因不能将其解雇。一旦这些短期执行董事下达的指令对具体工作人员不利，他们就会想办法拖延时间等待执行董事离任导致其指令自动失效。在第三和第四层面，发达国家的人员占绝大多数。尽管具体工作人员来自全部183个成员国中的127个，但发达国家人员占了高级别人员中的大多数。1996年31个高级别官员中26位来自发达国家，2001年29名高级职员中22位来自发达国家。[①]

四、国际公共产品的存续性权力

机制性共识是多边权力和利益博弈的结果，通常费时较长，但一旦达成就具有较高稳定性。即使建立在该共识基础上的国际公共产品由于效率低下被淘汰，其理念和规则也会以国际惯例的形式在国际社会继续发挥影响，这就是国际公共产品的存续性权力。国际公共产品的存续权力价值具体表现为"稳定性"、"成长性"、"共同体性"和"惯性"。

（一）稳定性权力

无论是国家公共产品还是国际公共产品，其基础都是机制化和法理化共识。法律和制度本身就具有天然的稳定性。在国际公共产品的公权保障下，即使某国政体或政权发生变化，也不会影响该国对该国际公共产品所负的责任和义务。这就是国际公共产品的稳定性权力。"在一个国际行为中，如果主导者是单个国家而不是国家联盟，这个国家如果想让其政策保持稳定不受国内因素的干扰，最好的办法就是把他的政策国际化（取得尽可能多国家的认同）。也许这就是美国执政者为何更愿意通过联合国或世界银行等国际机制而不是通过直接的单边行动来行使权力的原因。"[②]

国家行为的"可预期性"和责权分配的"可重复性"使国际公共产品的权力具有高度的稳定性和长效性。同时，国际合作只有多

① Ariel Buira, "The Governance of the International MonetaryFund," *Providing Global Public Goods: Managing Globalization*, Inge Kaul eds., p.231.

② Lloyd Gruber, *Ruling the World: Power Politics and the Rise of Supranational Institutions*, p.83.

次重复才能保证所有成员国利益的充分实现，“国际机制使各成员国之间的互动行为成为一种可以重复的模式——即由国际规则而不是由易变的国内政权来决定对待各国行为应采取何种策略和各国应承担何种相应的后果”。[①]

（二）成长性权力

国际公共产品本身有非竞争性和非排他性，其消费市场在理论上可以无限大。反映到它的具体组织形式——国际组织——就表现为其成员数目可以无限增多。国际公共产品这种开放体系就是它的成长性权力，具体表现为国际公共产品使用人数的增多、职能的增加、执行力的增强三方面。

第一，国际公共产品的成长性权力体现在其成员数的无限成长空间。任何一个国际公共产品成立之初都是由一小部分有共同利益诉求的同质性国家组成的。随着该国际公共产品合法性、效力和效率的显现更多国家受到吸引加入其中。一般来讲，新增国家数目越多该国际公共产品的公共性就越强，其合法性和制度性等权力价值也越高，该组织的成长性权力就越大。例如，关于保护大气环境的《蒙特利尔破坏臭氧层物质管制议定书》（Montreal Protocol on Substances that Deplete the Ozone Layer）的首批签约国只有11个，现在已经达到197个。该议定书由于在保护臭氧层方面取得了显著效果而被安南赞为“迄今为止最成功的国际协议”。[②]

第二，国际公共产品的成长性权力还与其职能的完善相关。以联合国为例，联合国是二战后为实现世界和平而成立的国际组织。随着其在国际安全领域影响的增强，有学者认为联合国在事实上已经具有了准世界政府的职能。反对国际恐怖主义和禁止大规模杀伤

① Todd Sandler, *Global Collective Action*, New York: Cambridge University Press, 2004, p.95.

② Scott Barrett, *Environment and Statecraft: The Strategy of Environmental Treaty-Making*, New York: Oxford University Press, 2003, pp. 226–227.

性武器的1373号和1540号决议“补充界定了国际和平的威胁来源和处理对象……根据这些决定，经联合国授权的国家联合体不仅可以对某个特殊事件采取联合行动，还有权促使他国通过国内立法执行联合国关于打击国际恐怖主义和禁止大规模杀伤性武器的决议。”①

第三，国际公共产品的成长性权力还表现在其执行力的增强。在国际组织和机制成立之初，基本上都会采用“全体协商一致”或“一票否决”的做法保护成员平等权益——确保不成为他国利益的牺牲品。协商形式也通常采用非正式会谈和不具有约束力的国际声明等形式。随着该国际组织的发展成长，其规则体系更加细化，对成员国管理也更加严格。比较关贸总协定和世界贸易组织的规则体系就会发现，世界贸易组织比关贸总协定在组织形式、纠纷解决方式和法律效力等各方面都要更加严格。从组织方面看，关贸总协定是临时性多边法律协定，虽然具有某种国际组织的功能但并不具备独立法人资格；世界贸易组织作为永久性国际组织，具有独立的国际法人资格。从纠纷解决方面看，关贸总协定对于缔约方纷争只提供了公共论坛和内涵宽泛的共同行为守则，成员间纠纷多是在权力政治框架内通过外交协商解决，直到后期才出现了具有某种仲裁功能的工作组审议制度。世界贸易组织的争端解决机制则体现了规则导向性，② 通过“强制审理”、“上诉机构复议程序”、“倒协商一致”等一系列具有法律效力的规则和机制更高效地解决了成员国间纠纷。从决议的法律效力上看，关贸总协定只是国家间临时约定，并非所有缔约方都经过了国内立法机构正式批准，因此其规定对缔约方不具有完全约束力；世界贸易组织成员国资格的取得却必须得到国内立法机构批准，各国政府对世界贸易组织的承诺是全面和永久

① Wolfrum, “Legitimacy of International Law from a Legal Perspective,” *Legitimacy in International Law,* eds., Rüdiger Wolfrum and Volker Röben, p.16.

② 关于从GATT到WTO从权力导向到规则导向的研究可参考郭薇、翁杰:《从权力导向型向规则导向型的嬗变——试析 G ATT/WT O争端解决机制的演进和整合》,《西南民族大学学报》(人文社会科学版)2005年第8期，第73—78页。

性的，因此世界贸易组织的决议对各成员国行为具有高度约束力。

（三）共同体权力

公共利益和公共意志是国际公共产品的基础。生产工具的公共性、生产者的公共性和消费市场的公共性使国际公共产品的生产过程会形成多个共同体，最典型的就是资源共同体、利益共同体和价值共同体。

任何产品的生产都离不开生产资料和生产工具，国际公共产品也是如此。资源共享是国际公共产品公共权力的基础和成长的动力。以国际公共产品的"信息共享"为例。互联网的发明为信息共享提供了高效工具，互联网络的硬件和软件也因此成为具有权力价值的资源。谁占有更多的互联网资源，谁就会更大限度地享受"信息共享"的利益，有学者把此种现象称之为"网络效应"或"系统效应"。[①]

共同利益和价值取向是国际公共产品成长的基础。国际公共产品产生的基础是共同利益，任何利益都含有价值判断要素，即出现利益共同体的同时必然伴随着价值共同体。国际公共产品"最容易在一小群按照某种要求选定的，在某些方面相似的国家间首先产生。这种相似性可能体现在地理位置、发展水平、共有的价值判断、文化特征、共有历史等各个方面。"[②] 事实上，几乎所有国际组织都始于具有高度同质性的国家集团。北大西洋公约组织和华沙条约组织就是典型的意识形态同质性的国家集团。新成员的加入好像在一定程度上削弱了国际组织的同质性，但实际上是形成了一个更广泛的同质集团。宗教作为最早的世界性公共产品，其"共同身份"认同对宗教的存续和繁荣起了至关重要的作用。

---

① Keohane & Robert, "Introduction," *Governance in A Globalizing World*, eds. Nye & Donahue, p.9.

② Todd Sandler, *Global Collective Action*, p.10.

（四）惯性权力

国际公共产品一旦产生，其机制、组织构架、规则等共识性要素会表现出强大的生命力。即使某个具体的国际公共产品已不存在，其规则、制度、理念等共识性内容也会作为国际惯例存续下来继续发挥影响，这就是国际公共产品的惯性价值。以关贸总协定到世界贸易组织演变为例。为了反对贸易保护主义，美国和英国等23个国家在1947年签订了《关税和贸易总协定》，规定了各缔约方贸易往来的三个基本原则：将贸易限制变为关税政策并降低各国关税；非歧视性待遇（最惠国待遇、国民待遇）和政策透明；多边协商解决纠纷。尽管关贸总协定对促进全球自由贸易发挥了重要作用，但其松散的多边协定体系不能满足日益发展的自由贸易需求，最终于1994被世界贸易组织所取代。作为国际公共产品的关贸总协定虽然不存在了，但其基本原则和组织架构却被新的世界贸易组织继承下来，世界贸易组织实际就是关贸总协定的升级版。

国际公共产品具有惯性权力的另一个原因是既定利益集团的形成。国际公共产品存在的前提是共同需求，对共同需求提供满足就产生了共同利益，各参与方也就形成了利益共同体。国际公共产品作为共同利益的实现工具，其受益者会尽可能保障该国际公共产品良性运转并对其功能进行完善。即使可以再生产出一种更高效的同功能国际公共产品，由于新产品在生产成本、相对收益和风险、集体合作等方面存在不确定性，现有国际公共产品的受益者往往不愿放弃稳定成熟的获利体系而冒险转向新的公共产品，利益共同体对可预测的长期稳定利益的诉求是国际公共产品惯性权力的驱动。

五、国际公共产品的扩展性权力

国际公共产品的开放性使其成员数量不断增加。“当成员数量跨过一定门槛时，（成员间）合作范围的扩大就变得更加容易，因为体系外（的国家）更愿意遵守已经被大部分国家接受的规范体系。”[①] 国际公共产品的边际消费成本和生产成本都为零，即增加一个消费者并不导致其整体价值的贬损，反而会由于其公共性的增加而导致价值增值。这就是国际公共产品的扩展性权力，具体表现为标准规范性权力、归属感权力和次优选择权力。

（一）标准规范权力

国际公共产品的原则和理念一旦成为国际规范就会成为国际公共产品成长的动力。国际公共产品的公权体系效力不仅能够作用于体系内成员，对体系外国家的行为和观念也有深刻影响。因为“如果某些规范成为主导性规范，即使极度以自我利益为中心的行为体也会产生遵循规范的动机。就像博弈论指出的，主体的行为不完全受自我利益的驱动，还取决于他们对其他人的意见如何看待。”[②] 以国际非政府组织“自由之家”（Freedom House）和“透明国际”（Transparency International）为例。“自由之家”制定了一套测量国家民主和自由度的指标；“透明国际”则制定了国家腐败程度量表。随着它们的测量结果被越来越多国家接受，该量表已经成为具有一定权威性的标准，对国家行为产生了指导和评价作用。[③]

多边框架内的国际公共产品规则体系会产生权威价值和规模效

---

① Todd Sandler, *Global Collective Action*, p.259.

② Todd Sandler, *Global Collective Action*, p.259.

③ Frederick Schauer, “Legal Transplantation,” *Governance in a Globalizing World*, eds.Nye & Donahue, p. 262.

应。权威性是指某项规则在得到大部分成员认可而成为国际规范后，会溢出体系成为更大范围内的国际标准。规模效应是指规则在体系内一旦确立，全体成员对规则的遵守可以极大降低成员间交易成本。遵守规则的人越多其规模效益就越明显。以国际民航组织统一语言为例。各国航班在世界范围通航需要在航线、时间和场地等方面统一协调，语言沟通必不可少。航务人员掌握所有通航国家的语言既不可能也没有必要。因此规定一种语言（英语）为各国通用语就成为各国的理性选择，这个通用语就是一个国际公共产品。

（二）归属感权力

与社会中的个体一样，国际社会中的国家也有归属感需求，即一个国家在国际社会中加入某个团体或组织以获得相应国际地位和身份的需求。在国际公共产品的生产和消费过程中，参与国都是公共利益的受益方和共同规范的遵守者，对利益、价值取向、成员身份等有公共认同。这种对价值和身份的公共认同就构成了群体归属感。如果一个国际组织在无政府国际社会中得到了多数国家的认可，这个国际组织身份本身也就成为一种有价值的声誉资源，对该组织外的国家会产生吸引和示范作用。弗莱德里克·肖尔指出："一个国家想赢得另外一个国际团体和组织的接受、尊重和尊敬，这种获得他人承认的欲望会使该国根据其心仪的国际团体修改自己国内的法律，这种欲望的强烈程度还决定了该国修改后的国内法在多大程度与目标国际组织的法律相同。"①

（三）次优选择权力

作为国际无政府状态下的理性行为体，利益最大化是国家永恒的目标和行为准则，也是国家参与国际公共产品供给的根本原因。

---

① Frederick Schauer, "Legal Transplantation," *Governance in a Globalizing World,* eds., Nye & Donahue, p.258.

事实上，一些国家加入某个国际公共产品的供给并没有实现其最大化的国家利益，反而在某种程度上加剧了国内危机，例如墨西哥和阿根廷加入北美自由贸易协定后所经历的金融危机。既然加入国际组织或机制不能实现最大化国家利益，为什么还要选择加入呢？这就是国际公共产品次优选择权力的作用结果。因为，“在国际多边机制中弱国是大多数。在同一机制（规则）框架内强国的威胁要小于没有任何机制约束下强国（可以任意妄为）的威胁”。①

国家在无法实现最优方案时只能选择次优方案。假定在国际社会中出现了新的国际公共产品（P），其价值是$V_{(P)}{}^{0}$，国家（N1）将有两种选择：加入和不加入。如果选择加入，该国家会获得国际公共产品成员共同体身份并实现既定利益$B_{(N1)}{}^{p}$。该国际公共产品P也会因为N1的加入而实现自身增值$V_{(P)}{}^{0+n1}$。如果N1选择不加入，该国际公共产品并不会因为N1的不参加而价值贬损。相反，由于其利益供给的非竞争性和体系的开放性，国际社会中N2，N3……Nn都可以选择加入其中，该公共产品同样可以实现价值增值$V_{(P)}{}^{0+n2+n3+\cdots Nn}$。对国际公共产品存续价值进行分析可知，一个国际公共产品的使用者越多，其价值就越大，对国际社会的影响也越大。在国际公共产品的成长过程中，对国家N1实际存在五个国际境况（status quo，以S代表）——该国际公共产品产生前的国际境况（S^{0}）；该国际公共产品产生后N1选择加入的境况（S^{p+n1}）；该国际公共产品产生后N2…Nn也选择加入的境况（$S^{p+n1+n2+\cdots nn}$）；该国际公共产品成立后N1选择不加入的境况（$S^{p(-n1)}$）；该国际公共产品成立后N1选择不加入而N2…Nn等选择加入的境况（$S^{p(-n1)+n2+\cdots nn}$）。在这五个国际境况中，N1通过该国际公共产品P实现的国家利益分别为$B_{(N1)}{}^{0}$，$B_{(N1)}{}^{p+n1}$，$B_{(N1)}{}^{p+n1+n2+\cdots nn}$，$B_{(N1)}{}^{p(-n1)}$，$B_{(N1)}{}^{p(-n1)+n2+\cdots nn}$。由于国际

① Buchanan & Keohane, “The Legitimacy of Global Governance Institutions,” eds., Nye & Donahue, *Governance in a Globalizing World*, p.36.

公共产品利益供给的非排他性，N1不能阻止N2···Nn加入该国际公共产品，新成员的加入会提升该国际公共产品的价值，即$V_{(P)}^{0+n2+n3+\cdots nn} > V_{(P)}^{0+n1} > V_{(P)}^{0}$。国际公共产品本身价值的增加使各成员国的获利也相应增加。由于N2···Nn等其他国家可以自由加入国际公共产品，所以N1的加入与否对国际公共产品P的价值不会产生根本影响，甚至可以忽略不计。即可以认为$V_{(P)}^{0+n2+n3+\cdots nn} = V_{(P)}^{0+n1+n2+n3+\cdots nn}$。由于国际公共产品的非竞争性，我们可以粗略地认为$B_{(N1)}^{p+n1} = B_{(N2)}^{p(-n1)+n2}$。由于国际公共产品的公利性和工具性，国家参与其中就会实现某种利益，即$B_{(N1)}^{p+n1} > B_{(N1)}^{p(-n1)}$。综合比较以上各结果，会产生这样的利益排序$B_{(N1)}^{p(-n1)} < B_{(N1)}^{p+n1}$（$=B_{(N2)}^{p+n2}$）$< B^{(N2)p(-n1)+n2+\cdots+nn}$（$=B_{(N1)}^{p+n1+n2+\cdots+nn}$）。可能P不出现之前的$B_{(N1)}^{0}$对N1是最优选择，但由于N1本身不能阻止P的出现，所以选择加入其中的次优方案就是现实中的最优方案。[①] 以北美自由贸易协定（NAFTA）的扩展为例。1989年美国和加拿大之间签订了《美加贸易和投资协定》（Canada-U.S. Trade and Investment Regime），在短短不到五年时间里，该双边协定就成长为多边的北美自由贸易协定。“如果可能使美洲回到美加协定之前各自施行国家保守贸易政策的状态，墨西哥的政治精英们会为此不遗余力地做出最大努力。（但事实上他们无法做到）无奈之下，他们选择加入其中。”[②]

结　语

优质足量的国际公共产品是国际社会良性运作的重要因素。国

① 劳埃德·格鲁伯从博弈论的角度得出了同样的结论，详见Lloyd Gruber, *Ruling the World: Power Politics and the Rise of Supranational Institutions*, p.47.

② Lloyd Gruber, *Ruling the World: Power Politics and the Rise of Supranational Institutions*, p.122.

际公共产品虽然具有一般公共产品的“非竞争性”和“非排他性”，但其作为国家间合作产物，权力和利益是影响其运行的根本动力。在相互依赖的国际社会中，国家之间的利益聚合点和分歧点变得愈来愈多，国际公共产品成为整合、塑造国家利益的重要工具。如何通过理性参与既有国际公共产品或设计生产新的国际公共产品来实现国家利益最大化是每个国家都在认真思考的问题。

"双微"空间中高校校报话语权重构思路与策略[①]

党委办公室　顾建俊

我国高校校报历史悠久，从1895年天津北洋大学校刊的创刊算起，我国高校校报至今已走过121年的发展历程，逐渐形成了特有的办报传统和办报特色。作为高校重要的思想教育阵地和宣传舆论工具，高校校报在促进教学科研、建设校园文化、塑造高校形象等方面发挥了巨大作用。纵观高校校报，一些办得有质量、有品位的校报，深受师生喜爱，在校内营造了较好的舆论环境，服务了师生、凝聚了人心，在校外也颇受读者关注，很好地传播了信息、引导了舆论、展示了形象，真正成为校园文化和生活载体。然而由于管理体制和办报条件、办报理念等原因，目前很多高校校报还都远远不能满足形势发展对校报的要求，因而也未能充分发挥其应有的作用。随着微时代的到来，曾经作为高校主流媒体的校报受到了越来越大的冲击，与微博、微信等新媒体比较，高校校报时效性差、内容枯燥等局限性凸显，校报的生存和发展遇到了前所未有的挑战。在此语境下，如何增强"双微"空间中高校校报的话语权，有效进行思想政治教育，值得探讨。本文从基于议程设置与框架建构视角下的话语权重构、强化深度阐释功能，重塑评论的旗帜作用、

① "双微"是指微博、微信两种自媒体平台。

报网融合传播，序参量的场域转换三个维度来探析“双微”空间中高校校报话语权重构思路与策略。

一、基于议程设置与框架建构视角下的话语权重构

作为媒介话语权生产机制的重要内容，议程设置和框架建构在“双微”空间高校校报话语权竞争中占据重要战略地位。议程设置和框架建构的专业程度直接决定着高校校报的影响力、公信力、竞争力。但无论是议程设置还是框架构建，虽然在一定意义上传达了思想、观念、意识形态及价值判断，但是高校校报话语权重构的根本不能离开新闻真实性的限制，即以真实、准确的态度去报道事实，而非虚构事实。

（一）议程设置视角下的话语权重构

议程设置的研究类似于国内的舆论引导研究，与舆论引导研究不同的是，议程设置研究更加注重“报纸告诉人们想什么”，而舆论引导研究更加注重“报纸告诉人们怎么想”。当然，后来的研究也逐步开始研究“怎么想”的问题，这就是所谓的属性议程设置。我国学者马志浩等人的研究发现：“阅读新闻报道材料对属性议程的影响显著；大群体的群体交流能够显著影响受众对于议题的属性议程评价。”[①] 从话语权建构角度而言，无论是一般议程设置研究还是属性议程设置研究都证实了议程设置在影响受众和影响社会方面的显著作用。然而，在微时代，随着受众信息接收渠道的拓宽及其信息判断能力的提升，可能出现这样一种情况：即不需要媒体对议题提供重要性判断，受众自身便可对议题的重要性进行权衡。

---

① 马志浩等：《群体规模对属性议程设置的影响》，《国际新闻界》，2012年第4期，第6—12页。

此时，媒体的话语权势必面临分化和转移的局面。但是，不可否认的是，很多事件传播范围的进一步扩大仍然不能离开媒体的介入。即便是在微时代，随着传统主流媒体进驻“双微”，网民们都会主动选择关注某一媒体或多个媒体的“双微”，从中获得信息、验证信息。媒体话语权的分化已成定局，但是“双微”空间中高校校报仍然可以通过议程设置提升话语权力的分配份额。第一，高校校报要做信息的传播源头。在选题策划上，主要从“学校中心工作、学校发展重大事件、师生关注热点问题”等方面来进行策划，抓住社会层面与校园层面的契合点，把社会新闻和校园新闻有机地结合起来，使其新闻具有独特的艺术魅力。在新闻报道上，要改变现有的依靠传播其他媒体进行报道的被动方式，而应该主动发现新闻，通过自采自编提高自己对话语的控制能力和传播能力。第二，高校校报应该提高信息传播的速度。“双微”时代，信息秒速传播。面对新闻信息时，媒体应该提高对信息的鉴别能力与判断能力，在第一时间内传播正确信息，同时拒绝谣言，牢牢抓住媒介话语的第一落脚点。第三，高校校报应该重塑报纸评论的旗帜作用。在议程设置理论的范畴内，评论是一种属性议程设置，也就是“告诉人们怎么想”。在自媒体时代，高校校报对新闻事件的精辟分析和观点表达，具有独特的竞争优势。

（二）框架理论视角下的话语权重构

议程设置更多是决定“说什么”，而“框架构建”决定“怎么说”。在新闻报道中，往往“说什么”是固定的，而“怎么说”则取决于媒体的报道方式及内容选择，框架构建得巧妙，才更有利于话语的传播，进而获得更大的话语权。从权力意义角度而言，框架是新闻生产过程中的“权力生产”的实践，关键在于新闻生产者通过“框架机制”将新闻文本隐含的“意义”隐蔽地传达给受众，进而影响受众对相关新闻内容的解读，同时这种影响并不容易被受众所察觉，使其不知不觉地接受了意识形态和价值观念的灌输。“双微”空间中高校校报在信息发布中要注意三个方面的问题：第一，“双微”内容的选择。通过对内容的选择和组织，可以窥探媒体的话语立场与自身定位。高校校报应善于选择与自己价值观念相匹配的新闻框架，将意识形态和正确舆论导向巧妙地置入其中，而不是直接灌输价值和倾向。第二，“双微”内容的建构，即通过何种表达方式、语气特点、内容呈现、主体基调等对“双微”内容进行呈现。在建构方式上，深度报道、辩论或讨论方式、对话方式往往比评论方式更容易取得“1+1>2”的舆论引导效果。第三，“双微”的框架建设。相较于纸质媒体，虽然高校校报“双微”在内容设置、表达方式等方面有了一定的话语自由权利，然而其所承载的理念仍然是学校官方的价值观念，代表广大师生的立场，因此，掌握好话语的平衡，在其框架建设中具有重要意义。在报道新闻时要“以人为本”——“正面报道、客观宣传，以正确的舆论引导人”应该始终贯穿至框架建构中，以增加话语公信力。

二、强化深度阐释功能，重塑评论的旗帜作用

“双微”不仅仅是一个文字信息发布的平台，还是承载了图片、链接、音频、视频等丰富多彩的表达形式，具备转发、评论、点赞等多种应用功能的综合媒体平台。因此，高校校报“双微”对表达形式应用方面具备一定的多样性，既可精练表达、突出主题，又可深度诠释、兼顾细节。

（一）架构深度话语呈现平台

深度报道是具有复杂结构的新闻话语。根据梵·迪克的叙述，这类话语可以分为三类：（1）强调新闻事件真实性的描述性话语；（2）建立新闻事实之间联系的建构性话语；（3）提供情感、态度、

观点等信息的暗示性话语。[①]"双微"时代，面对快餐式的、碎片化的信息、受众仍然对深度报道具有强烈诉求，且其要求也愈来愈强烈。一方面，"双微"空间中各种观点的呈现，使事件本身的原貌流失，各种谣言趁势而生，混淆视听。此时，受众更加渴望听到真实的声音、权威的判断，期望从传统媒体中寻找真相、权威解读。另一方面，在新闻事件中，受采访资质和专业能力的限制，其他受众和其他网络意见领袖没有采访权，只有传统媒体具有此方面的资质和能力。从这个角度说，当面对新闻事件时，传统媒体的深度阐释、权威调查功能无可替代。因此，传统媒体应该愈加重视在深度报道方面的话语权力，通过积极、客观、深刻的报道扩大媒体的话语影响力，以增强话语权力。对于高校校报"双微"而言，可开通相应的深度报道栏目，使深度话语具有稳定的呈现平台，努力将其做成自己的品牌栏目。鉴于"双微"平台表达方式的多样性，高校校报可以通过文字、图片、音频、视频等多种方式对深度报道栏目进行塑造。但是，无论何种形式，都应该注重以"内容为王"的话语重构策略，向受众传递深层次的问题分析、价值挖掘，注重新闻理念的诉求。同时，微时代媒体话语权的增强离不开"有速度的深度"，在事件发生后，高校校报"双微"应该迅速反应，对事件的真实性、原因过程、结果影响等进行调查取证，在保证真实与质量的前提下，提升报道速度。

（二）善用"微评论"，重视"民本"思想

评论立报本是中国报业传统，高校校报"双微"的评论栏目要突破传统观念中的"宣传为主"的思想，在一些热点、敏感性事件上，不回避、不失语，勇于发出自己的声音，使其话语权影响力、公信力借助"双微"平台更加增强。在策略建议上，高校校报"双微"要致力于两个方面的建设：一是改变立场视角。高校校报是平

① [荷]梵·迪克：《作为话语的新闻》，曾庆香译，北京：华夏出版社，2003年版，第87—88页。

衡在学校官方和师生之间的媒介，高校校报只有在官方话语与师生话语之间找到平衡点，才可更好地发挥其影响力。高校校报要转变报道重点，不应该只关注学校领导，而应该将广大师生的工作、学习和生活情况作为报道重点，听取广大师生意见，积极做出回应。二是转换话语形态。转换话语体系是传播效果的需要，无论是语态、语汇，还是语气上的更新，都会对传播效果产生影响。作为高校党委的机关报，高校校报评论要尊重读者，努力做到通俗易懂，有情感，有温度，增强自身可读性。

三、报网融合传播，序参量的场域转换

传统媒体“双微”的话语权根植于传统媒体既有的话语权之中，“双微”是其话语权表现和增强的重要载体与通道，媒体仅靠“双微”自身并不能承担起话语权重构的重任，真正的关键之处还在于传统媒体与新媒体的良性互动、合力共赢。一方面，高校校报作为高校官方报纸，肩负引导校园舆论的重任；另一方面，高校校报又必须兼顾师生意见，架构官方舆论场和师生舆论场的桥梁。因此，通过报网的融合传播，使各种力量协同一致地形成舆论序参量以维护“双微”健康传播，最大限度地增强高校校报的话语权，既是重点，也是难点。最近几年来，报网融合已成为新闻传媒一种共同的发展趋势，自然也是校园媒体发展的必然趋势。事实上，高校校报与校园网络的融合，并不是简单的两种媒体的初级叠加，而是指报网之间全方位的渗透和协作。它是不同新闻主体、不同传播技术、不同传播方式的融合，是在信息资源共享的基础上，校报和校园网络在组织管理方式和新闻报道方式上的融合，旨在实现新闻报道的立体化、客户服务的捆绑化、传播手段的多样化，最终达到传播效果的最大化。

（一）组织管理方式的融合

报网融合既是校报与校园网络两种媒体资源的重新整合，也是两种媒体组织管理方式的融合。组织管理方式的融合是指在高校大宣传工作的思路指导下，以学校新闻中心为主体整合报网资源，在组织构成、人员配备、职责分工中体现校报、网络的融合。目前，各高校新闻中心编辑部有分设制和混合制两种模式，规模大的高校一般采取分设制，成立校报编辑部和网络新闻编辑部，各有明确的职责和采编人员，所写新闻互相采用。中小规模的高校一般采取混合制，新闻中心只设校报编辑部，另有专人负责网络新闻报道，报网编辑记者分工不分家，凡是校报的新闻皆可上网，网上的新闻多数可以见报。这两种设置虽然各有优劣，但总体上可以优势互补，融合大于竞争。还有另一种混合制，即校报由新闻中心负责，而校园网中的新闻板块是由信息中心或党校办等机构负责，虽然也属报网融合，但是报网之间竞争大于融合，这种设置违背新闻统一管理的原则，不利于新闻资源的整合。因此，校报编辑部和网络新闻编辑部要统一归口于新闻中心，牢固树立互联网融合传播理念，通过技术创新搭建统一的技术平台，着力推动报网平台间的深度融合，转变报网编辑记者各自为战的思想，树立报网编辑记者“你中有我、我中有你”的理念，使两者之间既有竞争也有合作，力争取得“1+1>2”效果。例如，首都医科大学新闻中心“1+5”工作模式的实践探索，坚持内容为王，积极构建适应融合发展要求的内容生产体系，提出建设好由通讯社、校报、校园网络、广播、橱窗和电台5个主要校园媒体构成的“1+5”工作体系，以通讯社为依托，充分发挥校报等校园媒体的整体作用，实现一次采集、多次生成、多元传播，促使各种媒体报道相互配合，提升全媒体传播效果。

（二）新闻报道方式的融合

新闻报道方式的融合是指校报和校园网络在传播手段、版面设计、报道时间等各方面进行整合，形成强大有效的宣传效果。在传播手段上，报纸主要表现为文字、图片等，通过消息、通讯、特写、评论等多种文体和版面语言来实现。网络的传播手段是多媒体综合运用，通过超链接的方式，运用文字、图像、动画、音频、视频等呈现方式，实现融媒体传播。校报编辑应改变主要依赖文字进行传播的习惯，灵活创新报道方式。近几年报纸出现的新闻解读、背景链接、镜头回放等写法，多是借鉴网络超链接的功能。在版面设计上，高校校报可借鉴网络媒体的宣传方式，积极运用网络多媒体技术的丰富表现形式，增强报道的表现力，力求做到视觉美、内容美、线条美、风格美和整体美。例如，校报可增加导读、点评性文字等，使报纸版面更贴近读者，增加服务意识，体现亲和力和接近性，也可进行板块化、专题化实践探索，照片、标题亦可更大、更醒目些。在报道时间上，校报和校园网络等新媒体要充分发挥各自优势，使校报的真实、权威和校园网络的时效、互动形成互补，根据不同情况打出“组合拳”，最大限度地追求宣传效果。校园网络具有传播快捷、覆盖面广的优势，可以把重要信息在第一时间发出；校报则有足够的时间准备，可以对报道内容进行深入挖掘和生动展现；校园网络也可以通过话题、专题等形式推出深度报道；微博、微信亦可以通过链接的方式对新闻进行深度解读。例如，中国青年政治学院的校园网络就是整合了各种媒体形态的全媒体平台，既有网络版校报，也有微博、微信等自媒体形态，各种媒体之间既快慢结合，又深浅结合，当新闻事件发生后，校园网络、微博、微信等可以在第一时间进行报道，校报随后可对事件进行深度解读，这样就最大限度地整合了各种媒体力量，实现了传播效果最大化。

四、结语

高校校报作为高校党委的官方报纸，承担着引导校园舆论、传播正确价值观念、建设校园文化的重要责任，对大学生世界观、人生观、价值观的塑造具有极大影响。微时代下，高校校报的影响力日渐式微，其思想政治教育功能也没得到充分发挥。本文从以上三个维度对“双微”空间中高校校报话语权重构思路与策略进行探析，旨在为微时代高校校报有效开展思想政治教育提供可行路径。

美国电子文学的发展和未来

英语系　吕　惠

自20世纪90年代以来，美国的电子文学发展迅速，现在已经成为美国文学的重要组成部分，也日益成为美国文学学者新的研究热点。本文将介绍美国电子文学近二十年来的发展脉络、特点，同时探讨了美国电子文学遭遇的挑战和未来的发展趋势。

一、美国学术界对电子文学（electronic literature）的界定

美国电子文学是20世纪五六十年代随着计算机的出现才渐渐出现的新的文学种类，但是最初的电子文学受技术所限，没有获得很大的发展，也没有引起评论界的普遍关注。近年来，随着电脑、互联网、多媒体技术的发展，电子文学的媒介、特点和种类也不断地变化和发展，美国学术界对电子文学的界定也在不停地变化。

2007年，美国著名电子文学理论家大卫·西科里科在《阅读网络小说》一书中指出电子文学是“在电脑屏幕上创作，并为电脑屏幕创作的文学，其物质存在形式为电子网络而不是纸质印刷书

籍”。[1]这一定义得到了很多学者的认同。2008年，美国电子文学理论家N. 凯瑟琳·海尔斯在其重要著作《电子文学：文学新视野》一书中为电子文学下了相似的定义：“电子文学是指最初在电脑上创作并且通常需要在电脑上阅读的文学作品”。[2] 1999年，美国电子文学领域影响最大的电子文学组织ELO（Electronic Literature Organization）成立，该组织为电子文学给出了这样的定义：利用孤立或者联网计算机提供的性能和环境创作的、具有重要文学特征的作品。具体说来包括以下九类作品：（1）超文本小说和诗歌（包括不联网和联网作品）；（2）使用Flash等动画编辑工具或其他平台创作的动态诗歌作品；（3）要求观者阅读或者具有文学特性的电脑装置艺术作品；（4）网络聊天机器人的文本对话；[3]（5）互动小说；（6）以电子邮件、移动通信短信或者博客等形式存在的小说；（7）由电脑生成的诗歌或小说，包括互动和最初建立在参数基础上的此类作品；（8）允许读者参与写作的合作创作作品；（9）发展中的新的在线文学表现形式。这一定义得到了学术界的普遍认可。

二、美国电子文学发展的两个阶段

美国电子文学的发展和计算机及互联网技术的发展息息相关，20世纪60年代计算机的兴起催生了最早的电子文学，在90年代互联网的迅猛发展则大大促进了美国电子文学的发展和传播。美国电子文学的发展大致经历了以下两个阶段：

美国电子文学是随着计算机的出现和发展慢慢兴起的。1945年，美国科学家瓦尼瓦·布什（Vannevar Bush）成为超文本概念的先驱

① David Ciccoricco, *Reading Network Fiction*, Tuscaloosa: University of Alabama Press, 2007, p. 1.

② N. Katherine, Hayles, *Electronic Literature: New Horizons for the Literacy*, Notre Dame: University of Notre Dame Press, 2008, p. 3.

③ 网络聊天机器人（chatterbot）：一种模拟和一个或多个人类使用者进行文本对话的电脑程序。

人物。他在《诚如所想》(*As We May Think*) 一文中指出"人类大脑是由联想来运作的。一个东西理解之后，大脑受到思维联想的启发，迅速地转向下一个"，[①] 所以从本质上讲，超文本更符合人性，符合人类的思维总是喜欢由此及彼扩展性联想的习惯。布什据此构想了"麦麦克斯存储器"(MEMEX)，可以创造出一些相互关联的"路径"来使那些原本无法理解的资料数据产生意义。这一构想预示着信息时代的到来。1965年，美国社会学家泰德·H. 纳尔逊首次提出超文本(hypertext)。"超文本"(hypertext)一词由"text"(文本)和古希腊词hyper(超过，超越)组成。超文本包含超链接，允许从当前阅读位置直接切换到超文本链接所指向的位置，将各种不同空间的文字信息组织在一起，形成网状文本。这样，读者或计算机使用者可以随心所欲地阅读自己想要阅读的内容。而传统的纸质文本大多是线性的，读者必须按照作家预先设计的顺序逐段逐页阅读。1987年，纳尔逊在其著作《文学机器》把超文本解释为"非连续性写作(non-sequential writing)，即分叉式的、允许读者作出选择、并且最好在交互屏幕上阅读的文本"。[②]

这些超文本文学的理念在20世纪80年代后期因为两款计算机软件的出现而得以实现：苹果公司开发的超级卡软件(Hypercard)和东门公司(Eastgate)开发的故事空间软件(Storyspace)。超级卡软件程序的图形用户界面与卡片整理程式类似，可以用来管理许多称为"卡片"的资料，每张卡片上可分栏，也可以插入图片和多种样式的文字，卡片可以聚成一堆浏览编辑，正在使用的卡片在屏幕前方。每张卡片上有按钮，按下按钮就可以弹出另一个窗口，进入另一张卡片。这种灵活的使用界面使得超文本写作变得简便易行，也推广了超文本最基本的概念：如卡片相当于超文本的基本信息单位——节点(node)，成堆的卡片相当于可以任意来回浏览的节

① Vannevar Bush, "As We May Think," *The Atlantic Monthly,* July 1945, p. 107.

② Theodor Holm, Nelson, "Literary Machines". Sausalito: Mindful Press, 1993, p. 12.

点，而按钮则相当于链接(link)。超级卡的推广结束了超文本仅仅作为研究主题的状况，被广泛接受为一种新技术，促进了超文本文学的发展。

故事空间软件（Storyspace）是世界上第一款专门为创作、编辑、阅读超文本小说设计的软件，既是作者的创作工具也是读者阅读媒介，而且比超级卡软件更加高级复杂，使得创作者能够更加方便地修改和链接。这款软件对超文本文学的发展有着十分积极的影响。用该软件创作的作品通常用CD（更早时候则是由软盘的形式）发行，在电脑平台或者交叉平台上展示，当时美国超文本小说大都是在故事空间软件平台上创作的，因此这些作家和作品甚至被称为故事空间流派。

上述两项技术的出现为20世纪80年代美国超文本文学的发展提供了技术支持，这是美国电子文学发展的第一波高潮。这个时期的超文本文学以小说为主要形式。在传统文学中，超文本作品也用来指通过内部互相指涉来实现非线性叙事和互动叙事的文学作品，比较典型如纳博科夫的《暗火》等。而在电子文学领域，超文本小说是指使用超链接形式为非线性文学和与读者的互动提供新的可能性的小说形式。电脑上阅读超文本小说的时候，点击屏幕上超链接部分，屏幕就会出现文本的另一部分（也就是节点、文字块或页），每个部分可以包含一个以上的超链接。读者沿着任何一个超链接读下去，都可以产生不同的文本。早期美国电子文学超文本小说代表作品有迈克尔·乔伊斯（Michael Joyce）的《下午的故事》（1987）（*Afternoon: A Story*），斯图尔特·毛斯洛普（Stuart Moulthrop）的《胜利花园》（*Victory Garden*）和雪莱·杰克逊（Shelley Jackson）的《修补女工》（*Patchwork Girl*）等。

20世纪90年代，互联网技术的迅猛发展引发美国电子文学的新一波发展高潮。1991年，蒂姆·伯纳-李（Tim Berners-Lee）发明了万维网（World Wide Web，简称WWW）。这是一个免费的、开放的超文本系统，任何人都可以在资源拥有者不作任何行动情况下链接该资源，而无需受类似超级卡软件的许可限制。此后，万维网逐步成为最主要的互联网服务器应用模式，促成了互联网的统一。1993年，美国人马克·安德森（Marc Andreessen）和詹姆斯·克拉克（James Clark）开发出网页浏览器马赛克（Mosaic）。马赛克浏览器是第一个普遍使用的图形网页浏览器软件，可以和文本一起直接显示图片，而无需另开窗口。马赛克和后来开发的IE等浏览器可以提供多媒体的图形使用界面，为互联网的普及和推广起到了至关重要的作用，同时也推动了美国电子文学的进一步发展。

互联网技术的迅速发展和普及使得电子文学的写作程序、传播方法和特点也随之发生变化，促进了第二波电子文学高潮的诞生。多媒体互联网技术的广泛应用是这一阶段的主要特征。早期电子文学作家使用的诸如故事空间等软件有着较大的局限性，如过于依赖链接形式，色彩单调，无法处理在网上播放的声音、视频文件等，而新的电子文学作品使用了更多样的阅读模式，充分利用网络的多媒体功能，作品的展现方式已经演变成混合方式，包括音频、说话文本、视频动画文本、图画和其他一些互联网连接结构。如果超链接是美国第一代电子文学的主要特征，那么多媒体和文学的结合可以说是第二代电子文学的突出特征。海尔斯认为“新的第二代电子文学和前一代有很大不同。第二代电子文学尝试把叙事和声音、动态、动画和其他多媒体软件功能融入叙事之中”。[①] 在2002年举行的美国电子文学研讨会上，学者们以1995年为界，称1995年之前的早期超文本小说时代为“第一代”或者“经典”时期，后来的网络小说为“第二代”或者“当代或后现代时期”。

下面以美国著名电子文学作家、美国电子文学的开山鼻祖迈克尔·乔伊斯创作的《下午的故事》和《十二蓝》（*Twelve Blue*）为例具体说明美国两代电子文学发展时期作品不同的叙事和阅读方式。《下午的故事》写于1987年，1990年由东门公司以3.5寸软盘

① N. Katherine Hayles, *Writing Machine*, Cambridge: MIT Press, 2002, p. 27.

的形式出版发行，被公认为第一部电子超文本小说。《下午的故事》由539个节点组成，其中包含951个链接。读者可以采取传统的直线阅读方法，也就是使用电脑键盘，按回车键从一个节点进入下一个节点（相当于翻页），按返回箭头返回（相当于翻回前一页）。这样的阅读方式带给读者的是一个按照时间顺序叙事的小说。整个故事围绕着主人公兼叙述人彼得的幻觉展开：刚刚离婚的他在开车上班途中目睹了一场车祸，担心他的前妻丽萨和儿子安德鲁在这场车祸中丧生，于是他展开了一系列调查。但是这种传统的翻页式的阅读方式却在最后一个节点（"我打电话"）上戛然而止，这时读者使用回车键已不起作用，只有点击节点内的一个单词才能继续。除了这种默认的传统阅读方式外，作者也为读者提供了不同的阅读路径。通过点击"浏览"图标中的关键词或者点击屏幕上某些词语，[①]读者可以进入其他节点。点击不同的词语会进入到不同的节点。有时文本中要求读者回答是或否，不同的答案会带领读者进入故事的不同的情节。由于不同的读者会选择不同的情节路径，所以正如故事空间软件的开发人杰·大卫·博尔特所说，"每一种阅读都是一个版本，所以并没有一个单一的故事。我们可以说完全没有故事，只有不同的阅读"。[②]

《下午的故事》写于1987年，这时的美国电子文学正处在婴幼儿时期，印刷文学的影响处处可见。首先，在叙事方法上，虽然采用了树杈式的结构，但是读者无论选择哪个路径，都跟踪的是作者给出的顺序固定的叙事。作者对这种固定的叙事顺序的控制是显而易见的，比如在某些屏幕中，读者不能退出，也不能关闭程序，直到读者点击完成全部的阅读。虽然读者可以选择跟踪哪一条线索，但是互动就在很大程度上被限定。其实使用相互矛盾的故事线索的

① 作者迈克尔·乔伊斯把带有超链接的词语叫做words that yield，有两层含义，一是指屈服于点击的词语，一是指产生其他节点的词语。

② Jay David Bolter, *Writing Space: The Computer, Hypertext, and the History of Writing*, Hillsdale: Lawrence Erlbaum Associates, 1991, p. 124.

技巧并不是乔伊斯首创的。美国小说家罗伯特·库弗就在自己的印刷短篇小说《电梯》和《保姆》中实验过类似的技巧。在这两篇小说中，库弗打碎传统的封闭叙事，把故事碎片化，采用树杈式叙事结构，将相互矛盾的细节呈现给读者，结局也是开放性的。这些小说经常被认为是电子文学超文本小说的前身。在评论界甚至有这样的共识，《电梯》和《保姆》甚至比乔伊斯的《下午的故事》更加大胆前卫，因为这两篇作品没有一个让读者通过心理解读来解决矛盾的核心内容。其次，在电子媒介的使用上，早期电子文学作品也有不足之处。例如《下午的故事》虽然使用了屏幕文本，但是由于当时的技术限制，基本没有使用图形、动画、声音、色彩、外部链接等技术，因此互动性受到限制。这些情况在第二波电子文学时代得到了改变。

1996年，乔伊斯完成了《十二蓝》，也是较早完成的第二代电子文学作品。相比于《下午的故事》，《十二蓝》更加具备第二代电子文学作品的特点：游戏性强，联想随意性强、多媒体技术的运用加强等。第一，相比于《下午的故事》，《十二蓝》的游戏性更强，去中心化色彩更加浓厚。《十二蓝》虽然可以说是一个关于心血管外科医生哈维尔和前妻贝丝之间错综复杂的悬疑故事，但是整部作品并没有一个传统意义上的中心悬疑供读者解读，相反，作者还不停地质疑这种传统的创作手法。例如，在题为“迷”(“Riddle”)的一节中，“我们为什么认为故事的本质是一种悬疑呢？”第二，《十二蓝》的联想随意性更强。《十二蓝》的两个互文文本说明了两部作品的不同。《十二蓝》的卷首语出自美国著名后现代主义作家威廉·H. 高斯所著的《论蓝色：哲学探究》中的一句话：“随意的意义轻柔地围绕在一起，就像麻线聚合在一起，心智也是这样存在的”。《十二蓝》的每屏文本中都至少包含一个“蓝色”，提示读者《十二蓝》就像第二个互文文本那样存在。乔伊斯把瓦尼凡·布什提到的联想性思考方式付诸文学创作，挑战习惯于阅读传统文学的读者。在电脑上点击阅读《十二蓝》的时候，中心概念不再是传统文学的页码，一系列流动的意象、人物、事件通过读者的随意点击互相渗透、互相推动，形成电子文学独有的网上冲浪式的阅读体验。第三，多媒体技术的运用大大加强。点击进入《十二蓝》的第一屏就开始邀请读者玩游戏。首屏是十二条不同深度的蓝色横线，镶嵌在深蓝色的背景之中。这些蓝色线条被分为8个竖形长条，读者点击不同的竖形长条或者长条下面的数字，就会进入不同的屏幕文本中，而被点击的竖形长条就会出现在屏幕左边，这些竖形长条或者会根据读者的点击而变换方向，象征着乐谱的音阶。这部作品里把文本、视觉和听觉结合起来，帮助作者叙述了一个复杂，充满神秘感的关于记忆、欲望、和真相的故事。

美国电子文学学者格里高利·厄尔默（Gregory Ulmer）指出《十二蓝》突出的图形特性使得这部作品大大不同于第一代代表作《下午的故事》，其展现出的逻辑性更加接近图像和文本在网络上的结合方式，与印刷文学中直线的语言方式完全不同，因此，他认为这部作品标志着美国电子文学特性（electracy）的确立。除了《十二蓝》之外，美国电子文学第二代的其他代表作，如凯特琳·费舍尔（Caitlin Fisher）的《这些女孩子们》（*These Waves of Girls*）也大量使用音频、说话文本、动画文本、图画和其他一些互联网连接结构。斯图尔特·毛斯洛普（Stuart Moulthrop）的多模式作品《里根图书馆》（*Reagan Library*）使用了苹果公司开发的QuickTime软件。贾德·莫利塞（Judd Morrissey）和萝莉·塔利（Lori Talley）合著的《犹太人的女儿》（*The Jew's Daughter*）使用了文本的单一银幕的新型的界面，读者用鼠标阅读的时候，某些段落会被替代。这些作品大大丰富了电子文学的表现形式，使得电子文学的非连续性、互动性、多媒介性、游戏性等特征更加明显。

三、美国电子文学的发展趋势和未来

自20世纪90年代以来，在互联网和多媒体技术的推动下，美国电子文学迅猛发展，新的形式不断出现，成为一个新兴的文学领域。随着电子文学数量的增加，已经出现了具有较高文学品质的作品，其未来发展趋势有以下几个特点：

（一）电子文学特性将会更加显现

美国电子文学是在电脑和数字化技术的基础上发展起来的，随着电脑和数字化技术的普及，美国电子文学的特性，尤其是电子文学的多媒体混合性、互动性和游戏性会更加突出。现在的电脑已经成为可以容纳文本、图片、视频、声音所有其他媒介为一体的多媒体，因此在电脑上创作的电子文学也将多种媒介的特点融合，成为带有混合特性的文学形式，海尔斯用“交易地带”（trading zone）来形容不同文化传统的语汇和特性等在电子文学作品中的交互出现。为了推动电子文学的发展，美国电子文学组织2006和2011年两次编辑《电子文学作品选集》（*Electronic Literature Collection*），以光盘和在线形式发表，收录了60篇有代表性的美国电子文学作品，其中全部使用了动画、图形等视觉元素，很多采用了声音效果，还有三分之一的作品没有使用可识别单词，电子文学的混合特性已经逐渐形成。

电子文学的另外一个显著特性——读者较大程度的主动性和参与性也会得到进一步发展。阅读电子文学作品的时候，读者由被动的阅读者变为主动的参与者，可以选择自己的情节，不仅组合自己对文本的诠释（所指层面），更重要的是还可以形成自己的文本（能值层面）。文本不再是一个有着开头和结局，而是一个互相链接的节点构成的网。因此，电子文学这些去中心化特点让读者参与文本创作，甚至自己创作文本，一定程度上也增加了电子文学的游戏特性。一些电子文学评论家在研究电子文学文本时甚至采用了“玩家”（player）一词，而不是传统的“读者”。随着电脑、网络和多媒体技术的提高和普及，纸质媒介对文本的限制有可能得到完全解放，电子文学的特性将得会更加显著。

（二）新的电子文学批评方法将逐渐形成

文学批评对于文学的创作和发展有着重要的影响，电子文学亦是如此。在美国电子文学发展的初期，评论家们使用纸质文学的评论模式进行研究。但是，随着美国电子文学性的日益突出，把电子文学嵌入传统纸质文学批评模式的作法越来越不合时宜。因此，创造新的电子文学批评范式也成为美国电子文学创作者和研究者关注的问题。近年来，美国从事电子文学研究的学者们努力创造出新的批评方法，试图为电子文学批评提出新的批评理论。

1997年，美国学者爱普生·阿赛斯在他的著作《赛博文本：探究遍历文学》中，打破美国学术界一直争论的传统纸质文学和电子文学的界限，提出“遍历文学”（ergodic literature）和“赛博文本”（cybertext）概念。“遍历”原为一数学名词，是非线性数据的一种运算方法，阿赛斯用这一名词来描述读者在阅读文本时经历的非线性、树杈式的思考过程：“在遍历文学中，必须不遗余力地允许读者穿越文本。如果遍历文学可以作为一个概念存在，那么必然有非遍历文学，非遍历文学则相反，基本不允许读者穿越文本，读者除了移动眼球和不停翻页之外，基本不需要做什么”。[①] 可见，让读者变得更加积极是遍历文学的核心策略。在遍历文学概念的基础上，阿赛斯又提出“赛博文本”的概念。赛博文本是遍历文学的一种，指“使得各种媒介的复杂特性成为文学互动交流的不可分割的

① Epsen J. Aarseth, *Cybertext: Perspectives on Ergodic Literature*, Baltimore: Johns Hopkins University Press, 1997, pp. 1-2.

一部分文本的机械组织方式”，[①] 其基本特征就是文本时开放的和动态的，读者必须运用自己的思考形成文本，而且每次阅读形成的文本可能不一样。在阿赛斯的理论体系中，文本的媒介并不是评判赛博文本的标准，纸质文学作品也可以是赛博文本。比如，中国古籍《易经》，读者在阅读《易经》的时候，必须自己组合各种卦象，所以也属赛博文本。虽然如此，但是当代融合多媒介特质的多媒体技术却使得赛博文本得以更快的发展。虽然对学术界对“遍历文学”和“赛博文本”这两个概念还存在着不少争议，但是这两个试图超越纸质／电子文学二元对立的概念却为人们对于电子文学的基本特征提供了可以参考的理论模式。

2000年，著名新媒体学者列夫·马诺维奇（Lev Manovich）在《新媒体语言》一书中提出了“转码”（transcoding）这一概念。马诺维奇认为，“因为新媒体在电脑上生成，通过电脑传播，在电脑上储存、归档，所以电脑的逻辑会在很大程度上影响媒体的传统文化逻辑；也就是说，可以预期电脑层面将影响文化层面”。换而言之，文化将面临被电脑化的可能性。这一结论有过于简单之嫌，但却指出了这样一个事实：电脑设备已经成为传统文化叙事，如文学、政治、历史、宗教叙事和其他意识形态的重要载体。作为越来越依赖新媒体的电子文学，“转码”这一概念意味着电子文学不仅仅是文学媒介的简单变更，更具备重要的文化功能。2004年，马库·爱斯科利尼（Markku Eskelinen）在《需要解决的六个问题：赛博文本理论和游戏理论对文学理论的挑战》一文中质疑传统叙事学是否可以成为解读赛博文本的有效模式。爱斯科利尼认为有必要建立新的框架来应对数字媒体提供的文本革新（Eskelinen），他还尝试将法国叙事学家热拉尔·热奈特（Gérard Genette）的叙事理论进行改造来适应对数字文学作品的批评。

① Epsen J. Aarseth, *Cybertext: Perspectives on Ergodic Literature*, Baltimore: Johns Hopkins University Press, 1997, p. 1.

虽然学者们对电子文学的评论模式，甚至电子文学这一名词本身一直在争论，但是这一概念的提出却体现出学术界的共识：在研究电子文本时，不能忽视电子文学和印刷文学的不同的存在形式，研究电子文学必须采取创新的策略。研究电子文学需要使用新的分析解读模式，其中最关键的就是需要使用“数字化思维”。同时，在观照互联网和多媒体化的特殊性的同时，电子文学批评也不能完全脱离印刷文学批评的丰富传统。

（三）电子文学和传统印刷文学将长期相互依存

自从电脑和多媒体快速发展以来，传统印刷文学的未来引起了人们的关注。一些学者开始担心印刷文学会逐渐衰落，直至完全被多媒体的电子文学取代。美国学者凯瑟琳·菲兹帕特里克在她的著作《对过时的焦虑：电视时代的美国小说》中认为印刷文学会过时的担心已经很普遍了。年轻读者阅读印刷书籍的时间越来越少，而上网，打电玩，听MP3的时间越来越多。因此，这种焦虑并不是没有道理的。但是，笔者认为电子文学和传统文学在相当长的时间里会相互依存，共同发展。

第一，从广义的角度来说，几乎所有的当代文学都已经电子化和数字化。绝大部分纸质文学都在其创作和印刷出版过程中包含电子文件的因素。印刷已经成为电子化文件的输出形式而不是独立于数字技术之外的媒介。数字技术已经开始影响书籍的排版、装帧、市场营销等各个环节。在美国，有些书店已经开始配置电脑复印机，可以当场打印电子文件，包括封面、目录和装订。还有一些类似书本的电子设备，读者可以把这些设备拿到书店，下载、购买和阅读的含有文本的电子文件。

第二，印刷文学和电子文学的文本性已经开始相互渗透。虽然印刷文本和电子文学（仅限在电子设备上创作，并且必须在电子媒体上展示的作品）在功能性上有很大不同，但是在各种纷繁复杂的表象下可以看到两者的动态互动关系。从技术上看，印刷术本身已经成为电子文本的输出形式之一，印刷文本的产出过程也以数字化技术为基础。更重要的是，印刷术自身也开始了数字革新。如果说电子技术带来的诱惑正在威胁印刷术，新的印刷术在电子技术的影响下也正在形成。从概念上看，在印刷文学和电子文学使用的策略上，两者相互借鉴对方的传统；在主题上，实验性的印刷文学和电子媒体展现的东西有类似之处。可以预见的是，印刷文学和电子文学将长期相互依存，相互借鉴。

美国电子文学虽然还是美国文学界新生的成员，但是电子文学的产生和发展已经对当下的数字时代里文学的概念和本质发起了挑战，也促使我们重新思考文学是什么，能做什么等基本问题。随着数字化技术的普及和进一步提升，美国电子文学必将成为21世纪文学经典里重要的一部分。

试析战国外交辞令之环境背景

基础教学部　王　立

刘向在其辑录的《战国策·书录》中指出:“仲尼既没之后,田氏取齐,六卿分晋,道德大废,上下失序。至秦孝公,捐礼让而贵战争,弃仁义而用诈谲,苟以取强而已矣……贪饕无耻,竞进无厌;国异政教,各自制断;上无天子,下无方伯;力功争强,胜者为右;兵革不休,诈伪并起。当此之时,虽有道德,不得施谋;有设之强,负阻而恃固;连与交质,重约结誓,以守其国。故孟子、孙卿儒术之士,弃捐于世,而游说权谋之徒,见贵于俗。是以苏秦、张仪、公孙衍、陈轸、代厉之属,生从横短之说,左右倾侧……所在国重,所去国轻。”[①] 从这里我们可以看出,“法治”代替了“礼治”,统一的趋势代替了诸侯割据的局面,兼并战争以空前的规模展开,军事科学和战略思想,外交战略和策略方针应运而生,合纵连横的游说之士登上了历史舞台,左右了战国中后期的各诸侯国间的政治。由于这些因素,使得战国时期的外交辞令呈现出与春秋时期不同的特点,即注重饰词,喜好激扬,崇尚铺张。其目的就是要破坏各诸侯国间的均势,摧毁原有的社会秩序。之所以会有这样的特点,缘于战国时期的经济基础已经具备了使上层建筑发生巨变的条件,“法治”才能适应当时的社会变革,“礼治”已经开

① 吴师道撰:《战国策校注》,北京:中华书局,1991年,第3页。

始走下坡路，发挥不了什么作用了。春秋时期各诸侯国间的关系尚可通过盟会加以协调，争端可以通过协商得到妥善的解决。而战国时期各诸侯国间的盟会大多是双边的，不具备协调性，况且这种双边会议还是意在巩固自身的实力以削弱对方，所以相互间妥协的可能性很小。

战国时期的外交，由于环境背景的不同，在战略策略的运用上，比春秋时期的外交壮观得多。特别是战争景象，正如《孟子·离娄上》所说：争地者“杀人盈野”，争城时“杀人盈城”。无论是其规模，还是声势，均远远超过春秋时期的规模。春秋时期是外交与军事策略交替使用，并行不二；而在战国时期则变为以军事为主，外交为辅，与春秋时期大相径庭。①

孔子说过：“殷因于夏礼，所损益，可知也。周因于殷礼，损所益，可知也。”② 从此可知，至春秋战国，特别是至战国时期，由于形势变了，所以“周礼”自然更会有所“损益”。由于到了春秋后期，也就是孔子所认为的“礼崩乐坏”的年代，仅仅依靠“周礼”已经不足以维系周制于不堕了，于是提出了一个“仁”字来，所谓“克己复礼之谓仁”。孔子认为只要提高人的自我修养和爱人的自觉性，以“礼”的准则行“仁”事，以“仁”的姿态自觉复“礼”，也就是贵贱有序，亲疏有等，就会将两者统一起来，相互统一，相互辅佐，从而达到一种有等级但不过分对立，有仁爱但不无区别，也就是等级与仁爱，对立与和谐的统一，所有人生活安定富足的理想状态。由于得到“仁”作为自己的思想内容，“周礼”便被建立在人们的人格自觉的基础之上，如此，“周礼”又反过来成了人们的内在要求，而不仅仅是外部的强制，无形中提高了人们执行“周礼”的自觉性。然而，到了战国时期，阶级斗争以更加尖锐

① 吴天明、程继松评析：《中国传统文化经典诵读》之《孟子》，武汉：崇文书局，2004年，第126页。

② 来可泓译注：《中国传统文化精品丛书》之《论语·为政》，西安：陕西人民出版社，1996年，第20页。

和猛烈的形式表现了出来，不但“周礼”不被重视，“仁爱”同样也挽救不了“周礼”沦丧的现实。这个时候，人们对于“周礼”“仁义”“道德”等态度日趋让位于实用主义的“功利”思想。

之所以会造成这种状况，主要是因为到了战国时期，保持现状的诸侯国格局已经让位于打破均势、兼并他国的要求，道德价值观念被取代。春秋时期的“周礼”“仁义”“道德”的现象失去了继续存在的客观基础，统治阶级集团的精神面貌发生了巨变。公元前329年，楚威王过世，“魏闻楚丧，伐楚，取陉山”。[①]楚怀王被诱骗入秦为囚，后来逃脱到了赵国，但赵国畏秦，不敢接受，拒绝收容楚怀王，因而使其又落入秦国之手，最终忧愤而死。“存亡继绝”的思想一进入战国时期便遭到摈弃。公元前472年，吴王夫差屈膝求降，而越王勾践不应允，使夫差自颈而死，吴国的宗庙也就此消失。赵韩魏三家分晋，“晋静公迁为家人，晋绝不祀”。[②]秦嬴政并吞六国，六国的贵族们悉数逃亡，春秋十二诸侯中最后一位卫侯君角被“废为庶人，卫绝祀”。[③]至此，盛行于春秋时期的道德观念在各诸侯国关系中的作用，在这个时候可谓荡然无存。

在国际法中有这样的规定，国际条约是两国或多国之间关于确定、变更或终止其权利、义务的明确表示的协议，这也是构成国际公法的主要内容之一。而春秋战国时期的“国际条约”，其性质总体说来是与这个规定差不多的。但是，缔约者的权利与义务虽然在约定中有明确的说明，可在强权政治下，大而强的诸侯国往往是不履行其应尽的义务，却单方面要求小而弱的诸侯国尊重其权利。甚至有时干脆对约定的条款做出有利于自己的解释。战国末年，秦昭王与赵惠王曾经订有攻守互助的盟约，规定“秦之所欲为，赵助之；赵之所欲为，秦助之”。但是，不久之后，秦国发兵攻打魏

① 司马迁著，易行、孙嘉镇校订：《史记》，北京：线装书局，2006年，第192页。

② 同上书，第185页。

③ 同上书，第168页。

国，赵国却从切身利益出发，不但不按规定“助之”，反而还要救魏国。秦国派使臣向赵国提出抗议，指责赵国违背约定。赵国国君向平原君赵胜讨要计策，赵胜则向自己的食客，以善辩著称的哲学家公孙龙请教。公孙龙建议派使臣反驳秦王：赵国想要救魏国，秦国不帮助赵国，反而攻打魏国。这本身就是破坏盟约的行为，所以说，不遵守盟约的不是赵国，而是秦国。[①]

至“弭兵之会”，由于是晋楚两大诸侯国集团的盟会，所以缔结盟约的条款中增加了“交相见”，也就是说一方缔约国要定期朝见另一方的盟主。虽然表面上增加了一般诸侯国的负担，它需要准备更多的贡赋，但从另一个角度看，却使得所有缔结盟约的诸侯国有了半个多世纪的和平，这种景象不要说战国时期是没有的，就是纵观整个春秋时期，也是罕见的。

因为春秋时期会盟所形成的基本规则具有普遍性，不易改变，所以战国时期沿袭了春秋时期诸侯国会盟的传统。即便如此，战国时期与春秋时期毕竟不同，因此具体实行起来，仍旧有改变。据《史记·秦本纪》与《史记·六国世家》记载，纵观战国250余年，齐、楚、燕、秦、赵、魏、韩七个主要诸侯国之间召开的会议只有区区30余次，而且绝大多数还是仅仅限于双边会谈。多边会谈只见于公元前342年魏惠王与诸侯会于逢泽，朝见周天子，秦国派遣了公子少宫参加；公元前334年，魏襄王召集的五国相王之会，即魏、赵、韩、齐、中山五国。至于结盟则只有四次。可以说，合纵连横的运动是影响全局的外交活动，但这些活动完全是依靠那些四方游说之士的奔走撮合，缺少联盟的基础以及有效的法律约束。像春秋时期的“涖盟”[②]已然绝迹，“寻盟”[③]也不再出现。人质外交虽然依旧盛行，但“质子”[④]较春秋时期更具赤裸裸的抵押性

① 管敏义译注，陈奇猷审订:《吕氏春秋译注》，银川：宁夏人民出版社，1988年，第509页。

② 参加盟会。

③ 重温旧盟。

④ 古代派往别处或别国去做抵押的人质。多为王子或世子。

质。甚至有的时候与俘虏没有什么两样，这也充分反映了战国时期诸侯国之间的关系是以战争为主，外交为辅的现状。那种樽俎折冲周旋于各诸侯国的外交，已然被淹没在刀枪剑戟的战争中。随着时间的推移，春秋时期的“仁义道德”外交已经变成了历史，取而代之的是战国时期的“功利”外交。

具有极强的鼓动性、影响也较大的战略思想是“合纵连横”的运动，这也成为战国时期外交的精华。它使新旧土地所有者之间的矛盾进一步对立，两大敌对集团的政治斗争为战国七雄之间的混战引进了新的因素。按照《战国策·秦策一》引孟康的说法：“南北为从，东西为横”；引高诱注“连关中之为横，合关东之为从”。[①]以及韩非子在《五蠹篇》中云：“从者，合众弱以攻一强也，而衡者，事一强以攻弱也。”[②]这种着眼于政治的说法，合纵连横实质上就是当代的所谓地缘政治思想，它是春秋联盟战略的发展，是战国社会变动的特定产物，是“百家争鸣”的一种应用。连横的代表人物是张仪，合纵的代表人物是苏秦，但他们都不是首倡者。一般说来，合纵的首倡者为魏国的犀首公孙衍；连横的首倡者，据贾谊《过秦论》云为商鞅。《战国策·秦策四》云：“横成则秦帝，从成即楚王。”[③]纵对秦，横为秦。纵横运动支配了战国中后期的国际关系，七国非纵即横，几乎所有的外交与军事策略无不围绕着纵横的分合而运转，秦则成为矛盾的主要方面。战国策士们奔走游说，舌焦唇敝，无非是纵、横两种主张。七国间或战或和，也不过是纵、横两种活动，所以有“战国者纵横之世也”[④]的说法。

从公元前318年至公元前241年，先后有过六次重大的由几个诸侯国合纵的摈秦之举，其中四次为五个诸侯国合纵，分别于公元前318年、公元前287年和公元前241年；二次为三个诸侯国合纵，

① 吴师道：《战国策校注》，北京：中华书局，1991年，第28页。

② 韩非：《中国古典文化精华》之《韩非子》，北京：中国文史出版社，2003年，第345页。

③ 关树东编著：《战国策》，长春：吉林人民出版社，1996年，第107页。

④ 清·章学诚著，叶瑛校注：《文史通义》，北京：中华书局，1985年，第61页。

分别于公元前298年和公元前257年。秦国的连横对付六国则穿插于其间，持续的时间也更长。“当此之时，天下之大，万民之众，王侯之威，谋臣之权，皆欲决苏秦之策。”六国则“不费斗粮，未烦一士，未绝一弦，未折一矢，”[①] 使秦国“不敢窥兵于关中，天下不交兵者二十有九年。”[②] 这虽然有夸大其词的一面，但是一直到秦王嬴政当政，他对合纵之世犹心存顾忌，倒是事实。然而最终的结果是，尽管六国以土地论为秦国的五倍，兵力多秦国十倍，仍旧避免不了灭亡的命运。归结起来主要有这么几点：首先是一开始制订的外交战略，未能一如既往地持续下去。其间合纵战略时断时续，几合几散，而秦国却是始终不移地贯彻执行其连横策略，并最终取得胜利；其次是绥靖政策，害人害己。贾谊在他的《过秦论》中这样表述到：“从散约解，争割地而赂秦，秦有余力而制其弊。”[③] 苏洵的《六国论》中也讲：“六国破灭”，“弊在赂秦”以求苟安，其结果对六国来说却是“力亏”，而对秦国来说则是“积威”。在这一增一减中，“强弱胜负已判矣。”六国的这种绥靖主义，从来都是蔽于苟安的眼前小利，不悟对强敌“奉之弥繁，侵之愈急”的根本道理，终于自食“积威之所劫”的恶果。[④] 苏洵的《六国论》，言简意赅，鞭辟入里，虽然仅寥寥数百言，但却说尽了绥靖主义的弊害。

关于合纵连横之说，历来是有褒有贬，说法不一。像孟子，站在维护“礼治”的立场，当然要对张仪、公孙衍等人的学说提出反驳的意见。他就批驳推崇张仪、公孙衍等人是“一怒而诸侯惧，安居而天下息”的大丈夫，并且说，他们这些人既没有学过“礼”，也根本就谈不上懂“礼”。什么样的人才算是“大丈夫”呢？“富

① 关树东编著：《战国策》，长春：吉林人民出版社，1996年，第39页

② 吴师道：《战国策校注》，北京：中华书局出版，1991年，第4页。

③ 贾谊：《中国古代文化全阅读》之《新书》，长春：时代文艺出版社，2008年，第2页。

④ 陈铁民、陈才智选注、译评：《唐宋散文选评》之《六国论》，长沙：岳麓书社出版，2006年，第181页。

贵不能淫，贫贱不能移，威武不能屈，此之谓大丈夫。”而张仪之流呢，以他们的所作所为，“焉得为大丈夫乎？”[①] 蒋伯潜在他的《诸子通考》中则从学术的角度认定“战国，特战国时政客之策略，更与学术无关”，[②] 也就是说，纵横家不是学者。但是《汉书·艺文志》所辑录的纵横家之书，却多达近20种，虽然全部亡佚了，但也不能就此认定纵横家们未成一家之言，也不应该对其所具有的学术价值一概否定。可以说，除了权谋之术是一定历史条件下的产物，不足为训外，纵横家们的博古通今，熟稔各诸侯国的政治事务，准确把握瞬息万变的国际形势，善于抓住诸侯国君的心理，并据此而发挥其雄辩之才，口若悬河，极富煽动性和蛊惑性。刘勰在其《文心雕龙·论说》中对纵横家们的舌辩词锋即言道：“暨战国争雄，辩士云涌；从横参谋，长短角势；转丸骋其巧辞，飞钳伏其精术；一人之辨，重于九鼎之宝，三寸之舌，强于百万之师，六印磊落以佩；五都隐赈而封。”[③] 章学诚在《文史通义》中也说道：“其辞敷张而扬厉，变其本而加恢奇焉，不可谓非行人辞命之极也。纵横者流，推而衍之，是以能委折而入情，微婉而善讽也。”[④] 这种不因人废言的态度，是值得赞赏的，也是较为客观公正的。事实上，已经有很多学者对纵横家们的言论进行了较为深入的研究。无论纵横家们的言论是否得当，都有其研究探讨的价值，这是毋庸置疑的。可以说，以张仪、苏秦为代表的纵横家的出现，是战国时期风云变幻、各诸侯国的存亡系于一发的严峻形势以及“百家争鸣”的风气互相作用的必然结果，并非是出自于所谓“鬼谷子”的刻意安排。应该说，合纵连横有其内在的规律，对当时的形势反应敏锐，针对性强。它不仅在战国的各诸侯国关系中起过重大的作用，就是对后世战略思想的形成，也具有不可低估的影响。

---

① 刘凤泉、李福兴译注：《孟子》，济南：山东友谊出版社，2000年，第117页。

② 蒋伯潜：《诸子通考》，杭州：浙江古籍出版社，1985年，第26页。

③ 刘勰著、周振甫注：《文心雕龙注释》，北京：人民文学出版社，1981年，第202页。

④ 清·章学诚著，严杰、武秀成译注：《文史通义全译》，贵阳：贵州人民出版社，1997年，第74页。

人质外交在战国时期已经发生了变化，不仅数量上大大增加，而且性质也有了改变。春秋时期的人质外交事件只有10起左右，而战国时期则增加到20余起，只不过其价值已较春秋时期大大降低，甚至成了“空质”，并且人质的待遇也远远不如。秦王嬴政的父亲公子异人在赵国为人质时，秦国因为政权发生了变更，几乎忘却了还有这么一位“质子”，赵国也没有给予应有的照顾，如果不是吕不韦，这个当时的富商巨贾，以其“奇货可居”为由，设法将其救回，那么秦国的历史或许就会重写，这也就是为什么战国时期屡屡发生“质子”逃归事件的原因。当年燕国的太子丹在秦国为“质子”时，就是因为不堪所遭到的冷遇，才潜逃回燕国，以后又收买荆轲到秦国刺杀秦王，导演了这么一出极富戏剧性的事件，结束了春秋战国时期的“质子”外交。

至战国后期，诸侯国中出现了母后干政的现象，犹以秦宣太后、齐君王后、韩釐王后、赵惠文后等四位王后最为著名。秦宣太后手刃西戎首领义渠王于衽席之上，为秦国消灭义渠，解除其向东方发展的后顾之忧立下了功劳。[①] 另外，由于秦宣太后是楚女，所以她的亲楚政策在秦国制定的战略方针中也起到了重大的作用；赵惠文后也就是《战国策・赵策四》中的名篇——《触龙说赵太后》的主角，为了挽救赵国的命运，赵太后在触龙的耐心劝说下，终于忍痛将其爱子长安君送到齐国去做人质，以求得齐国的援兵；齐君王后与齐襄王是春秋战国时期唯一“自由结合”的权贵，后齐君王后协助齐襄王以一隅之地，逐渐收复了被燕国吞并的全部国土，使齐国又逐渐强大起来。她以贤闻名，《战国策・齐策六》这样讲她：“事秦谨，与诸侯信，以故王建立四十余年不受兵。”[②] 而韩釐王后的事迹则只见于《战国策・魏策三》中关于魏公子无忌对魏王说的

---

① 事见司马迁著，易行、孙嘉镇校订：《史记・匈奴列传》，北京：线装书局，2006年，第455页。

② 关树东编著：《战国策》，长春：吉林人民出版社，1996年，第208页。

一句话："今韩氏以一女子承一弱主"，[①] 其他均未见史书记载。

春秋时期的外派使臣需熟谙"六艺"，但"六艺"在孔子前后是不一样的，之前主要是"武"，之后则变成了纯"文"，将文武分开。"春秋"泛指各诸侯国史书，而到了战国时期，儒学者仍习孔子之教，法家、墨家乃至纵横家却是儒学、军事兼习。但是外交纪律却也是不容忽视的，像战国时期著名的范雎在随主人魏中大夫须贾出使齐国时，"齐襄王闻雎辩口，乃使人赐雎金十斤及牛酒，雎辞谢不敢受。"摄于外交纪律的严厉，范雎没有接受，但仍蒙受冤屈，被魏相魏齐以接受贿赂，不遵守外交纪律为由，打得死去活来，最后不得不潜逃至秦。[②] 可见，外交纪律在当时是左右一名外派使臣的重要砝码。

总的说来，春秋时期的外交目的大多是带有惩罚性质的，但是战国时期的外交目的已然发生了变化，它的目的很明确，就是要消灭对方，而且重要的是"千乘之国""万乘之国"，从而实现大一统的社会目标。由于仁义道德符合"礼治"的需要，所以春秋时期崇尚"仁义"；而战国时期是需求"法治"，所以这个时期崇尚"功利"，它的外交辞令也自然就围绕功利性进行了。

① 同上书，第421页。

② 事见司马迁著，易行、孙嘉镇校订：《史记·范雎列传》，北京：线装书局，2006年，第342页。

Uncle Tom's Cabin两种中译本中宗教内容翻译策略的对比研究

——基于语言差异的视角*

英语系　薛　丽

Uncle Tom's Cabin or Life among the Lowly[2] 是一部颇具影响力的美国小说，它成功地将当时美国人民的注意力聚焦到奴隶制问题上，因而被认为是对世界历史产生深远影响的著作之一。[3] 1901年林纾和魏易合作出版中译本《黑奴吁天录》(以下简称《黑奴》)，[4] 在中国读者中引起强烈反响。时隔81年之后，黄继忠翻译的《汤姆大伯的小屋》(以下简称《小屋》)[5] 由译文出版社出版面世，1993年该译本再版，颇受读者欢迎。

小说原著宗教色彩浓厚，这一点无论是在原著小说的前言、正文还是作者自己的言论中都得到了充分体现。书中宗教引文和典故对烘托主题、刻画人物具有重要意义。而上述两个中译本的译者对于书中的宗教信息也表现出了特别的关注。林纾在《译序》中表明，

---

* 本文是中央高校基本科研业务费专项资金项目《科研创新项目》一般项目《社会文化与文学翻译策略之选——对*Uncle Tom*策略之选——对两个中译本的描述性对比研究》(项目编号：ZY2012KC05)的阶段性研究成果。

② Stowe, H.B. *Uncle Tom's Cabin*. 1852, Beijing: Foreign Language Teaching and Research Press, 1992.

③ 邹振环:《影响中国近代社会的100本译作》，北京：中国对外翻译出版公司，1996年版，第145页。

④ 斯土活:《黑奴吁天录》，林纾、魏易译，1901年，北京：商务印书馆，1981年版。

⑤ 斯陀夫人:《汤姆大伯的小屋》，黄继忠译，上海：译文出版社，1982年版。

"是书为美人著。美人信教至笃，语多以教为宗。顾译者非教中人，特不能不为传述，识者谅之。"此外，关于书中宗教歌谣，林纾表示："书中歌曲六七首，存其旨而易其辞，本意并不亡失，非译者凭空虚构。"林纾还指出："是书言教门事孔多，悉经魏君节去其原文稍烦琐者。本以取便观者，幸勿以割裂为责。"黄继忠虽未直言自己如何处理原著中的宗教内容，但也在《译序》中批评原著作者布道式的叙事风格"破坏了故事的真实性"，凸显其对相关信息的关注。

两个译本问世之时恰逢20世纪中国翻译事业的两个高潮期，[①]译者亦颇具代表性，却又因时代变迁有着迥异的社会文化背景，二者的对比研究是为必要。而聚焦宗教信息则旨在突出译入语文化与源文化之间的差异，以及译者与原著作者之间因而极可能出现的思想观念上的沟壑，从而凸显译者的主动性及翻译策略选择的重要性。本文试图采用描述性方法对比研究两个中译本中宗教内容的翻译策略，进而从语言差异的视角探讨翻译策略的选择问题，借以管窥20世纪两大翻译高潮期的翻译规范。

一、翻译策略

早在1813年，德国哲学家、翻译家弗里德里希·施莱尔马赫就在《论不同的翻译方法》一文中指出译者在翻译时，要么尽可能照顾原作者，使读者向其靠近；要么尽可能照顾读者，使原作者向读者靠近。[②] 这一论述虽然并未提出有关翻译策略的术语，但表明

① 孙致礼："中国的文学翻译：从归化趋向异化"，《中国翻译》，2002年第1期，第40—44页。孙致礼认为中国在20世纪经历了4次翻译高潮，分别发生在20世纪头十年、五四运动后的十年、新中国成立后的17年以及20世纪最后20年。

② 转引自Lefevere, A. eds. *Translation, History and Culture: a source book*, London & New York: Routledge, 1992.

译者必须就翻译策略做出选择，译者不可能在原作者和目标读者之间保持绝对中立、不偏不倚。此后，很多翻译研究者在此基础上提出“直译”和“意译”，“动态对等”和“形式对等”，[①] “交际翻译”和“语义翻译”[②] 等概念。上述提法多从语言学角度提出。随着翻译研究的“文化转向”，翻译不仅仅被认为是语言的转换，而且被认为是文化的传播与交流。翻译研究者随之提出了“归化”和“异化”的翻译策略，[③] 前者为了减少目的语读者对外国文本的陌生感而尽量使译文通顺流畅，后者则“保留原文的异质性，刻意违反目的语规范”。[④] 译者在翻译过程做出各个层面的选择时，首当其冲须确定译文的文化倾向，即在源文语言文化和目的语文化之间做出选择。而有关翻译策略的选择亦反映译者的文化倾向，并在一定程度上映射出译者遵循的翻译规范。

图里认为，翻译是在规范指导下进行的活动。这一观点凸显了翻译活动的社会文化特性以及翻译的不稳定性。他提出的“初始规范（initial norm）”、“预备规范”和“操作规范”等概念成为解释翻译行为的有力工具，并在此基础上进一步提出可接受性和充分性两种翻译策略，前者倾向于遵循目标语文化规范，而后者则对源文文化规范更为重视。图里指出：“即使不能清晰地表明宏观趋势，任何微观层面的决定都可以用充分性和可接受性进行解释。但另一方面，即使在总的层面做出了选择，也并不意味着每一个次级决定都得与之相符。”[⑤] 图里的理论十分灵活，相关概念在翻译研究中

① Nida, E.A., *Toward a Science of Translating with Special Reference to Principles and Procedures Involved in Bible Translating*, Leiden: E. J. Brill,1964.

② Newmark, P., *Approaches to Translatio,* Oxford: Pergamon, 1981.

③ Venuti, L., *The Translator's Invisibility*, London & New York: Routledge, 1995.

④ Shuttleworth, M. & M. Cowie, *Dictionary of Translation Studies*, Manchester: St. Jerome Publishing, 1997.

⑤ Toury, G., *Descriptive Translation Studies and Beyond*, Shanghai: Shanghai Foreign Language Education Press, 2001, pp.56-57.

广为应用。[①]

二、Uncle Tom's Cabin 两个中译本中宗教内容的翻译策略

（一）操作性翻译策略的种类

本文将应用图里的理论对相关文本进行描述性研究。笔者从小说源文和译本的每10个章节中选取前5章作为研究对象，共选取20个章节中的相关宗教内容进行考察。采集的数据主要为源文中为烘托主题、刻画人物而引用的宗教、神话典故及其他相关信息，及其在两个译本中的呈现。

通过对比研究源文和译文，并参考张佩瑶提出的操作性翻译策略框架，[②]笔者最终将相关操作性翻译策略归为7类：

1. 语言（非文化）翻译：译文与原文指示意义接近，遵从原文文化体系。

2. 文本外注解：译文以脚注或尾注等形式对原文中相关内容的背景知识等加以解释。

3. 文本内注解：在译文文本内对相关内容进行解释。

4. 通用化：原文中文化特征鲜明的内容在译文中原来的文化特色被去除，代之以无文化特色，或原文和译文共有文化特征的内容。

5. 归化：原文中文化特征鲜明的内容在译文中被具有译入语文化特色的内容所取代。

---

① 有研究者评价称，所谓翻译过程的充分性既可根据具体翻译任务的细节而判定，亦可由使用者的需求而定。参见Hatim, B. & Mason, I., *Discourse and the Translator*, Shanghai: Shanghai Foreign Language Education Press, 2001, p. 8.

② Cheung, M. "The Discourse of Occidentalism? Wei Yi and Lin Shu's Treatment of Religious Material in Their Translation of Uncle Tom's Cabin," *Translation and Creation*. Ed. David Pollard. Amsterdam/Philadelphia: John Benjamins Publishing Company, 1998, p. 260.

6. 删除：原文内容在译文中被删除。

7. 自主创作：译者创造出原文中本没有的、具有译语文化特色的内容；或是原文内容通过高度概括、浓缩、重新创作等方式被改写。

上述翻译策略就跨文化操纵而言依次呈递增趋势。从某种意义上说，前三者本质上较“保守”，后四者则“替代性”较强。[①] 套用图里的概念，前者注重“充分性”，后者倾向于“可接受性”。通常文本外或文本内注解策略还与其他翻译策略，主要是语言（非文化）翻译策略搭配使用。

（二）操作性翻译策略的统计

根据以上操作性翻译策略的分类，笔者对样本进行分类统计，结果如下表（见表1）：

表1　翻译宗教内容时采用的翻译策略统计表

序号	翻译策略	林译		黄译	
		使用次数	百分比(%)	使用次数	百分比(%)
(i)	语言（非文化）翻译	6	10	18	30
(ii)	语言翻译+文本外注解	0	0	38	63.3
(iii)	文本内注解	2	3.3	0	0
(iv)	通用化	5	8.3	1	1.7
(v)	归化	8	13.3	3	5
(vi)	删除	39	65	0	0
(vii)	自主创作	1	—	2	—

从表1我们可以清楚地看出，林译本和黄译本所采取的操作性

① Cheung, M. “The Discourse of Occidentalism? Wei Yi and Lin Shu’s Treatment of Religious Material in Their Translation of Uncle Tom’s Cabin,” *Translation and Creation*. Ed. David Pollard. Amsterdam/Philadelphia: John Benjamins Publishing Company, 1998, p. 260.

翻译策略形成了鲜明对比。就前六种翻译策略而言，样本中出现的60项宗教内容中，林译本使用删除策略高达39项，占65%；加上通用化和归化策略，替代性或可接受性策略所占比例高达86.6%。而黄译本中语言翻译和语言与文本外注解相结合的策略居多，60项中的56项（93.3%）均在此列，而替代性翻译策略仅占6.7%。此外，值得一提的是，样本中包括的8个章节开头部分的《圣经》引言，在黄译本中均被保留，而林译本中全部被删除。

此外，自主创作策略在所选样本中林译本出现1例，黄译本为2例。单就此项而言，似乎黄译本更倾向于可接受策略，但相比其他占主导地位的翻译策略，此项翻译策略所涉实例过少，所占比例甚微，不足以改变上文中有关两个译本翻译策略倾向的判断。并且，若非受宗教内容翻译所限，林译本中的自主创作译例可谓比比皆是，而黄译本则更为忠实于源文。

根据上文统计数据可见，就翻译策略而言，林译本倾向于可接受性，而黄译本更遵守充分性原则。前者有意接近译入语语言文化，后者更贴近源语文化规范。

三、语言之于文学的重要性

语言不仅仅是表达思想的工具，语言与思维的关系非常复杂。著名的萨丕尔—沃尔夫假说包括语言决定论和语言相对论。前者是指人们所使用的语言在某种程度上决定了其世界观。后者是指不同语言的使用者看待世界的方式是不同的。总的来说，语言决定论有两种，一种较为绝对，一种较为温和。绝对的语言决定论认为，语言决定思维。从这个角度看，翻译活动不可能进行。事实上，这一观点一直受到批判。温和的语言决定论认为，人的世界观可能受其语言的影响，因此讨论的重点从决定性作用弱化为潜在影响力。此外，语言和思维的关系是双向互动的，也就是说，语言亦受到其使用者世界观的影响。

文学是语言的艺术。萨丕尔在阐释语言与文学的关系时指出，"语言不只是思想交流的系统。它是一件看不见的外衣，披挂在我们的精神上，预先决定了精神的一切符号表达的形式。当这种表达非常有意思的时候，我们就管它叫文学。"① 萨丕尔并未明确什么语言表达足够"重要"能被称为文学，他宁可"将文学视为理所当然"。② 他的这一主张是否合理不在本文讨论范围之内。但他确实突出了语言对于文学的重要性。语言赋予文学作品"预定的"形式。"内容"与"形式"紧密相连，媒介的使用与意义的塑造密切相关。萨丕尔进而指出，"思维只是褪去外衣的语言。"③ 上述观点对文学翻译活动具有很强的解释力，不仅凸显了翻译活动本身的挑战性，而且从理论上为语言差异对翻译策略选择产生影响奠定了基础。

四、语言差异对翻译策略选择的影响

翻译是通过语言转码实现跨文化交际的活动。语言是文化的载体，但也可能对文化的传播构成障碍。在译者通过翻译活动引入新的语汇，及"大量独具风格的字码和资源"④ 之前，译入语传达源文信息的有效性与翻译活动息息相关，或加快翻译进程，或阻碍信息传递，在翻译中形成掣肘。

本研究所涉及两个中译本最显而易见的区别在于所使用语言形式的不同，林译本采用了文言文，而黄译本则采用了白话文。二者虽同属一种书写体系，但无论从语用角度还是本体论角度均存在较

---

① Sapir, E., *Language*, New York: Harcourt, Brace and Company, 1921, p. 236.

② Ibid.

③ Ibid. p. 239.

④ Lefevere, A., eds., *Translation, History and Culture: a source book*, p. 46.

大差异。20世纪初中国的新文化运动批评文言文是中国封建文化的载体和构成要素。不少文学界的知名人士批评文言文不便于表达新思想，提倡通过"欧化"进一步丰富文学语言。例如，胡适认为："只有欧化的白话方才能够应付新时代的需要。欧化的白话文就是充分吸收西洋语言的细密的结构，使我们的文字能够传达复杂的思想，曲折的理论。"[①] 暂且不论是否应该将"欧化"抬到如此高的地位，其对现代汉语的发展所产生的影响确是毋庸置疑的。"欧化"的过程不仅丰富了现代汉语语汇，还在句法、修辞和风格等层面推动现代汉语全面发展。

罗纳德·沃德堡（Ronald Wardhuagh）指出："语言是用于人类交际的任意发音符号体系。"[②] 据此，语言是一种交际工具，这一点被广泛地视为"可译性"的依据，因为既然语言是由传播信息的"任意符号"构成的，那么相同的信息自然可以用不同的语言进行表达和传播。然而，在翻译西方著作的过程中，文言文显然不如句法和词汇与英语更为贴合的现代白话文来得容易。

首先，使用文言文传播西学凸显语汇不足，也成为晚清译者普遍面临的挑战之一。晚清译者作为西学译介的先行者，往往需要花费大量时间和精力推敲和确立西学新概念的中文译名。林纾就曾提议"由政府设局，制新名词。"[③] 而晚清另一位知名翻译家严复在其译著《天演论》的序中表示，"新理踵出，名目纷繁，索之中文，渺不可得……一名之立，旬月踟蹰。"[④] 林纾和魏易林在翻译"Jerusalem"一词时，就至少采取了三种方法：一是将其删除；二是将其翻译成"基督自由之京"；三是将其译成"雅露撒冷"。一

① 王宏志："'欧化'：'五四'时期有关翻译语言的讨论"，见：谢天振编，《翻译的理论建构与文化透视》，上海：上海外语教育出版社，2000年，第135页。

② Wardhaugh, R., *Introduction to Linguistics*, 2nd ed., New York: McGraw-Hill Book Company, 1977, p.3.

③ 薛绥之、张俊才：《林纾研究资料》，福州：福建人民出版社，1983年，第7页。

④ 王克非编著：《翻译文化史论》，上海：上海外语教育出版社，1997年，第123页。

词多译在某种程度上显示了译者在翻译外来词时的不确定性。与此形成对比的是，黄译本中“Jerusalem”均译为“耶路撒冷”。究其原因，20世纪80年代，“耶路撒冷”已进入现代汉语语汇，成为公认的正确译法。

相较于文言文，现代汉语语汇更丰富。随着相关译介活动的不断发展和推进，不少西学概念伴随在中国的传播而不断融入现代汉语，外来词大大丰富了现代汉语的词汇，其中有的是借鉴外国术语，有的是赋予现有汉语词汇新的意义。[①] 不少学者指出《圣经》在中国的翻译对现代汉语产生了影响。五四运动时期，学界曾围绕文言文和白话文展开激烈争论。一些保守派中国学者认为，白话文就是《马太福音》中使用的语言。对此，鲁迅表示：“《马太福音》是本好书，很应该看。”[②] 周作人亦指出，“《马太福音》确是中国最早的欧化的国语，我又预计它与中国新文学的前途有极大的关系。”[③] 正如周作人所预料的，很多《圣经》语汇和意象，如“上帝”、“伊甸园”、“审判日”等被中国现代作家广泛使用，其简洁自然的语言风格以及深刻的思想亦为现代中国文学所借鉴。不少中国现代作家都受到《圣经》语言的影响，这种影响在其作品中得以体现。[④] 在借鉴外国文化的过程中，很多外国概念经反复使用融入汉语体系。基于现代汉语语汇的丰富，以及基督教对中国现代文学的影响，黄继忠在用现代汉语进行翻译时，不仅能够轻易地将源文中的宗教信息在译文中忠实再现，而且忠实于源文的翻译策略选择亦符合当时的文学思潮。

其次，从句子和篇章结构看，文言文形散而神不散，结构虽松散，语义却有较强的连贯性和完整性。例如，句子主语在很多情况

① 王力：“汉语浅谈”，《王力文集》第3卷，济南：山东教育出版社，1985年，第680页。

② 许正林：“中国现代文学与基督教文化”，《文学评论》，1999年第2期，第120页。

③ 杨剑龙：“基督教文化与二十世纪中国文学”，《江苏社会科学》，1999年第1期，第130页。

④ 王本朝：“基督教与中国现代文学的文化和文体资源”，《湖北大学学报（哲学社会科学版）》，2001年第2期，第64页。

下皆被省略。而英语为达到语义一致性则非常注重篇章的连贯和衔接。一般情况下，句子主语明确，常常使用指代、替代、连词等手法。上述特征凸显汉语文言文与英语在结构上的差异。而现代白话文既继承了文言文的一些句法特征，但也在文言文的基础上进行了重要演变。很多句子都有了明确的主语，同时采取各种形式的方法手段确保篇章的连贯性和完整性。

再次，文言文和现代汉语在一定程度上代表了不同的思维方式。文言文在很大程度上是一种书面语言，与日常口语较少关联，被应用于中国经典中已有几千年历史，本质上体现并塑造着中国传统哲学思想。换言之，文言文与中国传统价值观的相关度很高。阅读文言文作品，读者很容易产生带有中国传统价值观特点的“预设”（pre-understanding）。鉴此，对当时饱读中国国学经典，且深受传统哲学思想影响的中国知识分子读者而言，《黑奴》使用的文言文是最合适的语言。

而在现代汉语背后隐藏着新思维方式。马歇尔·麦克卢汉（Marshall Mcluhan）表示，新媒介的使用是社会和人类精神状态发生根本变化的主要原因。[①] 随着新元素的融入，现代汉语的语言表达能力得到扩展，语言使用者的思维亦悄然发生变化。沃尔夫说：“世界是由万花筒般的无穷印象所呈现出来的，这些印象须由我们的大脑组织——这就意味着由我们大脑的语言系统来组织。”[②] 无论现代汉语是以何种方式被“欧化”，其结果都是为语言使用者提供了新的概念和视角来了解世界。如此一来，现代汉语使译者能较为自如地传达源文的西学思想，亦有利于读者体会源文的异域文化特色。

人们可能会质疑林纾和魏易为何不使用白话文进行翻译，因为

① McLuhan, M., *Understanding Media: The Extensions of Man*, New York: McGraw-Hill, 1964.

② B. L. Whorf, “Science and Linguistics,” 1940; *Language, Thought and Reality*, J. B. Carroll, ed. Cambridge, MA: MIT Press, 1956, pp. 213-214.

早在他们翻译《黑奴》之前，国学大师王国维就已推动汉语“欧化”和新词语的引进。[①] 在此，须区分晚清和五四运动期间及之后对待白话文的态度。周作人曾阐述道：“……现在我们作文的态度是一元的，就是：无论对什么人，做什么事，无论是著书或随便地写一张字条儿，一律都用白话。而以前的态度是二元的：不是凡文字都用白话写，只是为一般没有学识的平民和工人才写白话的……但如写正经文章或著书时，当然还是作古文的，因此我们可以说，在那时候，古文是为‘老爷’用的，白话是为‘听差’用的。”[②] 由此可见，在晚清时期，使用文言文仍是身份地位的象征，白话文的使用者大多受教育程度较低，在当时社会居于边缘地位。《黑奴》的译者赋予该译著唤起民族觉醒的重任，其主要目标读者是当时社会的士大夫阶层，故而使用文言文也就不足为奇了。

在此过程中，翻译和译入语语言系统的互动显而易见。翻译通常被视为传播外国概念、思想和表达方式的媒介，同时被移植到译入语文化的“异质性”无疑是对该文化和语言体系的补充和丰富。另一方面，得到丰富的语言和文化体系，例如扩大了的语汇，将为后来的译者提供更多资源，并为读者了解翻译作品中的异域元素提供充足的背景知识。从这个意义上说，《黑奴》的译者在翻译过程中比起后来的译者遭遇了更多的挑战，这就从语言转换这一实际操作层面反映了两个译本选择不同翻译策略的原因。

五、结语

通过比较两个中译本对源文宗教内容的处理，本研究发现《黑

① 王宏志：“‘欧化’：‘五四’时期有关翻译语言的讨论”，谢天振编：《翻译的理论建构与文化透视》，上海：上海外语教育出版社，2000年，第129页。

② 周作人：《中国新文学的源流》，上海：华东师范大学出版社，1995年，第56页。

奴》采用了可接受性翻译策略，将源文中大量宗教信息进行删除或归化处理，《小屋》则基本保留了源文中的宗教内容，并在很多情况下对其进一步解释说明，采纳的是充分性翻译策略。但并非译者所采纳的所有操作性翻译策略都与其选择的初始性翻译策略吻合。

译者在特定环境下做出翻译策略的选择，包括语言在内的社会文化因素皆为历史变量，随着时间的推移，自然将发生变化，而相关变化在对翻译策略的选择中得以体现。翻译是以语言为媒介的跨文化交际行为，任何翻译策略的选择都受语言转换的影响，并通过语言操作得以应用。语言是思想的载体。文言文在相对封闭的中国传统文化环境中产生和发展，从词汇、句法、语篇、所代表的思维方式等层面均与源语相距甚远，因此林译本采取可接受性翻译策略，不仅是译者主观上迎合主要目标读者的需要，一定程度上也是客观上受到了译入语语言制约的结果。而现代汉语经历了某种程度的“欧化”，从语言形式到对西学思想的包容与传递能力都较之文言文有了大的发展，译者因此可以自如地采用充分性翻译策略。

鉴于两个译本的代表性，本研究结果在一定程度上反映了20世纪两个翻译高潮期的翻译规范。从相关译者所采用的翻译策略，可以窥见不同时期译者翻译策略选择的总体情况。20世纪初，译者倾向于遵守可接受性原则，至世纪末，充分性策略却更受欢迎。也就是说，20世纪第一次翻译高潮期，文学翻译更倾向于遵循中国文化规范；但到20世纪后20年，中国译者对源语文化规范的接受程度明显提高。

试论日语语言教学中的“和”文化认知

外语系　张玉玲

日本文化归结起来就是一个“和”字。这种“和”文化具有双重性：日本人崇尚以“和”为贵，而又待人敬而远之；日本人团体意识极强，团体意识之“和”有其积极作用，又有排外的消极作用。我们应当充分认识日本“和”文化的这种双重性质。

一、“和”文化的由来

生活在山地为主、国土狭窄、四面环海、由四千个岛屿组成的岛国上的日本民族，自古以来除了依赖大自然和地理气候环境给予的恩惠之外，不得不与朝夕与共的周围人们和睦相处，在千年岁月中形成了以和为贵的“和”文化意识。公元539年圣德太子执政时，为了抑制贵族诸侯间的权势纷争，保障国家安定统一，制定了日本历史上第一部律法——《十七条宪法》，从法律上确保了“和”主张。

日本是相对单一的国家，一直沿用至今的“大和民族”一词中的“大和”二字，一是取之于建都地名（即南大和飞鸟地区），二是因为“和”字展示了日本民族之魂。有名的十七条宪法第一条为“以和为贵”；而“大”字，对外显示民族自豪，对内昭示坚决推崇“和”为国家之本的决心。[①]

二、以“和”为贵的意识及语言表现

温文尔雅的花道和茶道是具有代表性的“和”文化活动，古时是贵族、武士等上流社会人们的雅兴，后来作为传统文化广为民间接受并时兴起来。现在的日本人，工作之余或与亲朋好友插花品茶、修心养性共度闲暇，或以操作规程细腻、气氛庄重祥和的插花、茶道仪式款待异国他乡客人，宾主静心领略眼前和式陈设、原始粗瓷、天然碧茶和窗外小巧美丽的庭院中的日本文化氛围，在这种平和安宁的氛围中酝酿友好意念，强化“和”意识。

这种“和”意识表现在语言上的特点之一是：表达讲究礼貌、委婉，表态暧昧、模糊。

日本人很注重与亲属、同事、邻里以及所有能接触到的人和睦相处，以礼相待。为避免争执和冲突，严守孔孟儒家之道，主张论资排辈，男尊女卑，以维护井然有序的社会秩序。因此交谈时涉及对方和尊长的事物和行为往往用敬语词头、敬语动词、助动词和敬语句型。

日本人考虑问题注意设身处地，体谅对方心情。例如，当听对方陈述或讲解时，一边不住点头，一边随声附和，以表示自己很恭敬，一直在认真听。

拒绝对方的请求时语气更加委婉，生怕伤了和气。例如，日方考察中方某项工程时，中方希望日方投资。日方则先称赞该工程如何有意义，规划如何合理，谈到投资问题时则说“投資ということですね、後で考えさせていただけませんか”（关于投资一事，请允许我再考虑考虑。）或者“これから考えましょう（再考虑考

① 井上清著、闫伯纬译：《日本历史》，西安：陕西出版集团、陕西人民出版社，2011年版，第21页。

虑）”。对于不精通日语，不了解日本人的表达方式的中国人来说，初次交涉能有这样的回答，往往感到满意，以为很有希望，期盼着下次谈判。其实对于日本人来说，说“考虑考虑”就意味着没有下一次了。

若向对方提意见则更是苦下功夫。例如，一位主妇因讨厌邻居家钢琴的吵闹声，明明是去提议的，却以“いいお天気ですね。”（今天天气很好啊）的寒暄开始，然后谈天道地拉家常，“午前中に洗濯を三回もしました”（今天上午洗了三次衣服）、“野菜の値段がありました”（蔬菜涨价了）等等，待到离开前才说“おじょうさんのピアノが上手ですね。ちょっと本当にすみませんね”（您女儿钢琴弹的真好啊。只是稍稍……真是对不起呀），“……”省略号的本意不说出口。像这样含有弦外之音拐弯抹角的话语，中国人很可能不明白此主妇的来意，而日本人之间一听就明白对方是来提议的。

三、团体意识之“和”

日本人重视“和”文化关系体现在对团体意识的重视。团体意识即集体主义。一般认为集体主义就是：在处理个人与集体之间的关系上，要时刻把集体主义放在首位。无论想什么还是做什么，一切都要以集体为中心，集体的利益高于个人利益。

与中国人和日本人相比，欧美人更崇尚民主与自我。大多数中国人都认为欧美人那种我行我素的做法非常潇洒，很有个性，而且令人羡慕。中国人推崇集体主义，每个人从小在学校就受到“集体的利益高于一切”，要做到“公而忘私”的教育。中国人将热爱集体关心集体作为评选优秀学生或先进工作者的一条标准来衡量。日本人有很强的集团意识，日本人从古至今都是尊崇集体主义的，并以此作为整个国家和整个民族的精神核心。

日本人非常重视保持人际关系的和谐，他们强调的集体主义表现在个人与集体并非对立，而是融合为一体，个人与集体始终要和谐共存。离开集体的话，个人就无法生存。在日本社会里为了集体的利益者已明确的目标，人们都会自觉地勤奋工作，无论在任何时候，都要优先考虑集体利益，个人利益的得失则被放在次要位置。这种表现正如中国人所讲的："厂兴我兴，厂荣我荣"。比如，当日工作未完成，即使上司没要求部下加班，部下也会自觉自愿地干完活再回去。虽然自己有更紧急的事情需要处理，但公司的公事要比自己的私事更重要。再如，当公司的上司或同事邀请喝酒时，不管自己多么不愿意，不管自己有多么重要的事情需要办，也要爽快地答应，接受邀请去赴约。这种情况下，日本人一般都不会拒绝，因为自己一个人不能破坏了大家所认定的规矩，否则就会被视为个别分子，受到别人的议论和疏远，甚至遭受到孤立。仔细想一想，这也许就形成了日本人特有的"建前"（表面）、"本音"（真心）[①] 的双重性。日本人的这种集体主义就是不允许集体内部有懒惰者存在，也不允许有不顺从者存在，更不允许有个别分子存在。

日本民族就单个人来说，待人处事的原则是以"和"为贵，并敬而远之。作为日本民族整体来说，"团体意识"（或称作群体意识）极强。团体意识强是日本民族性的最大特点之一。是"和"文化的另一种表现形式。

（一）团体意识之"和"的积极作用

棒球运动是表现日本人默契、团结、拼搏精神的最有代表性的"和"文化运动。两"军"对垒，攻方的每一个队员都必须具有背水一战、一往无前的精神。有时为保障顺利获分，还须有点"自杀"精神。守方必须具备团结协作、死守不殆的作风。日本的男女

---

① "表面"和"真心"是大和民族特有的表现艺术。前者是表现在表面的，后者是内心所想的，要说两者之间的差距有时具有天壤之别都绝不言过。如何透过"表面"准确地抓住"真心"是日本人从小训练的积累。总而言之，在日常生活中对不直截了当地表达自己意思的日本人所言之事，从字面上去单纯理解的话，那是十分危险的。

老少之所以着迷于此项运动，与其说是比赛本身扣人心弦，莫如说是因为想去感受最能表现本民族的“和”文化氛围——万众一心惊天动地为之鼓劲加油的呐喊声和成千上万的观众参与的壮观场面，更令日本人振奋。

日本人的团体观念突出表现为视工作单位为家。日语中的“うち”这个词的日文汉字是“家”和“内”。对外人谈及本单位时总是说“うちの社長”（我们总裁）。一般情况下，一旦在某单位就职，便终身为之效力。提倡“呼吸を合わす”（合拍）、“心を合わせる”（合心）、与集体不合拍的人，往往遭到别人的“白い目で見る”（被人翻白眼），为众人所唾弃。若不是因为迁居和某些特殊理由，日本的正式职工一般不跳槽，跳槽被认为是没有责任心不忠诚的行为，非但会遭到歧视，就连外单位也宁可培养新手。人们不但自觉维护本单位的利益，而且很注意自己的行为规范、唯恐有损单位声誉。

中国有句俗话“一个和尚挑水吃，两个和尚抬水吃，三个和尚没水吃”。日本人却认为一个和尚挑两桶水的话，两个必然挑四桶，三个当然是挑六桶。有一谚语“三人寄れば文殊の智恵”（三个猪八戒顶个诸葛亮），人多力量大，智慧多。

群体、团体、乃至民族意识之“和”，有极大的潜在能量和凝聚力，对振奋民族精神，振兴国家经济建设有巨大威力。日本之所以战后迅速发展为“经济大国”，应该说这种民族之“和”的意识是原动力。

（二）团体意识之“和”的消极作用

日本人在内部无论有多大分歧，对外时仍能保持一致。以日本某在野党为例，在日本国内坚决反对执政的自民党。当初甚至不顾中日两国人民的友好愿望，反对中国与日本建立国家之间的正常外交关系，在他们看来，中国与日本建交就是支持执政的自民党。但是，在日本国内也有下面的事实。某城市的该在野党的组织，为争取议会的席位，为了迎合自民党，在大选前公然在公开宣传中表示要与自民党联手一致对外，以此举达到收买人心拉选票的目的。

纵观日本历史，一致对外的“和”意识最初来源于群体意识。追溯到六世纪日本统一之前，各地区贵族、诸侯为争夺势力范围，煽动和利用本地区、本家族的群体意识为之服务。日本统一之后为抵御外民族入侵，原群体意识上升为民族团结意识。明治维新之后，日本政府实施了对外扩张，对内让步的富国改革政策，对外发动了中日甲午战争。从封建制中半解放出来的日本国民，因得到了一些实惠，虽然对政府有所不满，要求减租减税，却无反战情绪。相反，据井上清先生所著的“日本の歴史”(日本历史)一书中记载，议会和某些非执政党派甚至对执政党的对外侵略和扩张政策采取了一致对外的迎合态度。畸形发展的资本主义，必然走上对外扩张的军国主义。毫无疑问少数军国主义是发动战争的罪魁祸首。但是对外扩张的思潮之所以能够迅速的膨胀，不能不说是利用了日本狭隘民族主义，即一致对外的“和”文化意识。

反过来说，这种狭隘民族意识之“和”正是滋生优劣民族之说，民族沙文主义和军国主义的土壤，它使日本从“以和为贵”这一端走向另一端。

四、“和”文化与日语语言教学

语言作为交流、交际、交易的工具，是为该民族的政治经济服务的。[1] 日本语言的字里行间及各种表达方式中无不浸透着“以和为贵”的文化意识。作为中国人学习日语语言，了解日本文化的目的，是更好的以日本人的思维方式和语言习惯，与日本人更融洽地和平相处，友好往来，从而促进交流和合作，达到更有效地为祖

① 陈运香:《萨丕尔—沃尔夫语言相对论对语言文化对比研究的启示》,《西安外国语大学学报》,2007年第01期，第28—31页。

国的经济建设服务，为中日两国人民的共同利益服务。如果看不清“和”文化的另一面，就不可能认识到当前国际贸易及各个领域内的交流与合作的艰难性和复杂性，就会因对对方认识上的不足，或因对语言实质理解上的偏差，不自觉地造成损失。在日语教学当中，一些不同人际交往的场合使用的语言特别能够表现日语的特点，我们也应当引导学生在这样一些场景的会话中来具体地体会和把握日语的“和”文化实质和表现这种文化的语言工具。语言教学中需注重以下几个方面：

（一）不同场合的客套和礼貌用语

例如：到别人家去做客，说“お邪魔いたします”（给你添麻烦了或来打扰你了），送给别人礼物说“つまらないものですが，どうぞ，お召しあがってください”（不是什么好东西，不过，请品尝），收受别人礼物时说“これはこれは，大変ありがとうございます”（这么好的东西，真是太感谢了），在（别人请客）就餐前说“いただきます”（那我吃了或那我不客气了），吃完以后说“ごちそうさまでした”（我吃完了），在告别的时候说“それじゃまた”（那就再见）。如何理解和把握这些用语呢？在这些具有一定的实质性交往内容的场合，日本人突出的是使用谦卑语放低自己的身段和表示对对方的好意及关照的发自内心的谢意。

（二）如何回应别人的表扬

如前所述，首先要学生分清表扬的真实含义，所以也不能像中国人一样一味地以自谦来回应。学生对“日本はすばらしいです”（你的日语很好）这样的表扬最多的回应是“ありがとう。これからもがんばります”（谢谢你的夸奖。以后我还要进一步努力）。对这种直白的大实话，日本人会感到突兀。应该谦逊地（其实也是实事求是的）说：“いえいえ，まだまだですよ”（哪里哪里，还差得远），或者还可以加上“これからいろいろ教えていただきます”

（以后要向你请教呢）。而对于“おもしろいです”（想法很有意思）这样的表扬，则回答“もっと深く考える必要があると思います”（我觉得还需要进一步深入思考）要好一些。

（三）拜托、请求或强求的情景

中国人习惯直截了当地说出自己的请求或要求，而在日本人来说，是一件很为难的事情，却又因为不得不如此而踌躇再三最后说出，这是日本人在请求别人是必须实现营造的一种气氛。中国学生的习惯是直接说出自己的想法（请求或要求），尽管在前期教学中已经教过一些相关的说法，但是在会话练习中几乎所有人都弃之不用。其实，这些说法并不是诸如我遇到什么困难不得不求你帮忙一类实质性的说法，而是一种客套话，这是重点。如“たいへん申し訳ないんですが”（实在是不好意思或真是对不起你），或“実は……”（有这么一件事）等说法就是为此而用的。特别要说明，“実は……”就是强求，只是，说话的重点是放在“我遇到了这么一件事”也就是不得不请你帮忙的意思，这是一种含蓄的强求。

五、结语

用基于文化和文化差别的思路来统领外语教学，特别是在言语即语言使用（语用）的实践中对学生进行针对性的讲授和练习，其效果是明显的。[①] 事实上，在这样的教学方针贯彻一段时间以后，学生的中国式日语的表达大大减少，这不仅使他们的会话能力得到提高，也在日语写作中见到了效果。文化和语言教学关系这个大课题则需要更多的时间来进行研究和摸索，我们将继续下去。

① 黄清贵：《从语言到语用：理论与实践》，厦门：厦门大学出版社，2009年版。

高校双语教学中网络课堂的实施及其影响

——以《国际金融学》课堂为例*

国际经济学院　邓　鑫

进入21世纪后，高校双语教育是提高高校教育水平、实现教育国际化的重要举措。教育部[2001]4号文件《关于加强高等学校本科教学工作提高教学质量的若干意见》明确提出：按照“教育面向现代化、面向世界、面向未来”的要求，为适应经济全球化和科技革命的挑战，本科教育要创造条件使用英语等外语进行公共课和专业课教学。特别是在信息技术、生物技术、新材料技术等专业，在金融、法律等专业，以及国家发展急需的专业领域开展双语教学。[①] 2007年,《教育部财政部关于实施高等学校本科教学质量与教学改革工程的意见》[②] 和《教育部关于进一步深化本科教学改革全面提高教学学质

---

* 本文是2014年外交学院教学管理及改革的研究与实践项目《双语教学中网络课堂的实施及其影响》的阶段性成果。

① 教育部:《关于加强高等学校本科教学工作提高教学质量的若干意见》，教育部官网，2001年8月28日，http://www.moe.edu.cn/publicfiles/business/htmlfiles/moe/moe_18/200108/241.html，2015年7月18日登录。

② 教育部:《教育部财政部关于实施高等学校本科教学质量与教学改革工程的意见》，教育部官网，2011年7月1日，http://www.moe.gov.cn/publicfiles/business/htmlfiles/moe/s6342/201109/xxgk_125202.html，2015年7月18日登录。

量的若干意见》[①]又提出了高校双语教学的重要性及具体战略。

另一方面，在网络时代的今日，巩固传统课堂阵地，抢占网络课堂阵地，成为高校实现高等教育内涵式发展的必然选择。网络课堂作为一种多功能、多载体的辅助手段是对传统教学模式的一场革命。近年来，国家教育主管部门大力提倡网络课堂的运用，并通过组织各种培训和各层次的网络课堂大赛来推进网络课堂应用的普及及应用水平的提高。

现有文献关于双语教学的研究成果主要集中在双语教学的实践方式、考核形式以及教师培训等方面，关于网络课堂的研究成果则主要集中在高校网络课堂的应用现状、具体实践手段、教学评估系统设计以及未来发展的前景。然而，很少有将网络课堂、在线学习与高校双语教学结合起来的这方面研究。那么，网络课堂在高校双语教学中有哪些辅助作用？如何将网络课堂的优越性与双语课堂的教学环节有机结合起来？网络课堂对双语教学又将产生怎么样的教学和科研影响？本文将带着以上问题，首先思考双语教学与网络课堂各自的定义与主要特征，并以笔者《国际金融学》双语教实践经验为例，分备课、授课、答疑和考核几个阶段介绍网络课堂在双语教学中的实施情况及其效果分析。该课程英文使用比例为80%—100%，选用的是Michael H. Moffett等人编写的《Fundamentals of Multinational Finance》的英文版教材第四版。

一、双语教学与网络课堂各自的定义与主要特征

（一）双语教学的定义与主要特征

所谓双语教学，是指教师在学科教育中交互使用母语和外语甚

① 教育部:《教育部关于进一步深化本科教学改革全面提高教学质量的若干意见》，教育部官网，2007年2月17日，http://www.moe.edu.cn/publicfiles/business/htmlfiles/moe/moe_1464/200704/21825.html，2015年7月18日登录。

至完全使用外语进行教学活动，以满足学习者的工具型的学习动机和融合型的学习动机。通俗而言，就是在非语言学科中，用母语进行学科教学的同时，用非母语进行部分或者全部教学的教学模式。[①] 从教学应用形式看，根据两种语言组合结构的不同大致分为两类：串联式和并联式。串联式应用是指教学过程中同一内容只采用一种语言进行描述。并联式应用是指同时使用两种语言——母语及第二外语对同一知识进行描述。

从定位上看，双语教学是通过“双语教学”来促进语言能力的发展，培养学生同时使用母语和第二语言进行思维，并能在两种语言之间根据交际对象和工作环境进行切换，最终形成一种“双语型”语言思维。[②] 双语教学与专业英语教学、外语教学既有联系，又有区别，双语教学是兼用外语和汉语来讲授学科专业知识，它不是以语言教学为目的，而是以讲授某种专业知识为主线。双语教学的重点是将外语学习提高至语言运用的层次，是运用外语工具传授学科知识的新途径。

从教师的能力要求看，教师的语言熟练程度、教学态度与教学能力都会影响到学生的学习效果。而语言只是载体和形式，是一种表象，它背后的文化因素影响着教师的思维方式，而这种思维方式又决定着教师对另一种教育模式接受程度。[③] 而带有中国特色的双语教学模式绝不是全盘西化，而是通过向西方学习发展一套中西融合的、优于中西单向教育的教学模式。这实际上涉及双语教师的认知与沟通能力。[④]

① 曾伟、郑汉金:《国际经济与贸易专业双语教学研究与思考》,《双语学习》, 2007年第7期，第107—112页。

② 晋建秀、陈艳峰:《高校双语教学现状与实践探析》,《北京大学学报(哲学社会科学版)》,2007年5月，第288—290页。

③ Baker, C. and Jones, S. P., *Encyclopedia of Bilingualism and Bilingual Education*, Clevedon: Multilingual Matters, 1998, p.464.

④ 安然:《双语教学能力培养模式探讨》,《北京大学学报(哲学社会科学版)》,2007年5月，第1—4页。

（二）网络课堂的定义与优势

网络课堂是基于互联网络的远程在线互动培训课堂。其标准使用状况是：学生在连接互联网的计算机上安装网络课堂客户端软件或直接使用浏览器，再使用由网络课堂管理者提供的账号登陆客户端，即可参加由学校提供的在线课程。标准的网络课堂系统应具备完善的教学管理平台，可实现对学校、讲师、学生和课堂的管理，拥有文档播放、视频语音交互、网页共享、文字交互、课程录制、课堂数据统计和下载等功能；还应有众多个性化细节设计，如：公聊、私聊、答疑、申请发言、指定学生进入提问席、在线投票、在线考试等。

网络课堂的主要优势包括：

1. 共享性与开放性。

网络课堂的核心就是教学资源共享、协同浏览，可以突破时空界限，降低教学成本，扩大了教学的范围，延长了课外教学时间。教师可以全面、及时地将相关网络课程或其他资源的链接、有关学科最新进展的资料或线索、社会热点问题，最新资讯等与学生的共享。

2. 交互性与平等性。

教与学的过程是一个教师与学生、学生与学生交流的过程。在网络课堂给广大学生充分的言论平台，学生们通过小组讨论，相互答疑，实现了传统课堂上难以全面展开的互动合作。网络课堂还将原有的师生关系转变为平等的网友关系；学生可以对教师教学效果做出及时反馈，这有利于教师适时调整教育方式方法。

3. 主动性与灵活性。

教师可以为学生做“贴身”辅导，轻松管理学生学习进度，采取灵活多变的教学方式，提升教学趣味性和全面性；学生则可以自由选择专业话题展开讨论，激发其学习主动性与创造性。

4. 智能性与科学性。

网络课堂可以方便及时地通知师生各项教学和考试活动，教师可以借助习题库随机出题或组卷，学生可以实现无纸化的作业提交和在线考试。这一过程科学智能、省时省力，有利于教师全面评估学生学习情况以及合理安排与改善教学过程。

（三）网络课堂与传统课堂的关系

网络课堂与传统课堂是二位一体的关系，网络课堂不能取代传统教学，传统教学需要网络课堂的配合和支持。传统理论课堂更多注重于知识系统化、理论化，有浓重的“灌输”色彩，凸显理论“内涵”，强调教育的“价值”，是典型的“显性教育”。而“网络课堂”以建构主义为基本理论，认为“知识不是被动地接受，而是由认识主体积极地建构。在教学上，它强调学生的主动性和主体性，重视学生已有知识对学习的影响，提倡学生之间、师生之间的交流和对话，尽量让学生有时间和机会表达自己的见解，提出自己的观点，通过讨论、争辩形成统一的认识”。[①]

二、网络课堂在双语教学中的实施情况——以《国际金融学》教学为例

（一）双语教学备课阶段网络课堂的建设

在双语教学备课阶段，要树立以下目标，即改变传统的在课堂上由教师照本宣科的“注入式”教学方法，代之以通过“先入为主”的方式实现“以学生为中心”的新型教学模式。因此，为了帮助学生在实际教学过程中扫清语言障碍做好准备、提前了解学期完整的教学安排，激发学生的专业学习兴趣，任课教师需要在学期开始

① 李秀强:《科学网络课堂教学模式》,《科协论坛》，2007年第6期，第11—13页。

前，提前搜集并整理所有必要的教学材料和学生自学资料，并详尽填写网络课堂各大栏目的基本框架和内容。

以《国际金融学》课程为例，网络课堂栏目主要包括课程介绍、教学大纲、教学日历、教师信息、教学材料、课程作业、习题试卷库等。其中，课程介绍栏目重点向学生介绍教师信息、课程目标、中外经典教材、专业英文工具书、中外专业财经网站以及数据库网站；教学日历栏目详细介绍学期教学进度、教学安排以及对学生每个阶段的具体任务要求；教学材料栏目上传教学演示文稿、课外阅读资料、研究报告、课外专业双语视频音频等参考资料；在试题库录入每章试题及其参考答案（以客观题为主、主观题为辅），以便在授课阶段可以适时布置在线测试。以上备课资料以英文为主、中文为辅发布。

（二）双语教学授课阶段网络课堂的使用

在双语教学授课阶段，为了真正实现“以学生为中心”的教学模式，教师可以充分利用网络课堂的特性和优点，采取合适的激励措施督促学生务必在每节课之前进行充分的预习准备。教师在现实的课堂讲解时可以不再拘泥于演讲文稿和教材的顺序，而是可以采取更多元化的教学形式丰富课堂。例如，以传统板书形式讲解理论重点、难点、各知识点之间的衔接，讲解近期学生在网络课堂上最集中讨论的问题；鼓励学生用英文分组讨论案例、辩论话题以及计算金融解决方案；利用网络课堂上的视频音频的节选片段，将专业理论与实际问题结合起来探讨分析；同时还可以根据网络课堂所统计出的学习时长、作业完成情况、在线测试成绩和答疑讨论参与度等情况，给学生必要的提示和适当的奖惩。

由于《国际金融学》课程的许多金融理论与现实金融世界密切相关，还涉及大量中外经典案例和投资套利、风险对冲等方面相关的实际应用计算，授课阶段应以网络课堂上学生自学和讨论情况为前提，利用传统课堂上师生面对面接触的优势，为师生互动创造更多机会，重点从听、说、用等多个角度锻炼学生用英文理解、表达和解决专业金融理论和问题的能力，激励学生自主寻找解决问题的途径。

（三）双语教学答疑考核阶段网络课堂的维护

双语教学的答疑和考核阶段，是对学生、教师进行较为全面评价和考核的重要阶段。由于双语教学的讲授阶段通常会占用比中文教学更多课时，教学进度也通常较慢，留给学生答疑解惑的时间明显不足。同时，要及时全面地考核双语教学效果，检测全班同学的学习情况，单靠期中期末的卷面笔试明显不够。因此，答疑和考核两个环节通常成为高校双语教学的难点和重点。

借助网络课堂的特色，可以有效满足双语教学答疑和考核的课外要求。

首先，学生可以在课外任意时间在网络课堂的“答疑讨论专区”自主提问，同一问题可以多人浏览和讨论，教师则可以适时进行总结评价并标注出“热门话题”和“常见问题”。其次，学生分组合作可以在网络课堂上延续展开，将已完成的案例与辩论观点修订成流畅的英文文稿上传至“研究型教学”专区，供全班学生课后参考、反思和评论，还可以开放给往后历届学生回顾浏览并继续发表评论，进而形成由历届学生共同主动创建的国际金融学课程的案例专题资料库。

其次，教师可以在根据备课阶段创建的习题库，每周或每月定期为学生布置英文在线测试，客观题由系统自动判分，学生可以及时获得分数，并对照参照答案；主观题则由教师评阅，通过批示评语对学生“一对一”辅导，重在关注学生用英文书面表达专业问题的技巧和能力。

再次，教师应利用网络课堂的统计分析功能，全面掌控学生在课余的学习动态、作业质量、考试成绩和答疑讨论参与度等情况，为学生的平时成绩评分做好准备。同时，还应及时维护和更新网络课堂的教学资料、数据库等，及时纠正实际教学中发现的问题。若发现在实际课堂或公开网络论坛都难以直接沟通的问题，比如某些学生难以适应全英文教学出现厌学、弃学的情况等，应利用网络课堂的专用教学邮箱，与部分学生进行一对一互动和指导。学生也可以利用该邮箱，为双语课程提出中肯的意见和建议。

三、网络课堂对双语教学效果的影响分析

如何保证和提高双语教学的效果一直是各高校最关注的话题之一。在只有传统课堂的情况下，可能会遇到诸多问题或局限。网络课堂作为一种重要的教学辅助手段，在很大程度上简化了这一难题，从多方面对双语教学效果可以产生积极影响。

（一）用网络平台补充大量资料，提升学生课外预习主动性与学习兴趣点

双语教学的难点之一是要让学生尽快跨越语言障碍，适应用英语学习专业知识，甚至用英语思考和解决专业问题，这就必须利用各种手段培养学生的学习热情，激发学生主动阅读、主动预习的积极性。网络课堂作为重要手段之一，可以事先为学生提供与专业相关的课外学习资料，并且由教师标注好每个文件的内容描述、趣味点、重难点以及专业相关度。

以《国际金融学》课堂为例，笔者在网络学堂的“课外资料”栏目中放置了文字与影音两类专业英文资料，但在必要的地方用中文标注一些评论和解释。文档类具体包括：国内外监管机构、金融机构发布的专业金融报告、与国际金融相关的经典论文、金融统计数据；影音类具体报告卡：专业概念动画、视频新闻、演讲音频、与金融有关的经典国内外电影纪录片或经典电影片段推荐等。更重要的是，教师应按照难度系数将这些资料分类标明，提示学生在适

合的学习阶段进行阅读或观看。学生无须在同一时间学习而是可以随时随地一次、两次、多次反复地去阅读或观看这些课外英文材料，在接触现实金融世界的过程中潜移默化地提升学生的专业学习兴趣和热情，让学生较快融入纯英文环境的专业金融领域。

（二）用网络课堂随时补充额外课时，延伸传统课堂的深度与广度

在双语教学中，利用好网络课堂的特性，可以将传统课堂进行“翻转”，这种方式被称作翻转课堂，[①] 它指的是一种混合式学习形式。最常见的做法是学生在课余时间提前阅读老师布置的讲稿和教材内容，教师甚至可以用录制音频、视频等方式提前将全部应讲解的章节内容上传至网络课堂，要求学生提前观看或收听。传统课堂上，不再以老师单向讲课为主，而是要求学生带着问题来上课。尤其在双语教学过程中，由于语言转换或者全英文授课比普通中文教学占用更多的讲授时间，双语教学的课时往往明显不足以全面覆盖原有的应有章节。这种“翻转”课堂模式可以有效弥补课时的不足，为学生创造更多现实机会适应真实的双语听说环境，重点提高讨论和解决专业问题的英文能力。这种方式看似学生需要花提前占用更多学习时间，但比起老师单向讲授方式造成学生因一知半解而需要再占用课后大量自学时间，实际上翻转课堂的学习效果明显更好更持久，从而实现对传统课堂的深度和广度的延伸。

（三）在虚拟世界与现实世界的转换中拓展双语互动交流的空间，全方位促进教学相长

网络空间本身的特质就是实时个性化交互功能，网络课堂可以借此为师生之间和生生之间创造更多互动的机会。学生可以在课外

---

① 魏雪峰、杨俊锋:《同步网络课堂的理念、应用及未来发展》,《中国电化教育》,2014年9月，第93—100页。

随时在网络上提出疑问，不仅可以由教师辅导答疑，还可以由全班同学畅所欲言，增加对某个问题的多方位认识。以国际金融学课堂为例，传统课堂上学生小组对某些热门金融话题进行英文演讲后，听众往往表现表现出极大的讨论热情，但现实中受时间和语言表达的限制等无法深入交流。但学生可以在网络虚拟空间里随时继续交流，并且随着金融事件的演变，讨论者对于该话题的理解也会相应发生变化。这种话题讨论模式是先从现实世界开始，再转到网络虚拟空间，又回到下一次课堂的现实世界……这种迭代上升、递进交互的过程，不仅可以帮助学生持续用英文对一个事件或问题展开思考和讨论，同时还可以有效促进教学相长，激励教师更深入的关注课外金融热点，提升自身的教学与科研水平。

本科生参与日常教学管理工作研究

外语系　匡道全

高等教育进入大众化发展阶段，教学质量受到了社会的空前关注。本科生作为高等教育的主体参与到学校日常教学管理中已越来越受到重视。大学教育逐渐从“以教师、教材、课堂为中心”向“以学生为中心”转变，本科生参与课堂教学评价以及教学改革的意识逐渐增强。显然，本科生参与教学管理工作已成为高校教学管理中不容忽视的重要环节。[①] 如何实现“以生为本”的教育理论，更好地促进本科生在高校日常教学管理中的作用已成为教育行政部门和各高校共同关注的问题。

一、本科生参与高校日常教学管理工作现状

目前，国内大多高校教学已推行校院二级管理体制，在教学质量评价上广泛吸收学生的参与，但是并没有让学生广泛参与教学管理工作，管理者和被管理者目标不能一致，使教学改革、政策规定等信息渠道不够畅通，导致了管理上的一系列问题。

① 尹莹、张宁:《大学生参与高校管理模式的初步研究》,《中国高等医学教育》,2007年第10期,第20—21页。

（一）本科生参与教学管理的深度、广度不够

尽管一些高校采取了很多措施开展学生参与教学管理工作，但总体来看深度和广度仍存在不足之处。

从现实的运行情况来看，高校往往在几个方面尝试进行学生参与教学管理，但学生很少有机会参与到管理机构的决策中，很少参与决定与自己利益相关的教学事务，学生的主体权利被忽视。一些高校所采取的学生参与教学管理的方法，经常是邀请学生点缀式参加，并且活动后续管理不再跟进，也无人过问。再如选课制度，提供的选课资源相对较少，对学生选课的要求限制又太多，学生不能很好地发挥其主动性根据个人的学习安排选课；有的学校尚未打破各学科间的壁垒，学生受到学科和专业限制太多，允许跨专业选课的情况比较少，更不能全校课程通选。

一些高校学生参与管理的内容大多集中在学生评教、选课制等方面，在与学生紧密相关的其他方面，如制订管理规章制度等，没有对学生开放，也不让学生参加。学生强烈要求公布相关管理结果的愿望常常被冷落，一些教学管理重大决策也不征求学生意见就出台。

（二）形式大过内容，本科生参与管理更多是走过场

一些高校采取本科生参与教学管理的做法基本上是形式大过内容，所出台的措施往往比较空洞，缺乏可操作性。对于学生评教，很多高校只是跟风开展，对于评教的结果不反馈，对评价较差的教师也从不采取相应的措施进行处理，走过场现象严重。不少学生认为这不是实质性的参与，不仅起不到应有的效果，相反甚至会引起学生的极度反感。从形式上看，一些高校的确开展了一些活动，尽管学生也积极参与了教学管理讨论，并提出自己的意见，但管理部门没有对这些意见进行处理，重视程度不够，更没有采取相应解决的办法。有形式，无效果，学生参与教学管理并没有得到实质性的体现。

（三）实施参与管理的机构分散，制度不健全

当前我国高校教学管理处于多层管理和多层体制之下，管理机构众多，对学生而言，组织教学管理事务的有教务处、院系教学办公室、院系团总支等，这些机构在教学管理活动中缺少统一的工作安排，经常出现不一致的情况。作为参与高校教学管理的学生组织不能有效发挥其作用，受"官本位"思想影响，一些学生组织也成为官场的缩影，不能承担学生利益代言人的责任。学生在参与教学管理中，从众心理强，对具体教学事务缺少了解，会造成意见分散，不能达到有效参与教学管理的目的。此外，大多数高校对学生参与教学管理没有制度保障，仅仅是采取通知、活动等形式来组织，常常年年政策不一，增加学生的参与负担，引起学生的反感。

（四）教育管理者没有确立"以生为本"的管理思想

人本管理思想中，人永远是管理活动的核心部分。我们应该把全体成员作为管理的主体，服务于整个组织内外的相关利益者，进而完成组织目标和组成成员的个人目的。"以人为本"教育理念阐明了学生和学校的关系，让学生拥有获得知识、自由选择专业、提高自身素质修养等权利。在高校贯彻"以人为本"的思想方针，就是在人才培养过程中把学生视为现代教育管理价值和教学质量的主体，是高校人本化管理的基本内容和必要需求。目前国内大多数高校这一点做得远远不够，以人为本的思想没有得到确立。[①]

（五）学生参与教学管理的认知程度不高，参与意愿不强烈，功利性强

教学知情是大学生参与教学管理的重要内容之一，它不仅要求

① 朱新玉：《大学生参与高校日常教学管理工作的研究》，《黑河教育》，2012年第4期，第42页。

高校应满足学生对教学管理的知情权，还要求学生应主动加强对教学管理事务的认知，包括了解教学管理内容、相关教学计划、培养目标和规章制度等，积极参与教学事务管理。然而，当前我国部分学生对参与教学管理的认知程度不是很高，对与自身利益密切相关的学校教学计划和培养目标等教学指导性文件不是很了解，对国家有关法规和学校规章制度中规定的学生权利比较模糊。

另一方面，本科生脱离中学时代的学习压力，部分同学开始“享受生活”，丧失了学习的动力；另一部分则投身于五光十色的校园活动，对于枯燥而严谨的教学管理工作鲜有积极参与的意愿。即使参与，也都呈现出功利化倾向。很多学生参与动机不纯，大都是为了综合测评加分，年终评奖评优和增强就业能力才参与教学管理。这种不良的参与动机违背了学生参与教学管理的本质要求，不利于高效、持续、健康、正确地参与教学事务管理。

二、制约本科生参与高校日常教学管理的原因分析

（一）高校行政化倾向严重，制约学生参与教学管理

当前我国的高校教学管理以部门行政管理为主导，权力机构的行政化倾向比较严重。从校长任命到机构设置，从专业设置到学费标准等等，全都由教育行政管理部门规定。高校内部也按处、科来设置相应层级，连院系和教研室也是行政任命，表现出强烈“官本位”行政化色彩。一般来说，代表学校教学管理部门的教务处通过制订各种教学管理规章制度，组织全校的教学活动，制订培养方案和课程体系，规划专业建设发展，促进教育教学改革，调度和整合各种教学资源，从而使学校的组织和管理基本上限定在行政管理系统的运行框架之中。因此，高度集中的管理决策部门，经常是根据上级或领导的要求作安排，突出管理者的本位观念，而忽视被管理者（比如教师、学生）的主体地位。同所有组织一样，教学管理部

门也追求组织利益的最大化，这种追求往往以个人或部门的利益为首要出发点。

高校教育管理行政化以及自上而下的管理模式，与学生参与教学管理的自下而上的管理机制存在矛盾。从现实的运行情况来看，高校仅仅是在教学管理的几个方面尝试了学生参与，学生这一主体很少有机会参与到管理机构中去决策与自己利益相关的教学事务，学生的主体权利被忽视。此外，受“官本位”思想影响，一些学生组织也被行政机构“同构化”，成为官场的缩影，不能很好地代表学生利益。

（二）民主意识淡薄，影响学生参与教学管理

我国高校的学生由于深受传统文化影响，注重尊敬领导和教师，在管理者、师、生关系中处在不平等地位，更由于学生的民主意识和权利意识不强，不能主动地要求维护自己的合法权利。一些学生认为教学管理活动是学校自身的事情，把自己看作是局外人，在参与过程中敷衍了事，依赖辅导员老师或班干部，这充分说明了当今大学生在参与意识和行为方面存在被动与消极的倾向，缺乏自我管理和自我提高的想法，参与管理的意识和民主意识淡薄。

此外，本科生在校时间一般四年，在学校教学管理重大活动上，由于缺乏了解而无法进行深入判断，对学校的认识也明显不足，在参与管理时很可能根据自己眼前利益进行评价。受性别、年龄和成长环境影响，学生之间在社会责任感和学校主人翁意识上表现出明显的差异。甚至一部分学生只考虑个人利益，对学校的发展、管理等方面缺少关心。同时，高校作为一个相对复杂的社会子系统，需要一个高深、专门、统一的管理层面，而对于初出茅庐正处于青春期的大学生来说，他们的知识、能力以及社会阅历都还处于积累期，还不具备完整的管理知识和能力，无法通过长期深入的思考去直接作用于学校的教学管理。[①]

学生如此，管理者同样如此。由于我国高校长期受传统行政管理体制的影响，缺乏民主管理意识，管理者将学生视为被管理的对象，官本位思想比较严重。因此，很多管理者只是生硬地根据管理制度来约束学生的行为，在这种思想观念的影响下，学生处于高校教学管理的最低层，其积极性和主动性没有得到有效发挥。

（三）技术支持成本高昂，干扰学生参与教学管理

学生参与教学管理需要得到技术上的支持，比如大多数高校所采用的选课制、学生评教制等，都需要教务管理系统的支持。随着科学的进步，信息技术和计算机网络技术使得许多设想得到实现，使学生参与教学管理更加方便快捷。然而，信息技术也给学生参与教学管理带来一些压力。一是教务管理系统的运行和维护需要专人负责，明显增加了管理的软硬件和人力成本；二是随着网络黑客的增加，教务管理系统存在的安全隐患也越来越大，有些高校曾屡次发生系统被攻击的事件。学校在实施一些学生参与教学管理措施的时候，不得不考虑这一措施所带来的技术风险和管理成本，甚至有些学校采取了“宁愿不做事，也不要惹事”的消极做法。因此，技术原因也是很多高校在实施学生参与教学管理时考虑的一个重要因素。

（四）法律法规保障缺失，阻碍学生参与教学管理

建立健全完善的法律法规制度，对开展学生参与教学管理工作起着关键的保障作用。欧美很多国家都在法律法规上对高校学生参与管理作了详细的要求，法律法规的实施充分保障了高校学生参与管理的权利。我国在《普通高等学校学生管理规定》中提到，支持

① 梅慧娣：《本科生参与高校教学管理工作的可行性研究》，《长春教育学院学报》，2013年12月，第108页。

和保障学生依法参与学校民主管理。但在具体实施中缺少操作性强的法规制度，学生参与管理很多还停留在形式上。很多高校是基于教学管理改革的需要尝试一些学生参与管理的方式，而不是为落实法律法规所要求必须保障的学生参与权利。这也造成了部分高校在学生参与管理上存在参与方式连续性不强、只重形式不重内容等现象，未能更好地做好学生参与高校教学管理工作。

三、促进本科生参与高校日常教学管理的对策与建议

高校管理者应在实践中扭转本科生的传统观念，尊重学生的学习自由和参与管理的权利，引导本科生树立积极理性的参与意识和良好的参与动机，为学生参与教学管理创造切实可行的条件。

（一）转变管理观念，改革管理体制

改进管理的首要任务是转变当前管理观念。我国大多数高校的教学管理模式由于受计划管理观念的影响，管理者高度集权，强调明确的分工，一切按照规章制度来执行，实行统一化、模式化的管理，组织的各种沟通都是严格按照层级逐级进行。可以说从管理观念上就是在以管理者为主的方式进行管理，教师参与比较少，学生参与就更少。要促进本科生参与日常教育管理，首先要转变管理观念，改革管理体制。

一是要建立平等的管理者、教师、学生之间关系。在高校里，管理者、教师和学生常常处在一种不平等的关系中。管理者掌握行政权力，教师掌握学术权力，都而处于相对较高的地位，把学生看作是被教育的对象，事事都要以管理制度和教师的话语为准则，学生在管理者和教师面前基本没有话语权。学生参与教学管理就是要建立平等的关系，管理者、教师和学生处于一个对等的处置。学生

可以向管理者提出异议，学生可以向教师提建议，学生可以对教师的教学情况进行评价，这些用传统观点看来是有违“师道尊严”的做法逐步得到实施。当然，学生参与管理与“尊师重教”的传统思想并不矛盾，实践证明通过学生参与管理建立一个平等、开放的互动平台，能够促进师生关系更加紧密，促进学生与管理者的沟通交流，提高教育教学质量。

二是管理人员要多些“服务”，少些“管理”。教学管理部门要改变原有的行政命令式的管理方式，增强为师生服务的意识，充分认识到学生在某种程度上是教育产品的“消费者”，学生同教师、管理人员一样是学校的重要组成部分，学校的管理要为学生负责这一基本事实。学生参与教学管理是实现学生基本权利的积极措施，树立一切为学生服务，以学生为本的管理理念。

三是要正确看待学生参与教学管理引起的争议，逐渐达成共识。随着学生参与教学管理的深入，有可能会产生各种各样的争议。但我们不能因噎废食，止步不前。要加大宣传力度，制定详细周全的说明，引导学生正确、规范地参与教学管理。学生参与教学管理有利于提高高校教学管理效率，改善学生就学环境，体现高校管理的民主，对于行政权力的使用还能起到约束效果。

（二）完善管理制度，提供法律保障

完善的管理制度可以给学生参与教学管理提供保障。为了促进大学本科生持久、高效和深入地参与高校教学管理工作，保证并尊重本科生参与高校教学管理的实质性权力，还应建立并完善相关的法律法规，为大学生参与教学管理提供制度保障。国家应该从法律层面明确规定本科生参与高校教学管理的权利并使之具体化，形成一个完整的法律条目。

目前，我国最高法律《宪法》和教育部制定的某些规章制度虽然也规定了大学生具有参与高校管理的权利，但是这些条目明显是笼统的。因此，国家应该大力加强这方面的立法工作，在制度修订

过程中应该多吸收学生代表参与相关讨论，充分反映大学生的真实需求和愿望。

本科生参与教学管理除了要完善法律、规章制度的保障，实际上更需要一个健全的组织机构。当前我国本科生在参与日常教学管理过程中经常出现无组织、无纪律、参与积极性不高、参与过程走形式等问题，归根结底在于缺乏强有力的组织机构保障。我们应该试图做出努力，教学管理委员会成员应当依据层级原则并通过学生代表大会选举产生，并进行定期的成员纳新和过滤。[①]

（三）利用信息技术，提高管理水平

大学生参与教学管理离不开高效、安全的教学管理系统的技术支持。在信息技术飞速发展的今天，教学管理借用网络技术，可以打破时间和空间上的限制，最大限度地给学生参与管理提供方便，提高学生参与教学管理的质量和效率。对于学生来讲，方便、快捷的参与方式能够激发参与教学管理的积极性，扩大参与范围，提高参与管理的效果。同时，学生在参与管理的同时，也能够利用教学管理系统，对个人的修业状态进行全面了解。一般的教学管理系统，都能提供诸如课程信息、教师信息、教室信息、成绩信息等信息资源，这对于学生方便掌握个人的学习状态起到很好的促进作用。信息技术的使用缩短了学生、教师和管理者三者之间交流的时间，促进了信息的快速反馈。

一是要充分发挥信息技术及计算机网络技术的作用，建成功能齐全、使用方便且安全高效的教务管理信息系统。这为所有学生全部参与教学管理提供了技术支持。利用信息技术掌握全面、准确、及时的数据，能很好地克服信息不对称造成的影响，实现参与教学管理工作的科学化、规范化和高效化。

二是要增强服务意识，为学生参与管理提供优质服务和技术支

---

① 盛丹丹:《高校行政管理队伍建设的思考》,《教育教学论坛》, 2014年5月，第7页。

持。教学管理部门要进一步增强服务意识，做好相关教学信息的公布工作，系统规划，方便学生查询。更为重要的是，要在管理中注重学生反馈信息的及时处理。对待学生提出的意见或建议，要及时妥善处理，并且公开工作流程，公布处理结果，让学生切实看到参与管理的效果，以提高学生参与的积极性。

（四）培养民主意识，提高参与能力

本科生的民主意识和参与能力对促进学生参与教学管理工作起着重要作用。高校教学管理者要采取不同措施来提高学生的民主意识和参与能力，以此促进学生参与教学管理工作的有效性。

一是加大宣传和激励力度，提高学生参与教学管理的民主意识。要利用各种方式，加大学生参与教学管理的宣传力度，培养学生民主意识，大力发展学生民主社团，提高学生的参与意愿与能力。让学生深刻了解到自己是高校的主人之一，要具备一定的主人翁意识，要发挥自己的主动性和积极性，参与到学校教学管理中。全校形成学生参与管理的良好氛围，将参与管理从教学管理这一领域逐步扩展到学校管理的各个方面。

二是要提高学生对所学专业、课程和教学管理的熟悉程度，提高学生参与教学管理的能力。首先，利用各种方式，对学生所学专业、课程及人才培养各环节进行介绍或宣讲，激发学生学习兴趣，让学生能够从整体上把握和理解所学各门课程间的联系。尽量消除各学科间的屏障，开阔学生的视野，跨学科培养学生思维和创新能力。其次，高校教学管理是一项比较复杂的管理活动，对管理参与者的专业化要求越来越高，管理参与者要熟悉教学管理的基本规律，还要精于管理和运作。由于大学生的知识、阅历、经验还在逐渐积累之中，对教学事务缺乏深入认识，所以参与能力也是有限的。管理者要采取措施，加大教学管理各环节工作流程的宣传，多创设学生熟悉教学管理的机会，切实提高大学生的参与教学管理能力。

四、结语

随着高等教育改革的不断深化，大学的管理模式也在进行逐步的改革和发展，本科生参与高校的日常教学管理工作已成为大学发展和进步的必然要求，是提高高等教育教学质量的有效手段。各级管理部门应该不断完善相关制度，促进本科生进一步加强对日常教学管理的参与，实现管理效率的改善和教育教学质量的提升。

关于外交学院“十三五”规划编制工作的几点思考

发展规划办公室　王　静

随着社会经济的发展，高等学校早已突破了原有的“传道、授业、解惑”的基本职能。高等教育被时代赋予了越来越多的责任和功能，除了传授知识技能、培养个人能力的基本教育功能外，更被赋予了促进经济发展、推动科学进步、加强文化交流等一系列的社会服务功能。随着高等教育功能的不断延伸，社会对高等学校的要求也越来越高，为实现高校政治、经济、文化、社会全方位的职能，适应社会环境的变化发展和同行业之间的竞争，科学的发展规划至关重要。

然而，由于我国高等院校的发展规划发展相对较晚，且缺乏成熟的理论和方法支撑，所以在编制过程中，仍存在着很多问题。这些问题会从理论和实践上制约学校的长远发展，成为学校前进路上的绊脚石，只有深入研究发展规划编制中的这些问题，对症下药，才能编制一份科学合理、特色鲜明、理念先进、切实可行的发展规划，引领学校新发展，实现新开局。

一、高校发展规划的基本概念和理论依据

（一）基本概念

关于规划，不同的学者给出了不同的定义。彼得森把规划看作是“一个自觉的过程，通过这个过程，一个机构对它的现状及未来可能的环境条件作出评价，确定它自身未来可能的状态，然后形成组织的策略、政策并从中选择和确定其中的一种或多种的程序”。[①] 戴克曼认为：“规划是旨在改善和改革的看待问题的方式或利用信息的态度，强调规划的使命在于确保活动的规范标准的合理性。”[②] 多尔把规划看成是“制定一套有关未来活动的决定的过程，旨在通过最优途径实现目标。”[③] 法卢迪强调：“规划是理性的，合理性是规划的标志和本质。规划不是算命，而是帮助人们发现问题和解决问题的方法。”[④] 沃兹贝克亨把规划定义为：“作用于一个客体（对象）并使之变为比现在的状态更符合期望的状态的过程。”[⑤]

虽然学者们各自的侧重点不同，但都强调规划是一种过程，具有综合性、合理性、预见性、时效性等特点。可见，规划就是个人或者组织在一段时间内为更好地实现目标而制定的合理、有效的整套行动方案。

“高等学校发展规划”是20世纪70年代由企业管理领域引入的一个概念。根据规划的定义，它主要是指高等学校为自身在未来一段时间内的发展所作出的合理、有效、科学的整套行动方案。它具

① 欧阳伦四:《高校发展规划制定的问题研究》，云南师范大学硕士学位论文,2006年6月，第8页。

② 张晶:《我国高等学校发展规划制定的理论与方法基础》，苏州大学硕士学位论文,2006年6月，第5页。

③ 王苏:《高等院校战略发展规划研究》，哈尔滨工业大学硕士学位论文，2008年7月，第9页。

④ 同上，第9页。

⑤ 同上，第9页。

有以下几个特征：1. 综合性。高校发展规划是在分析国家政治经济大局、教育发展形势以及学校自身实际情况的基础上形成的系统性谋划和部署，包括战略目标、学科建设、学生培养、人才管理、校园发展等方方面面；2. 指导性。高校发展规划是以目标为导向的，高校制定发展规划首先需要确定自身的发展目标，然后根据这些目标选择合适的方法和策略，从而解决"要建成一个什么样的大学"和"如何建成这样一个大学"的重要问题；3. 时效性。任何一所高校的发展规划都具有延续性，但又不可能一成不变，规划旨在实现未来一段时间内的发展目标，通常是3年或5年，也有10年或更长时间的；4. 主动性。高校发展规划是高校谋发展的一种体现，学校通过积极主动地制定规划，可以使学校资源分配更加合理，管理方式更加科学，各项事业发展更加协调。

（二）理论依据和分析方法

由于规划是一项系统性的工作，教育规划更是涉及教育学、管理学、经济学等多门学科，所以其理论来源和分析方法也十分广泛，战略管理理论、人力资本理论、规划理论、大学管理理论、SWOT分析法、Pest分析法、bench-marking分析法等都为高校发展规划提供了重要的理论依据和编制方法。其中，战略管理理论和SWOT分析法最为引人注目。

1. 战略规划理论

战略规划理论起源于20世纪的企业管理界，20世纪70年代，由于受到经济危机的影响，美国的众多大学面临着巨大的挑战，于是向企业管理界的人士取经，引进了战略规划理论，之后教育学家们开始不断研究战略规划理论在高校中的应用，其中最为著名的是1983年乔治·凯勒发表的《大学战略与规划：美国高等教育管理革命》(Academic Strategy: The Management Revolution in American Higher Education)。在这本书中，乔治·凯勒详细地阐述了大学战略规划理论，分析了大学战略规划的特征和要素，并探讨了大学应该怎样制定战略规划。

乔治·凯勒认为战略规划具有六大特征：（1）学术战略决策意味着大学、学校或学院及其领导者是积极而不是消极地对待他们的历史地位。（2）战略规划是外向性的，其着眼点在于使学校与不断变化的外部环境协调一致。（3）在高等教育受制于经济市场条件和日益激烈的竞争的情况下，制定学术战略是富有竞争性的。（4）战略规划重在决策，并非文本上的规划、分析、预测和目标之类。（5）战略决策是理性的、经济的分析，政治手段和心理影响的交互作用过程。因此，它是参与式的，对矛盾冲突具有很强的包容性。（6）战略规划所奉行的是组织的命运高于一切。①可见，高校战略规划具有主动性、外向型、竞争性、决策性、包容性和组织性等特征。

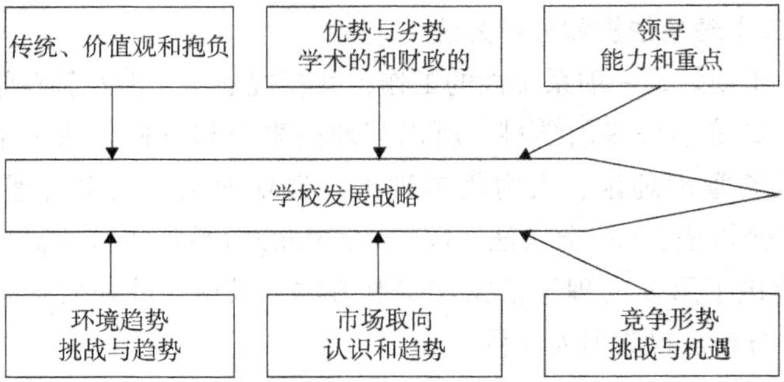

图1　战略规划六要素图

在制定战略规划时，高校需要考虑内部和外部六个要素：（1）传统、价值观和抱负。高校在制定战略规划时需要考虑自身的传统、价值观和抱负等无形的因素，保证规划的延续性。（2）学术和财政上的优势与劣势，包括学校的规模、设施、传统、所在地域等

① 林祥柽：《乔治·凯勒的大学战略规划思想评价》，《中国电力教育》，2011年第23期，第5页。

外部和内部特征，充分利用现有资源，达到发展目标。（3）领导者的能力和工作重点。规划的重点在于决策，领导者的主动性和能力在战略规划中起着至关重要的作用，它将决定学校的发展大方向，领导者还需将学校的利益置于最高地位，决策出台前要经过反复论证和科学评估保证决策的科学性。（4）环境趋势。在制定战略规划时，需要将学校放在地区、国家、国际的大环境中考虑，只有认清自身的地位，找准定位才能获得更好的发展。（5）市场取向。高校的人才培养需要考虑市场的需求，只有培养市场需要的人才才能提高毕业生就业率，完成人才输出使命。（6）竞争形势。制定大学战略规划的关键就是了解自己在竞争中所处的位置，只有认识到自身的机遇与挑战，才能在竞争中努力实现自己所希望的位置。[①]

2. SWOT分析法

SWOT分析法是源自于20世纪80年代企业的分析法，又称企业战略分析法，是用来确定企业自身的竞争优势（Strengths）、竞争劣势（Weaknesses）、所处外部环境机会（Opportunities）和威胁（Threats），从而将公司的战略与公司内部资源、外部环境有机地结合起来的一种科学的分析方法。后被广泛应用于大学的发展规划之中，成为制定高校发展规划最常用的分析方法。

优势 Strengths	**劣势 Weaknesses**
机会 Opportunities	**威胁 Threats**

图2　战略分析法矩阵图

① 乔治·凯勒:《大学战略与规划：美国高等教育管理革命》，别敦荣主译，青岛，中国海洋大学出版社，2005年版，第204—213页。

SWOT分析法是一种态势分析法，是将系统内外部所具有的条件结合在一起，用调查列举的方法依照矩阵的形式排列出来，通过系统分析法将所有条件互相匹配起来分析，得出一系列的结论，根据这些研究结论，科学地制定相应的发展规划、发展战略、发展决策等。

将SWOT分析法应用到高校管理领域，可以看到，S代表优势（Strengths），是指高校本身所具有的竞争优势，如高校强大的学术实力、良好的社会声誉、丰富的物力资源、合理的管理模式等等；W代表劣势（Weaknesses），是指高校所具有的竞争劣势，主要是高校内部存在的一些问题，如资源配置不合理、人力资源缺乏、财政资金不足、学科建设不合理等，这些问题会制约高校的长远发展；O代表机会（Opportunities），是指高校面临的外部机遇，如国家、部委的领导和支持、企事业单位的财政支持与合作、国家和地方颁布的有利于高校发展的政策等，这些机遇可以为高校的发展提供有力的支撑条件；T代表威胁（Threats），是指高校面临的外部压力，如高等教育形势的发展、竞争性的加剧、国家和地方政策的变化等，这些问题会加大高校发展的竞争压力，阻碍高校进一步发展。

优势和劣势是指高校的内部因素，机会和威胁是指高校面临的外部环境，SWOT分析法就是通过将高校本身具有的优势和不足以及外部的机遇与威胁一一列举出来进行系统的分析，找出影响高校发展的重要因素，制定科学合理的发展规划，从而使高校抓住一切有利机遇，利用自身优势规避可能的风险，解决制约发展的瓶颈问题，使高校的内部资源和外部环境达到最有匹配，进而达到提升整体竞争力的目标。

二、我校制定"十三五"规划的重要意义与影响因素

（一）重要意义

"十三五"时期（2016—2020年）是外交学院提升办学实力和整体水平，建设特色鲜明的国内一流大学，打造全国一流和世界知名学科的关键时期。在院党委的领导下，科学编制并认真实施学院"十三五"规划，对深入贯彻落实党的十八大和十八届四中、五中全会精神，积极应对高等教育事业改革与发展新常态，推动学院各项事业又好又快发展，具有十分重要的意义。

制定科学合理的"十三五"规划，顺应了社会发展新形势。当前，中国政治、经济、文化进入了全新的发展阶段，新的高等教育趋势和中国特色大国外交形势对外交学院的发展提出了新要求和新目标。经历了60年风雨征程，学校需要制定一个更加明确、合理、科学的发展规划，以一个崭新的面貌面对高校间的竞争。

制定科学合理的"十三五"规划，有利于实现争创一流的目标。高校的发展不能满足于现状，改革与创新势在必行。"凡事预则立，不预则废"，只有在认清发展形势、明确发展定位的基础上制定好学院的发展规划，才能为学院的长远发展指明方向，做到有的放矢、事半功倍。因此，为了满足知识经济、科学技术以及整个社会的迅速发展，实现争创世界一流学科大学的目标，我校必须制定好、执行好"十三五"规划。

制定科学合理的"十三五"规划，保障了学校发展的有序性。"无规矩不成方圆"，杂乱无章和随性而为的管理办法不适用于团体的发展，尤其是大团体的发展。将学校未来发展的目标、途径和举措以文本的形式明确下来，可以为学校未来的发展提供重要的行动指南，保障学校各项管理活动有规可依，避免了发展的盲目性和无

序性。

（二）影响因素

发展规划具有综合性、复杂性、时效性等特征，在制定学校发展规划时，必须综合分析可能影响学校发展的内部因素和外部环境，才能得出正确的结论，作出科学的判断。

1. 内部因素

作为承载了60年发展历史的高等学府，外交学院拥有众多的发展优势。学院多年来秉承“小规模、高层次、内涵式发展”的发展思路，培养了一批批出类拔萃的优秀人才，在国内和国际上树立了良好的形象和较高的声誉；学院坚持“外”字传统，学科特色鲜明，形成了“人无我有、人有我优、人优我特”的发展特色；经过多年来教学体系、科研管理体系以及人才培养模式的改革，学院的管理能力和水平有了较高的提升，逐步向着现代大学管理体系迈进；新校区的建立与老校区的治理并举，为学院的发展创造了更加优越的环境，也为学院软件和硬件的升级提供了更加富足的空间。

与此同时，也存在着一些会给学院带来不利影响，阻碍学院实现发展目标的劣势。各学科之间发展不均衡，交叉和协同能力较弱；现代大学制度尚未建立，管理方式较为陈旧；双校区的运行模式对师资力量进行了人为分散，给师资队伍造成了一定压力；新校区建设和老校区的综合治理加大了学院的财政压力，资金不足成为制约学院发展的又一因素。

2. 外部环境

随着国际、国内政治、经济、文化的不断发展，学院面对的社会环境也在不断变化。从国际上来看，学校教育已经进入了大众化发展时代，全球对于教育的重视以及国际化人才的需求为我院发展提供了重要的机遇；从国内来看，社会、经济的发展特别是外交事业的进步对人才培养提出了新要求，中国特色大国外交的伟大历史实践将为学院的发展提供更加广阔的舞台；从地区发展来看，京津冀一体化、昌平高教园区建设以及“互联网+”理念的进一步实践为学院发展提供了更加舒适的环境和更为先进的方法。

高等教育进入“战国时代”，导致学院面临的竞争压力越来越大，对于教育内涵式发展的要求越来越高，学院的发展进入了锐意攻坚、砥砺前行的关键期；国家高等教育政策的不断推陈出新，为学院未来的发展带来了巨大挑战，学院必须实时分析国家发展的形势和政策要点，紧跟高等教育改革的步伐。

三、我校制定“十三五”规划的基本原则

发展规划的制定是一个系统的分析过程，在这个过程中必须把握一些基本原则，才能使规划做到科学、合理、有效。

（一）历史与实践相结合

“十三五”规划的编制工作一方面需要弘扬我院的学科传统优势，全面分析和认真总结“十二五”规划实施以来的成绩与经验、不足与问题；另一方面要以调查研究为基础，全方位、多渠道听取广大师生和校内外专家的意见与建议。保证规划的开放性和可持续性。

（二）目标与问题相结合

“十三五”规划的编制工作要以目标为导向，以问题为抓手。目标是行动指南，问题是战略之源。学院和各部门需要在总结现有和未来可能出现的问题的基础上制定合理的发展与改革目标。

（三）统筹兼顾与重点发展

规划既要统一思想、通盘考虑、统筹实施，协调各个部门，整体推进全院发展；又要有针对性，抓住事关学院长远发展的重大问

题和制约学院改革创新的瓶颈问题。

（四）科学性与可行性

规划的编制工作需要具有长远和开放的眼光，一方面要立足现实，客观地分析现有的成绩与经验、问题与不足，另一方面要面向未来和发展，科学地预测发展趋势和可能出现的问题，提出可操作的目标和措施，让规划更具科学性和可行性。

四、我校制定“十三五”规划的几点思考

“十三五”时期是外交学院承前启后、继往开来的转折关键期，是加快发展、把握未来的战略机遇期，也是锐意进取、争创一流的改革攻坚期。根据学院现有的优势与劣势、机遇与威胁，结合战略规划的六要素，综合分析，制定科学合理的发展规划对学院未来五年的发展具有重要意义。在制定发展规划的过程中，为避免目标模糊、管理无序、指令混乱等问题的产生，我们需要注意以下四个方面。

（一）明确目标，突出重点

发展目标是整个规划决策过程中的核心，只有理性的分析学院所有的人、财、物、时间、空间、信息、政策等所有资源，确定自身定位，才能找到与发展相契合的目标。我院优良的学科传统优势，良好的国际声誉，以及现阶段国家、世界对高等教育内涵式以及高层次发展的要求，决定了建设世界一流学科大学将成为学院未来五年乃至更长时间内最重要的发展目标，学科建设是衡量大学综合实力的重要指标，只有从内在提高现有学科在世界的竞争力，才能在高校“战国时代”中立于不败之地。创新驱动发展战略的实施，科技体制改革的深化，产、学、研协同发展的推广，要求学院尽快完善现代大学制度建设，高水平、内涵型、世界一流的发展趋势对

高校的治理体系和治理能力提出了更高的要求，学院必须尽快完善现有的教学、管理、服务、监督制度体系，实现治理能力的跨越式发展，才能形成“格局合理、运行有序”的良性循环。

（二）反复论证，承前启后

“十三五”规划不是领导或者规划人员个人的愿景，也不是为了应付检查评估而展开的阶段性任务，更不是东拼西凑的陈词滥调，而是在深度采集信息之后全员参与的中长期发展设计。这就要求规划做好承前启后工作，既要做到传承和延续也要展望和引领。

一方面，在编制规划之前需要仔细梳理学院现有的内部资源和外部环境，根据《国家中长期教育改革和发展规划纲要（2010—2020年）》《国家中长期科技人才发展规划（2010—2020年）》《高等学校创新能力提升计划》、学院“十二五”规划等已有文件进行综合分析，在延续已有发展精神和思路的情况下，积极寻找新的增长点和突破点。

另一方面，规划要发挥好今后五年甚至更长时间内对学院改革和发展的引领和指挥作用，就必须立足现实、目光长远，找准发展方向。习总书记强调：我们的政策举措出台之前必须经过反复论证和科学评估，力求切合实际、行之有效、行之久远，不能随便“翻烧饼”。[①]“十三五”规划更是如此，要做到行之有效、行之长远就必须关注全局性的发展问题，强调长期的愿景，体现全院的意志，在广泛听取师生、专家和社会的意见和建议的基础上，深入调研，理性分析，反复论证其可行性和科学性。

（三）循序渐进，依“法”行事

规划的编制工作不是一蹴而就的，需要循序渐进。一般来说规

① 《击楫勇进在中流——以习近平同志为总书记的党中央深改关键之年工作述评》，新华网，2016年1月18日，http://news.xinhuanet.com/politics/2016-01/18/c_1117814462.htm，2016年2月23日登录。

划的编制工作需要经过五个步骤：立项决策，组织班子；信息采集，调查研究；形成思路，多方沟通；起草文本，反复修改；达成共识，决策采纳。在这个过程中需要做好四个方面的工作，首先，领导重视，规划的制定虽然不是领导个人的事，但是领导的能力和主动性在学院的规划中起着至关重要的作用，只有站在全院利益制高点上，把握学院工作重点，才能上行下效，顺利推动规划的制定和实施。其次，组织落实，“十三五”规划涉及学院各个部门方方面面的工作，一定要做到全员参与、责任到人，这就需要在规划编制前成立领导班子和工作小组，制定工作章程和工作计划，保证规划按时按质完成。再次，措施有效，规划科学与否在于措施是否有效，为了避免规划成为“纸上画画，墙上挂挂”的“鬼话”，需要将学院未来的发展与师生员工个人的未来发展相关联，与地区发展和国家进步相契合，以同类发展先进的高校为标杆，设置合理的目标和有效的举措。最后，过程严谨，规划与计划不同，它具有更高的稳定性，一旦制定则需要严格执行，因此需要更加严谨地制定和实施，朝令夕改的规划只会带来混乱和无序。

（四）量化目标，协调各方

发展规划的基本要求是具有可操作性，这就要求规划中的任务和目标是有针对性的、可测量的、可达到的、可行的和及时的。为了达到这些要求，在制定总体规划纲要的同时，还需进一步分解和量化战略目标，制定专项规划，如学科规划、科研规划、人才培养规划、财政规划、人力资源规划等。这些专项规划作为发展规划的子集，需要支持发展规划中至少一个目标的实现，或为其实现提供条件，各个分管部门需要在分析总体战略目标的基础上结合日常工作经验，制定合理的专项规划，从而推动学院的整体发展，实现最终战略目标。

五、结语

在日新月异变革的社会环境中，大学已不再是“象牙塔”，随着高等教育从卖方市场到买方市场的转变，日益激烈的竞争和匮乏的资源要求大学必须以变化求生存，以变化促发展。大学的发展规划是现代大学谋求变革，实现更好发展的产物，是发挥战略优势，提高综合实力的重要手段。“十三五”时期是外交学院积极进取、锐意改革的发展新时期，站在“新甲子、新开局”的发展路口上，学院必须立足历史、展望未来，制定好“十三五”发展规划，全面实现发展新突破、新跨越。

大学生思想政治教育中正确义利观培育探赜

——社会主义核心价值观的视角

基础教学部　赵　萍

习近平总书记在访问非洲期间提出正确义利观，在处理周边国家关系会议上又作了全面论述。正确义利观是社会主义核心价值观中的核心价值理念和伦理价值观，是具有中国特色的社会主义伦理文化和价值目标。

“获得诺贝尔经济学奖的库兹涅茨曾研究过许多国家经济高速增长的共同规律，他发现：经济增长的同时必定伴随着流行价值观念的迅速变化。这种变化即是经济增长的结果，又是推动经济进一步增长的原因。”①

党的十六届六中全会更是系统的提出社会主义核心价值体系，明确“用社会主义核心价值观来引领社会思潮”。社会主义核心价值观是社会主义意识形态的思想道德意识和支撑社会主流的意识。培养合格的、具有社会主义核心价值观的大学生的正确义利观不但是教育工作者的共识，而且也是教育工作者不可推卸的责任。

正确的义利观是大学生思想教育中不可回避的重要部分，是社

① 西蒙·库兹涅茨：《现代经济的增长：发现和反映》，《现代国外经济论文选（第二辑）》，商务印书馆，1981年，第23页。

会主义核心价值体系中的主要内容之一，既有对中国优秀传统文化的继承，也有对马克思主义义利观的超越，是具有时代特色的新型义利观。培育正确义利观是大学生思想政治教育的核心要义。

一、正确义利观的历史传承

“正确义利观主张矫正错误义利观的偏弊，强调辩证地把握义利关系，揭示义利范畴的相互联系及本质区别，正确处理道德和物质的关系，公共利益与个人利益的关系，人的物质生活需要与精神生活需要的关系以及志向动机与功利效用的关系。”① 正确义利观，在精神实质上，是对马克思主义义利观和社会主义义利观的科学阐述和全面概括，是中国传统道德或社会主义核心价值观的价值基元和重要组成部分，是对中华民族优秀伦理价值观的继承和扬弃，在精神上具有义利统一和义利并重的精神特质，在实质上具有互惠互利和谐共生的价值基础，标示着正在崛起的中国的价值观念自我规范和与人共处的道德文化标准。

（一）“重义轻利”的中国传统价值取向

《淮南子·谬称训》曰：“义者比于人心，而合于众者也。”《礼记·礼运》称：“故国有患，君死社稷谓之义。”《厚道》中韩愈“行而宜之谓之义。”义的意思在这里就是道义、仁义或道德的体现，合宜和正直或为了公众利益不惜牺牲自己利益的举动。所谓重义轻利，就是对道义、仁义或道德的重视程度高于“利”。这里的“利”特指个人的私利、功利或物质利益。

义利之辩，“重义轻利”是中国传统道德的主流价值取向。儒家理论划分君子和小人的重要标准就是义利之争。《论语·里仁》

① 王泽应：《论义利问题之为伦理学的基本问题》，《华中科技大学学报社科版》，2011年。

“君子谋道不谋食，忧道不忧贫。”，《论语·子路》“无欲速，无见小利，欲速则不达，见小利则大事不成”。《论语·述而》“不义而富且贵，于我如浮云”表达了儒家伦理思想中君子重义轻利，追求崇高的精神理想高于追求眼前的个人私利的道德标准。而舍生取义，更是在义利之间做出明确抉择《孟子·告子上》“鱼，我所欲也，熊掌，亦我所欲也；两者不可兼得，舍鱼而取熊掌也。”孟子倡导的是一种非此即彼，两者不能兼顾时，义的至高无上，更有一种大义凛然，浩然超脱的大丈夫气概。

重义轻利的思想在宋元明清时代更是发挥得淋漓尽致，汉代的董仲舒和朱熹在《答陈同浦书》中“天理人欲之分，有毫厘必计，丝发不爽者”天理是要取义的。《北溪字义》“义与利相对而实相反，才出乎义，出乎利，其间相去甚微。义者，天理之所宜，利者，人情之所欲。”强调的是道德和功利的对立，在道德层面的对物质利益的全面抹杀。

传统文化中除了重义轻利的主流价值观外，义利并举甚至见利忘义的价值观也是一直存在中国人的道德挣扎中。《墨子》“兴天下之利，灭天下之害”先秦墨家的功利观强调义利统一，反对义利对立。《宋元学案·龙川学案》“禹无功，何以成六府？乾无利，何以具四德？”深刻地指出，无利无仁义，主张将功利和仁义统一起来，没有功利为基础的义理都是空虚，但这些作为负面文化的价值观念虽然一直都是主流社会痛斥和批判的对象，但也没有彻底的消失，总是在历史的轮回中时常的沉渣泛起，搅起阵阵的波澜。

（二）认识传统中国正确义利观

传统中国正确义利观之辩，实质上是中国民族精神之辩，是中国社会传承数千年的绵延。这是产生民族认同和民族凝聚力的根本所在，不是简单地说教，是整个中华民族在本民族发展过程中形成的引以为傲的民族价值观，从而产生的自我内在认同的道德观念。正是由于本民族的道德情操和自我激励才能有“路漫漫其修远兮，吾将上下而求索”的奋发图志，使一个民族历经贫穷、战乱和危亡仍能万众一心誓死守卫自己的国土和民族之魂，在外敌入侵和民族压迫的悲惨状况下，仍能坚守民族理想，忍辱负重，显示自己的民族气节支撑起民族复兴之梦。

封建伦理对“义”的片面强调有其阶级目的，是用片面的“义”的追求来固化封建等级中的帝王和君臣人身依附关系，让普通人无法超越“义”所焕发的精神束缚，从而在道德的自我约束下放弃对物质的追求，遵循封建社会中的君臣父子的道德标准。“对整个文化和文明世界的抽象否定”，是“向贫穷的、没有需求的人——他不仅没有超越私有财产的水平，甚至从来没有达到私有财产的水平——的非自然的单纯倒退”① 中国社会在这种愚民的价值观的限制下，直接的后果就是社会发展长期以来被拉缓，民众物质欲望的发展被压抑。

被扭曲的儒家经典对“舍生取义”的解释的最终并不是对物质的极端否定《论语·子路》“子适卫，冉有仆”。子曰：“庶矣哉！”。冉有曰“即庶矣，又何加焉？”曰：“富之”。曰：“即富矣，又何加焉？”曰：“教之”。孔子认为物质是教育的基础，国家具有了充足的物质条件才可以教化民众。《孟子·梁惠王上》“今也制民之产，抑不足以事父母，俯不足以畜妻子，乐岁终身苦，凶年不免于死亡，此惟救死而恐不赡，奚暇治礼仪哉？王欲行之，则盖反其本质矣。五亩之宅，树之以桑，五十者可以衣帛矣。八口之家可以无饥矣，谨痒序之教，申之以孝悌之义，颁白者不负载于道路矣。老者衣帛食肉，黎民不饥不寒，然后不王者，未之有也”。孟子强调物质利益是接受道德教化的基础。显而易见，孔孟的义利一直都是并存不废的，是中华民族一直绵延遵守的价值观。《史记·管晏列传》“仓廪实而知礼节，衣食足而知荣辱”。

① 《马克思恩格斯全集[M].(第42卷)》，北京：人民出版社，1979年，第118页。

二、社会主义核心价值观下正确义利观解读

义利问题涵盖道德理想与物质利益、个人利益与集体利益、精神需要与物质需要、阶级利益与民族利益的关系，更包含人生抉择等诸多问题。以习近平为总书记的党中央立足中国传统文化，结合马克思主义的义利观，在社会主义核心价值观的视角下，提出了正确义利观的概念，代表着当代中国在治国理政、处理内政外交复杂的国内国际事务所秉承的政治智慧和价值观念。更对中国社会价值观的引领有指导作用。

正确的义利观的“尚利贵义”是有其鲜明特色的。但更致力建立一种义利并重，以义制利，见利思义的伦理价值观。“人们奋斗所争取的一切，都同他们的利益有关。”[①]“不讲多劳多得，不重视物质利益，对少数先进分子可以，对广大群众不行，一段时间可以，长期不行。革命精神是非常宝贵的，没有革命精神就没有革命行动。但是革命是在物质利益的基础上产生的，如果只讲牺牲精神，不讲物质利益，那就是唯心论。”[②]“每个人都应该有他一定的物质利益，但是，这绝不是抛开国家、集体和别人，专门为自己的物质利益奋斗”。[③]

（一）正确对待“利”和“义”的关系

“利”就是物质利益，“义”是道德情操。在“义利之辩”，物质和道德的关系是最基础的问题，对这个问题的不同回答是决定不同伦理观和价值观的本质。正确的义利观对于片面强调“义”或

① 《马克思恩格斯全集[M](第1卷)》，北京：人民出版社，1956年，第82页。

② 《邓小平文选（第二卷）》，北京：人民出版社，1994年，第146页。

③ 《邓小平文选（第二卷）》，北京：人民出版社，1994年，第337页。

“利”持否定态度的。义利关系既不能割裂也不能混同，主张在唯物论的基础上辩证的看待义利的关系。《论语·阳货》“君子义以为上”;《论语·里仁》“富与贵，是人之所欲也；不以其道得之，不处也。贫与贱，是人之所恶也；不以其道去之，不去也”;《论语·述而》“不义而富且贵，于我如浮云”这些重义轻利、强调道德价值的义利学说是传统儒学对中国传统文化的核心价值观的表述，强调博施济众的人道主义和克己复礼的道德修养。强调道德理想、道义关怀在追求物质利益中的能动作用和制约，在二者产生矛盾时强调义的重要性和义的不可舍弃性，更在精神境界提出超越的追求模式，舍利取义的辩证统一。

（二）正确对待“公”和“私”的关系

“公”“私”之辩从来就是与“义”“利”之辩如影随行。公共利益和个人利益是义利的更深一层探讨。对这一层面的回答产生伦理关系上的不同地位，“先天下之忧而忧，后天下之乐而乐”的伟大与渺小，“人生自古谁无死，留取丹青照汗青”人生境界追求。正确义利观，强调先公后私和先人后己的利群的集体主义精神，主张在把国家和集体的利益优先的价值均衡主义。“一般而言，私德方面的个人修养有助于公德的提高。因为他们来自共同的出发点，即人的世界观。一个贪婪纵欲的人很难做到爱人，而一个有慎独反思精神的人却很容易做到诚实。”①

（三）正确对待物质追求和精神价值平衡

由于热衷于义利之辩，所引发的另外一个后果就是伦理发展阶段的“存天理，灭人欲”的探讨。奠基于孔孟的儒学，以贵仁、重礼、尚义为核心，面对儒佛道的道义伦理鼎立局面，嬗变为理学，坚信树立纲常，才能造就理想人格，由内圣而外王，使天下长治久

① 茅于轼:《中国人的道德前景》，广州：暨南大学出版社，2008年，第82页。

安。强调依靠道德来调节社会的利益关系，以稳定社会的经济、政治秩序。“大凡出义则入利，出利则入义。天下之难事。惟义利而已”，[①] 为理学的义利观蒙上了偏执的色彩，但细究发现“古之君子所以善学者，以其能通于此而已”，[②] 理学的最终目的是超越儒学的个人道德修养范畴，进入现实社会，超越君子独善其身，并要兼济天下，为社会尽其所能，达到物质和精神的平衡。

（四）正确对待功利效果和原始动机的关系

人的道德价值反映出的结果是在原始动机上体现，还是在最后的功利结果上体现，这也是义利之辩的重要内容。伦理思想史上的动机论与效果论是对动机和效果在道德评价中地位不同认识的产物。动机论主张以动机作为判断行为的依据，效果论则以效果作为判断行为的依据。正确的义利观主张把功利效用与志向动机辩证地统一起来，反对纯粹的功利论，也反对纯粹的动机论。认为好的动机必须考虑效果，好的效果必须考虑出于好的动机。

正确义利观的内容必须是辩证统一的。不能混同和割裂义利的关系，必须秉持并重统一的价值立场。并在这种并重的基础上主张以义取利，见利思义。正确的义利观坚持个人利益与社会共同利益的统一，在社会的价值指向上，主张把国家和人民利益放在首位。因此正确义利观在利益结构中有突出公共利益或整体利益的特征。这种公利同其他道德所推崇的公利的本质区别在于在社会主义核心价值观的话语体系下，将“公”的范围提高到历史的新高度，相对于单个人的国家和群体公共利益，主张“人民的利益高于一切”的道义标准是正确义利观的价值内核和精髓。

① 程颐、程颢：《二程遗书卷》，上海：上海古籍出版社，2000年，第11页。

② 程颐、王鹤鸣：《殷子和・周易程氏传》，北京：九州出版社，2010年，第3页。

三、大学生思想政治教育中义利观的培育

在大学生思想政治教育中义利观的培育是不可回避的问题。大学生的培养首要是价值观问题，培养大学生具有什么样的品格的问题，其实就是德育问题。《资治通鉴》中关于德才关系有一段论述"聪明强毅之谓才，正直中和之谓德。才者，德之姿也；德者，才之帅也……是故才德全尽，谓之圣人；才德兼亡，谓之愚人；德胜才，谓之君子，才胜德，谓之小人。"对大学生正确义利观的培育，就是对大学生社会主义核心价值观的培养，就是培养大学生对自身的道德品行有一个正确认识和理解，培养起精神活动的中枢系统，在个人奋斗的生涯中寻找到精神支柱和内在的动力。

（一）摆正"义利"的辩证统一有利于大学生正确对待物质追求和道德修养的关系

物质利益的追求起源于人的本能，道德修养却来自于要成为更好的自己的一种修为。当代大学生显然处在一个物质诱惑极端丰富的时代，对于成功的准则很大程度取决于对物质财富的占有多寡的社会现状，很难用语言简单的阐述清楚选择物质的同时如何不丢弃道德，而且要时刻将道德举过头顶。"社会转型因现代化而起，又以现代化为归宿。当这个过程中的大众由直观而感知的现代化，恐怕大部分都是面对纷至沓来的种种变化而不得不全力应变和不断求变。人们日行起居，医疗、教育制度在变、传播媒介在变、交往方式在变、代际关系在变，当下国民焦虑，社会信任下降，情感冷漠，人际疏离、归宿感缺乏等成为当代中国社会亟待解决的问题。这些无止境的变动使得人们得到很多东西，同时又不能不放弃种种

熟悉的东西。”[①] “用钱袋的影响来衡量每一种活动的意义。”[②] 对物质财富热切追求带给社会的负面影响正在显现，对于生活目的茫然和价值信念的丧失使很多人，尤其是生命力旺盛的大学生们产生了困惑，如何看待“义利”的关系将是大学生在塑造自我人生价值观时不可逾越的一道坎。

（二）正确对待“公私”的关系有利于培养大学生爱国主义和集体主义情感

传统文化中“重义轻利”表现在义利观中就是爱国主义、集体主义。即国家和集体的利益是“大义”，个人的利益是“小利”。我国实行的是以公有制为主导的、以按劳分配为主体的社会主义制度。在这种制度中个人利益服从国家利益是由于在本质上国家和人民的利益是一致的。以社会主义核心价值观为内涵的新型义利观，对大学生的道德水平提出了新的要求。当代大学生是社会的优选人才，是国家未来的主人，如果没有树立起和社会主义核心价值观一致的义利观来对待学习、工作和生活，对个人的发展乃至整个民族的未来，结果都是不乐观的。因此，在大学生中大力弘扬爱国主义、集体主义，重大义轻小利的正确义利观，都是对大学生人格理想、人生追求的正确引导和合理规划。要让大学生充分认识到，个人的发展和辉煌都是建立在民族和国家的伟大复兴之上，没有国家的繁荣富强，个人的利益都是无源之水，无本之木，无从谈起，这些都是经过历史验证的真理。

（三）正确对待物质利益和精神价值平衡有利于大学生对自身业务素质的提高

“义利”并举的含义在正确义利观中也并不赞成对义的片面绝

① 杨国强:《寻找安身立命之地》,《南方周末》，2012年12月27日。

② 《马克思恩格斯全集（第26卷）》，北京：人民出版社，1972年，300页。

对追求。也就是对“存天理，灭人欲”的追捧，避免走向另外一个极端。李克强总理在河南考察工作时曾勉励电商企业员工“你们都是大学毕业生，有专长，每个人都要有这样的理想，有创客精神把经济蛋糕做得更大，让世界变得更美好，让大家生活更幸福！我希望你们保持这种创业创新的热情。不要怕质疑，要在质疑声中成长，在风浪中搏击，接受合理的建议，在克服困难中成长壮大。”中国经济体制的重大变革，越来越多的大学生接受并形成了效益观念、竞争观念、正当的个人利益观念、艰苦创业观念等。大学生们重视利益，努力强调自我价值，兼顾个人和社会，兼顾索取和奉献。这些追求也都对大学生本身的业务素质提出了新的要求。所以如果认为大学生都要重义轻利，才是理想的目标，也会有失偏颇。人的生存是需要物质条件的，人不去追求自己的利益，特别是在市场经济的条件下，没有获利的权利，会挫伤大学生的创造力和劳动的积极性。轻则会抑制社会经济的持续良性的发展，重则会导致社会矛盾的爆发。因此，义利观的教育必须在重视大学生现有生产力的基础上有序平衡的展开。

（四）正确对待功利效用和志向动机的关系有利于避免传统义利思想在大学生中的负面影响

传统义利观中也存在一些重义轻利和唯利是图的不良的义利观，这是在大学生思想政治教育，也是与社会主义核心价值观相反的义利观的内容之一。

毛泽东曾经指出，唯物主义者并不一般地反对功利主义，但是反对封建阶级的、资产阶级的和小资产阶级的功利主义，反对那种口头上反对功利主义、实际上抱着最自私最短视的功利主义的伪善者。邓小平也曾经指出，只讲牺牲精神，不讲物质利益，对少数人可以，对大多数人不行；短时间可以，长期不行。中国传统的重义轻利思想，虽然在历史上曾经起过以至在今天仍具有积极作用，但是其负面影响也不可忽视。受这种思想的影响，中国人长期以来

“不患寡而患不均”为价值目标，而这无疑是以牺牲效率和进步为代价的。[①]

正确义利观中反对偏颇的以利舍义，见利忘义的不正确义利观。但这些观点不但存在，而且还会在相当的范围存在下去，对于意志薄弱和立场不坚定的少数群体，就存在着诱惑。“当人们身处由持相同观点的人组成的群体当中的时候，他们有可能会走极端。”[②] 思想政治教育所涉及的正确的义利观不仅是对于大学生观念的提示，更是在关键时抓住机会，为大学生的人生规划找到出路。

四、结语

正确义利观来源于马克思主义义利观和社会主义核心价值观，又是对马克思主义义利观和社会主义核心价值观的深化和发展。更是大学生思想政治教育的重要内容。在强调义利并重与义利统一的基础上更加注重和谐共生，个人和国家共同发展的伦理价值，更加注重大学生健康成长的道义关怀。是中国传统优秀文化的核心精髓和优秀价值观的集中表达，成为大学生思想政治教育中大学生价值观教育的基座，为大学生思想政治教育深入开展探寻了伦理功能和道德意义。

① 徐可纯：《论传统文化对中国社会主义的影响》，《中国石油大学学报（社会科学版）》，2008年。

② [美]凯斯·R.桑斯坦，郭彬彬译：《极端的人群：群体行为的心理学》，新华社出版社，2012年。

浅谈微信图书馆的优势

国际经济学院　韩　阳

近年来，“大数据”已经成为网络流行词语，并且在各个领域及行业中都受到了广泛关注。在此背景下，图书馆领域也感受到了机遇和挑战。黄辉指出在大数据环境下，用户对信息的需求更加突显出其个性化的高满意度贴近式服务特点，以及伸手即得的服务要求。由此导致图书馆服务对象的特点呈现多样化、差异化、即时化、动态化、个性化以及碎片化。这些变化对传统图书馆服务的信息创造、信息储存、信息组织、信息挖掘、信息分析以及信息服务理念等方面都产生着前所未有的冲击。①

我院图书馆在信息化建设进程中，已经取得了相当的成就。但在大数据的环境下，要想跟上步伐，只有面对挑战，更新理念，创新服务，开创新型服务空间，充分利用“大数据时代”给予的资源优势，才能避免我校图书馆在未来的发展中被边缘化。

本文通过分析微信应用软件在实现沟通过程中的特点，及其在图书馆信息服务中所提供的创新支持，并结合目前我国高校图书馆微信应用平台的现状，综合分析了在“大数据”时代下，由微信公众平台提供的新型图书馆服务对传统图书馆服务带来怎样的机遇与挑战。并希望本文能够对我校图书馆未来建设提供建设性建议。

① 黄辉:《大数据时代图书馆的微服务研究》,《图书馆学刊》, 2015年第2期，第78—80页。

一、大数据与"微"时代的到来

"大数据"时代的到来从一定程度上也可以狭义的解释为"微"时代的到来。毋庸置疑，在当前庞大的数据中，传统的结构化数据的辐射范围，已经被大量的非结构化或半结构化数据所占据。此类数据的主要特征是"短"、"小"、"精"、传播速度快、并且交互能力强，例如微博，微电影，和微小说等。[①] 就微信而言，我国社科院在《2014年新媒体蓝皮书》中明确指出中国已经进入了"微"时代，其用户总量已经突破6亿，并以每天8000新用户的数量增长。[②] 如此庞大的使用群体、信息传播量，以及增长速度使"微"产品与大众的生活息息相关。对于图书馆建设来说，"微"时代的到来也意味着一场巨大的机遇性变革即将来临。

与传统图书馆相比，微信图书馆平台的优势是不言而喻的。下文将首先分析微信应用软件的传播特点，其次将归纳评述微信在目前高校图书馆服务平台上的应用，特点，及其带来的革新式服务，最后将这种"微"服务创新模式与传统图书馆服务模式相对比，以期本文能够有助于我校图书馆的未来建设。

二、微信及其自身特点

微信是腾讯公司于2011年1月21日研发推出的一款以互联网

① 黄辉:《大数据时代图书馆的微服务研究》,《图书馆学刊》，2015年第2期，第78—80页。

② 刘婷婷等:《211工程高校图书馆微信公众账号应用调查与分析》,《图书馆学刊》,2015年第2期，第68—71页。

为支持的通过智能手机安装的实时沟通即时通讯软件。[1] 作为新兴的即时通讯服务应用软件，凭借着自身强大的信息传播能力，微信拥有比目前同类应用软件更多的用户数量以及更大的影响力。毫无疑问，依靠腾讯公司作为强大的信息技术资源平台，微信是名副其实的“富二代”。腾讯公司经过多年的发展，旗下不仅拥有丰富的产品和技术资源如：QQ即时通讯软件、电子邮箱、网络游戏，以及由QQ社交软件平台衍生的其他应用软件如QQ影音、QQ空间、QQ校友等，并且腾讯公司在全球范围内积累了十多亿的用户资源。[2] 这种强大的信息技术支持以及丰富的用户资源优势，给予了微信强有力的平台支持。微信的传播特性不同于传统的媒介，总体来说，主要由以下三个特点组成，即：实时性信息推送、使用成本低廉和互动隐私性强且形式多样。

（一）实时性信息推送

从微信的实时信息推送特点来说。微信的传播方式已经突破了时间和空间的限制。[3] 具体来说，微信用户能够通过连接互联网的智能通讯设备任意的进行信息相互推送。这种通讯方式无疑大大的节省了用户的宝贵时间，并且能够使用户在不同的空间地理位置上通过互联网即时接收到系统通讯平台推送的消息。信息的接受者同时也可以成为信息的再发布者或转发者。这一设置使得被推送的目标信息能够在用户自身的人际圈内迅速传播，并在被传送的用户间呈几何式扩散。微信的这种实时性以及不受空间限制的信息传递模式迅速被用户认可并使用，使其成为最受欢迎的实时通讯应用软件之一。

---

① 叶海智等：《基于微信的图书馆移动信息服务设计与实现》，《软件导刊》，2013年第12卷第11期，第88—90页。

② 陈锦波：《基于微信的图书馆信息资源推送研究》，《四川图书馆学报》，2013年第4期，第7—10页。

③ 同上书，第8页。

（二）使用成本低廉

对于下载使用微信的用户来说，软件下载本身是免费的。产生费用的是用户在使用软件时所产生的上网流量费。这种网上流量费用主要由网络运营商收取。相比其他通讯方式而言，如邮寄信件、短信、彩信以及电话语音等，微信的通讯成本十分具有竞争力。举例来说，普通的手机移动短信根据选择通讯运营商及其套餐产品的不同，资费会有相应差异。大体来说发一条移动文字短信的资费是0.1元。相比之下，使用微信通讯平台，0.1元可以实时发送上千条短信或是数十张彩信图片。[①] 不仅如此，微信通过连接互联网平台运行的特点本身就给予了其自身在使用上的优势。在互联网技术迅速扩张普及的今天，对互联网技术的使用不仅仅存在于各种类型的机构中，更是普及于普通的家庭。并且在大中型城市中免费使用WIFI技术已经是许多公共场所的必备服务之一。这种普及式互联网信息技术的支持，使得依靠流量实现通讯目标的微信服务平台更加受到用户的青睐。

（三）互动隐私性强且形式多样

与其他即时通讯应用产品相比微信具有更强的互动多样性。首先，微信的即时性推送方式使得用户间的互动性更强。与微博比，微信用户不需要登录相应的网站，更新页面，然后查询更新信息。即时性推送服务会把更新过的内容不间断的实时发送到连接互联网的用户手机上，使信息接收者能够立刻做出回应。实现更强的互动性。[②] 与此同时，更多样的个性化互动方式也为其积累了大量的用户。显而易见，与其他互动式应用软件相比微信的信息交流方式更

① 陈锦波：《基于微信的图书馆信息资源推送研究》，《四川图书馆学报》，2013年第4期，第8页。

② 陈盈：《微信公众平台及其在图书馆移动服务中的应用与研究》，《图书馆学研究》，2013年第20期，第72页。

加多种多样，不仅局限于文字，图片和语音短信，微信用户还可以使用视频聊天方式，或是互传影音讯息达到互动的目的。[①] 在互动隐私性强且形式多样的特点下，微信比其他即时通讯应用产品更受用户的欢迎。毋庸置疑，微信的自身特点不仅使其在推出仅仅两年的时间里用户总量就突破了3.5亿，而且微信的使用对现今社会发展的各个领域都产生着极大的影响，如医药界、信息界、以及教育界等。[②]

三、微信图书馆在高校中的应用现状及特点

随着微信平台的迅速发展及其在诸多领域的广泛应用，图书馆服务领域对其应用特点的相关研究也随之展开。截至2014年5月份在我国112所“211工程”高校中，已有40所高校图书馆开通了微信公众账号，占我国“211工程”高校总数的33.06%。[③] 下文将结合微信应用的特点和图书馆服务，分析微信在目前我国高校图书馆服务平台上的应用特点，及其带来的改变，并且综合对比传统图书馆服务模式，总结“微”图书馆平台服务的优势。

（一）实时性

与传统的图书馆信息传播模式相比，使用微信为用户终端极大的提高了信息传播的实时性。这使得用户在有信息索取需求时就可以通过即时的微信终端接收到所需的信息。刘婷婷等人对40所已经开通微信公众账号的“211工程”高校图书馆的调查显示。微

① 黄浩波等：《微信及其在图书馆信息服务中的应用》，《图书馆学刊》，2013年第1期，第62—64页。

② 肖金华、黄丽红《基于微信的图书馆信息服务模式研究》，《现代情报》，2013年第33卷第6期，第55—57页。

③ 刘婷婷等：《211工程 高校图书馆微信公众账号应用调查与分析》，《图书馆学刊》，2015年第2期，第68页。

信公众平台所提供的咨询模式主要分为两种，一种是实时互动式咨询，另一种是自助式咨询，两种咨询方式各有利弊。

首先，微信公众平台提供的实时互动咨询服务在很大程度上满足了读者的个性化需求。这种信息传播的实时性从空间范围上使得用户可以足不出户就能了解到自己想要的信息，在时间上也极大地节省了路途上和排队可能消耗的潜在时间，从而微信终端的使用在某种程度上提升了用户的体验度和忠诚度。

其次，是自助式咨询服务，这种自助式咨询服务可分为特殊代码预设回复和自定义导航菜单两种服务方式。特殊代码预设需要图书馆预先设定指令，在读者通过关键词输入查询指令后，系统会自动分析，并运行相关服务程序。这种类型的服务优势是，不需要配备24小时网络互动服务人员，读者可以通过输入关键词自助访问某项服务，但特殊代码预设服务体现出指令复杂，规范性不到位，从而增加了用户访问的难度。

虽然说微信的实时性特点与传统图书馆服务相比很大程度上突破了空间上的束缚，但一些学者还是提出了疑问，李荣在对我国20所高校图书馆的微信服务平台进行研究后指出：在实际操作中如果微信公众平台提供的实时互动咨询服务未能切实做到即时回复，读者的积极性与信任感势必会因为这种滞时性而受到消极的影响，因此图书馆应该设置专门的微信咨询人员及时通过微信服务平台收集并反馈读者的信息请求。①

总体来说，与传统的图书馆服务相比，微信服务的实时性更强。用户在有信息索取需求时仅需用过无线终端就能及时提出服务需求，这无疑提高了信息的传输效率。虽然微信平台图书馆的建立面临相应的挑战，如专业人员的配备，以及系统技术的支持等，但微信服务的使用切实提高了用户使用体验和满意度，并在最大程度

① 李荣：《高校图书馆开展微信服务的实践与思考——基于20所高校图书馆微信服务的实际体验》，《图书馆研究》，2015年，第1期，第89—92页。

上使终端用户在接受图书馆服务时突破了空间与时间的阻碍。

（二）实时推送及丰富的服务内容

如上所述，微信平台的实时性很大程度上突破了时间和空间的束缚，使读者能够即时与图书馆进行互动。因此微信平台成了一种实时的信息接收工具。那么从图书馆的角度来说，微信平台的这种特点，也使图书馆能够快速、即时、并准确地将丰富的宣传信息推送到读者的用户终端上。从而使读者能够最大程度上享受图书馆内容丰富的特色化服务以及大数据带来的海量信息。

实时推送的信息量是丰富的。在刘婷婷对40所“211”工程高校使用微信图书馆平台的调查中显示，① 微图书馆向用户集中推送的信息主要分为两大类。一类是快速准确的基础信息，另一类是便捷全面的附加信息。首先基础信息主要指由用户主动使用微信进行查询或预约书目等基础性服务，例如：开馆时间、馆藏分布、服务指南、借阅规则、学科馆员联系方式、座位管理、续借馆藏物品、馆藏查询、预约和个人借阅状态查询等。其次微信用户终端还支持一些特色化升级服务。例如：公告型服务，包括学术会议、日常通知、展览通告、培训通知和活动报道等；知识推广型服务，包括新书推荐，热门借阅，知识推广和数据库介绍等；馆务建议型服务：一对一互动咨询，图书荐购，机器人助手等。显而易见，“微”图书馆服务平台的使用不仅极大程度上突破了时间和空间上的束缚，并且为用户提供的服务内容更是丰富多样。与传统的图书馆信息传播模式相比，新型微信图书馆平台的信息传播活跃度更高，内容更加丰富多彩。并且微信图书馆平台提供的实时推送服务使图书馆能够将最具时效性的信息在第一时间内推送给读者，满足用户对即时信息索取的需求，同时保持信息的丰富性，从而提高用户的使用体验。

① 刘婷婷等:《211工程 高校图书馆微信公众账号应用调查与分析》,《图书馆学刊》，2015年第2期，第68—71页。

四、结论

本文通过分析微信应用软件的使用方式，归纳得出其在使用中的三个特点，即：实时性信息推送、使用成本低廉、互动隐私性强且形式多样。同时本文根据微信应用平台的特点结合目前一些学者对高校微信图书馆的研究，综合分析了微信平台服务的使用对我国高校图书馆服务带来的机遇与挑战。总的来说微信平台给现代图书馆提供了一套新型的传播模式及服务理念。与传统图书馆的服务模式相比，“微”图书馆平台的实时性，以及推送内容的丰富性为用户提供了一套新型，快捷，互动性更强的服务模式。这种新型的模式已经迅速的在我国各大高校图书馆中推广开。对于我校而言，虽然我们已经在新型图书馆建设方面取得了诸多成果，但仍然面临很多挑战。特别是在目前大数据环境下对新型“微”图书馆模式的开发上，只有不断跟进大数据时代的发展步伐，才能更好地为我校师生的学术科研创造做出贡献。

高校图书馆留学生读者服务研究

——以外交学院图书馆为例

图书馆　李艳丽

针对外国留学生读者的服务是高校图书馆培养留学生科研能力，提升其科研水平的基础，也是保障留学生教育质量的途径之一。提高留学生信息素养，使其充分利用好图书馆的资源是高校图书馆的一项重要工作。本章节对在校留学生进行问卷调查，分析他们在图书馆使用方面的特点与需求，以及留学生在语言、知识和信息能力等方面存在障碍等，提出树立国际化的视野与思想、提供个性化的信息服务、强化对留学生的教育和培训、建立留学生文献保障体系等方面提高留学生的信息素养，为图书馆信息服务工作提供支持，将图书馆建设成为一个具有国际视野与文化交流的平台。

一、我国高校留学生现状分析

伴随着知识经济全球化、一体化的飞速发展，教育国际化成为又一不可逆转的发展趋势，作为以留学为主要表现形式的人才跨国流动为世界各国争夺和储备人才提供了广大的竞争空间。《中国留学发展报告（2014）》蓝皮书显示，随着全球化进程的深化，特别在进入新世纪以后，全球学生跨国流动速度明显加快，尤其是接受高等教育的留学生人数增长迅猛，从2000年的2087702万人次增加到2012年的4528044人次，增长超过2倍。从全世界看，国际留学生总量占全球高等教育总在校生人数的近2%。[①]一方面来看，国际留学生促进了输出国与接收国的文化、教育交流，且给接收国带来一定经济流量，因此，一些国家的经济发展规划中亦囊括了发展留学产业相关内容；另一方面，留学生为接收国带来了大批优质人才资源，有力推动了接收国的知识创新、技术革新进程。因此，各国均将坚持教育开放合作不动摇，大力发展留学产业，促进本国与国际经济、政治、教育、文化的交流与接轨，吸收、保留国际优质人力资源作为留学产业的工作重点。各高校作为教育国际化的首要驱动力量，必须顺应全球化的发展趋势，通过促进教师流动、学生流动、教学资源流动，在高等教育领域形成国际化潮流，进而带动基础教育领域的国际化，最终实现整个教育产业的国际化。2012年3月，教育部印发了《高等教育专题规划》，提出加强对外交流与合作、提升高等教育国际化水平的规划。[②]而衡量教育国际化水平的两个最重要指标，一是国外留学生来中国学习情况，二是国外教师来中国任教情况，根据重点高校国际化调查分析报告中的统计数据显示，中国重点高校平均每校有外国留学生1000余人，占在校生总数的比例平均为3.7%，一般高校外国留学生占在校生总数的比例率低于该数据，随着中国教育国际化水平的发展，这个数据还在不断攀升之中，外国留学生将逐渐成为国内高校不可忽视的一类团体，这对高校图书馆的服务也提出了一定的挑战。

据统计，2014年共有来自203个国家和地区的377054名各类外国留学人员在31个省、自治区、直辖市的775所高等学校、科研院所和其他教学机构中学习，比2013年增加20555人，增长比例为

① 熊如梦：《中国稳居世界留学第一大国2013留学人数达8.8万》，人民网，2014年12月19日，http://world.people.com.cn/n/2014/1219/c1002-26239134.html，2014年12月19日登录。

② 《揭中国高校国际化的尴尬局面》，腾讯教育，2015年4月21日，http://edu.qq.com/a/20150421/048984.html，2015年4月21日登录。

5.77%（以上数据均不含港、澳、台地区）。[①] 教育部在提出全方位提高教育对外开放水平，“不断提高来华留学质量，成立全国留华毕业生工作组织”；2015年工作要点则提出“启动来华留学质量认证体系建设”。面对来华留学生的大量增加，了解来华留学生的信息需求并提高信息服务水平，是当前我国高校图书馆面临的重要课题。

表1　教育部2011—2014年来华留学生数据统计

年份	总人数（人）	硕博留学生数量（人）	来自国家数（个）	高校分布数量（所）	自费留学生数量（人）及年增长率	中国政府奖学金情况（人）及比例	学历留学生数量（人）、比例及年增长率
2011	292611	30376	194	660	266924 9.98%	25687 8.77%	118837 40.61% 10.62%
2012	328330	36060	200	690	299562 12.22%	28768 8.76%	133509 40.66% 12.35%
2013	356499	41653	200	746	323177 7.88%	33，322 9.35%	147890 41.48% 10.77%
2014	377054	47990	203	775	340111 5.24%	36943 9.80%	164394 43.60% 11.16%

表1为教育部统计的2011—2014年来华留学生发展情况。可以看出近年高校留学生的构成情况：（1）来华留学人数逐年递增，留学生国别逐年增多。（2）留学生在国内分布越来越广，招收留学生

① 《2014年全国来华留学生数据统计》，中华人民共和国教育部，2015年3月18日，http://www.moe.edu.cn/publicfiles/business/htmlfiles/moe/s5987/201503/184959.html，2015年3月18日登录。

的高校在逐年增多。（3）中国政府已越来越重视来华留学生工作，并逐年加大留学生奖学金比例。（4）攻读学位的学历生增加，硕、博留学生人数增加。①

外交学院招收外国博士及硕士研究生。此外，1994年以来，学院为外国青年外交人员提供为期四个月的汉语培训，至2006年7月已接收来自亚洲、非洲、拉美、欧洲40多个国家约200名青年外交人员，并且为非洲、拉美、东盟、阿拉伯、南亚等地区举办短期“外交官了解现代中国讲习班”，为柬埔寨、老挝、阿富汗、伊拉克、巴勒斯坦等国及非洲国家举办短期“外交业务培训班”。

二、留学生对于信息服务需求情况的调查分析

（一）留学生信息服务需求现状调查

高校图书馆想要加强对留学生信息素质的教育，必须研究留学生的基本信息，分析留学生的构成，主要包括国别、学习的专业、年龄以及汉语水平等等，准确分析这些信息后，才能够做到因材施教，并有针对性地提供信息服务。

以外交学院为例，通过我院留学生的调查发现：我院留学生主要来自亚洲和非洲国家，少数来自欧美国家，语言、文化等背景各不相同。对有些学生来说，英语甚至是第二外语；部分来自欠发达地区的留学生由于受到本国发展水平的影响，其计算机、网络的应用水平较低。问卷调查中显示：37.25%的留学生从未使用过图书馆，56.4%的留学生对图书馆并不了解，83.73%的留学生很少或从未使用过数据库，利用信息咨询，馆际互借和文献传递等深层次服务的留学生比例更低，因此亟需信息利用技能方面的指导。

① 王英杰：《高校留学生用户图书馆信息需求分析》，《图书馆学研究》，2011年第4期，第46—50页。

（二）留学生信息服务需求的特点

留学生来自不同的国家，具有不同的文化背景与兴趣爱好，他们的学习目的也不尽相同，但他们对于信息需求的特点表现得较为一致但又呈现出多种形式。来华留学生对信息的需求受多种因素影响，主要有留学生个体的因素、社会影响因素、心理因素等。来华留学生来到中国时的汉语水平参差不齐，所受的教育结构也不相同，对于汉语的学习也处于不同的阶段，不同层次与阶段的留学生需要的信息也不相同。他们来到中国，除了学习相关的专业知识之外，还有学习汉语、中国历史人文、中国的特色文化等知识的需求。

来华留学新生来源复杂，个性化差异较大。参与调查的留学生来自亚洲、非洲、欧洲，所学涉及外交学、国际关系、国际法、国际经济共4个专业，年龄差距比较大，最大27岁，最小18岁；学习中文时间差距比较大，最长21年，最短1年；学习(使用)计算机的时间，最长15年，最短0年。总体来看，这些留学生主要学习人文社科类专业，中文水平参差不齐。

三、高校图书馆在留学生信息服务中存在的问题

（一）留学生存在跨文化沟通障碍

来华留学生离开了他们熟悉的民族文化和社会环境，需要重新适应中国的文化和环境，重新构建自己的生活和学习习惯，重新构建自己的人际关系，适应中国的教育环境，适应中国教师的教学风格，这无形之中对他们的生活和学习造成了影响。留学生在跨文化心理适应方面存在思乡情绪、学习焦虑、交际困难、跨文化沟通障碍等不良心理状态。尤其是在跨文化交际沟通方面，语言障碍和非语言障碍(眼神、手势、面部表情等)成为留学生适应新学习和生活

环境的绊脚石，更使得有些留学生失去了自信，担心听不懂他人所表达的话语，也惧怕自己表达不清晰。[①]

在读者服务方面，语言障碍造成了相当比例馆员与留学生的交流障碍，虽然大多高校馆员具备一定的外语能力，但由于长期脱离语言环境，无法与留学生开展深入交流，倾听不了留学生的心声，因此也了解不到留学生的真正需求，最终的结果就是，馆员无法为留学生提供有效服务。因此，我馆服务人员亟待加强外语沟通能力，特别是我院相关学科的专业英语词汇。

（二）对留学生群体信息需求重视度不足

虽然留学生人数持续增长，但由于占学生总人数相对比例较低，本着重要性原则，图书馆往往在其服务设计、项目规划过程中，倾向于将资源投向占学生人数绝大比率的非留学生群体，以保障较高的投资使用率，以馆藏采购为例，大学图书馆的藏书体系中严重缺乏留学生在华学习所需的相关文献，除少数211工程高校和一些外语院校购买了一些外文数据库，其他接受留学生的近400所大学图书馆都只购买了少量的外文数据库。[②] 对留学生服务重视度的不足势必造成服务的缺失、低效、非人性化等一系列问题，大大损伤了留学生使用图书馆的积极性，导致留学生越来越少使用图书馆、图书馆越来越不重视留学生服务、服务质量和服务水平停滞不前的恶性循环趋势。殊不知，留学生作为衡量中国教育国际化水平的核心指标之一，图书馆面向留学生的服务水平在相当层面上可以显示一个高校甚至是国家在实践教育国际化过程中的能力和水平，从短期来看，发展图书馆留学生服务，加大留学生服务资源投入，可能不会给图书馆、高校带来明显的经济效益，但从长远来看，一

---

① 王运武：《来华留学生的信息素养现状调查及培养策略》，《中国教育信息化》，2015年第4期，第39—43页。

② 郭雁：《关于大学图书馆留学生信息服务工作探索》，《商洛学院学报》，2009年第5期，第30—34页。

个有利于留学生学习、生活的信息环境和学术交流环境将大大促进高校参与国际学术交流、融入国际化教育的进程，给院校带来较高声誉及口碑，进而吸引更多留学生来华学习，开展学术交流，促进国内科研事业、社会经济的共同发展。

（三）信息服务的实际工作质量不高

图书馆的资源建设与对用户的服务都没有充分考虑到留学生的利益，外国留学生在图书馆查阅文献与查找信息都不是十分便利。留学生们来自于不同的国家，有不同的历史文化背景，所以学习与生活习惯也有较大差别，他们所需求的图书信息也是不同的，也存在着多样化与特殊性，所以图书馆的工作人员在面对这种情况时，一定要具体问题具体分析，应该改变以往的不重视、忽略的态度，结合图书馆的实际情况提供有效的信息服务。大多数的学校没有制定完整的为留学生服务的方法与体系，即使存在了也是形式大于内容，并且服务形式较为单一、内容缺乏、质量也不够高，由于留学生是一个特殊的用户群体，需要特殊的资源与服务，但是图书馆现存的资源与信息服务还是比较落后的，留学生得不到有针对性与质量高的服务，会对图书馆产生失望的情绪。

（四）OPAC检索系统难以利用

目前我馆采取双校区办学模式，为弥补老校区图书馆英文书目少这一现状，我馆开通了双校区图书通借通还服务，迫使留学生必须使用检索系统查询其所需要的书目内容。但由于我馆目前使用的检索界面为汉语界面，使得绝大多数留学生不知道如何在正确的位置输入检索词以及怎样正确查询，极大地阻碍了留学生获取书目等相关信息。

（五）短期留学生借还书问题

问卷调查中不难发现，有一部分留学生对于借还书这一功能还存在疑问，部分留学生认为借还书功能形同虚设。究其原因，我院留学的留学生，按留学时间可分为短期和长期，其中短期留学生占有一定比例。长期留学生一般留学时间为一至两年，毕业离校时需办理离校手续，这样一来便可以防止出现馆内图书忘记归还、丢失等，因而长期留学生可以借阅图书；而短期留学生由于留学时间仅有几周，离校时也不需办理离校手续，如此一来馆内图书的借还没有保证，因此馆内对短期留学生不提供借还书服务，他们只能在馆里阅览图书。而这恰恰也是很多留学生不来图书馆的原因之一。[①]

四、图书馆加强对留学生信息服务的具体措施

面对我国高校图书馆在对留学生信息服务方面所存在的不足，我们要结合实际情况想出解决措施，主要是从思想态度方面进行改进、并要提供个性化的高质量的服务，增强图书馆的信息服务质量，提高学生的信息素养。

（一）转变服务理念，关注留学生服务

在经济全球化、教育国际化飞速发展的当代，高校图书馆的目标正发生着翻天覆地的变化，今后图书馆工作的重点将不再是建设一个21世纪的“优秀图书馆”，而是去参与和投身于建设21世纪“优秀的研究型大学”。[②] 21世纪的优秀研究型大学在人才培养方面，担负着培养国家经济社会发展急需的高素质优秀专业技术人才和推动社会经济发展的高层次杰出人才的双重任务。在科学研究方面，是一个国家和地区科技创新的动力源、知识创新和技术创新的

---

① 王茜、陈鹤阳：《高校图书馆留学生信息服务探索》，《图书馆工作与研究》，2012年，第6期，第105—107页。

② 《文献情报中心服务模式转变受到国际关注》，中国科学院，2014年7月10日，http://www.cas.cn/xw/yxdt/201407/t20140710_4153494.shtml，2014年7月10日登录。

引领者、教学研产一体化协同创新的智慧站，对一个国家和地区在日趋激烈的全球和区域经济、科技和文化等竞争中占据有利地位具有举足轻重的影响。[①] 而要想在日趋激烈的经济、科技、文化竞争中占据一席之地，各高校必须首先融入教育国际化的进程，利用国际化拉动院校产、学、研的发展。同样，对图书馆而言，要参与建设21世纪优秀研究型大学，必须首先转变服务理念，以全球化的思想规划发展战略，设计服务项目。从教育国际化的角度来看待留学生服务，可以说，其与面向国内学生的服务同等重要，一方面，随着信息技术的发展，教育技术、教学手段的日新月异，大规模公开在线课程正逐渐变革着教育的版图，在这场变革中，“教育无国界”、“有教无界”、“有教无类”的思想进一步得以宣扬及落实，今后的高校图书馆将面临着为来自更多国家、区域学生服务的挑战，从现在开始，图书馆必须重塑服务理念，转变服务态度，从关注留学生服务做起，将其视为迈向图书馆教育国际化服务的必由之路。

（二）贯彻以人为本的服务理念

留学生作为图书馆服务的特殊群体，在针对留学生的服务设计中，同样要贯彻以人为本的服务理念。首先，高校图书馆要在总结以往国内学生服务经验的基础上，分析面向两类不同群体，图书馆服务的共性与个性。共性的问题，可以采用与国内学生服务相似的服务模式，而对于留学生服务的个性化问题，则要具体问题具体分析，对症下药，予以解决。这些个性问题包括，留学生在利用图书馆时会遇到哪些困难，具有什么样的特点，与中国学生有什么不同？如何帮助留学生克服他们在利用图书馆时遇到的困难，图书馆应采取哪些措施给予其有效的帮助，为其提供优质的服务等等。[②]

---

① 《2013中国研究型大学名单揭晓，100所名牌大学入围》，中国校友会网，2013年5月29日，http://www.cuaa.net/cur/2013xj/06.shtml，2013年5月29日登录。

② 宁艳梅：《高校图书馆如何为外国留学生提供优质服务》，《高校图书馆工作》，1994年第2期，第46—48页。

其次，高校图书馆应针对留学生进行调研，可以通过与院校外语系教师的合作，以问卷、实地观察、一对一访谈、焦点小组访谈等多种形式，收集关于留学生文献信息需求、读者服务需求的第一手资料，以此为据，建立符合国内学生及留学生需求的馆藏资源体系，设计留学生服务项目。最后，高校图书馆应建立与留学生长期对话交流、互动的服务机制，形成与留学生沟通的桥梁，随时了解留学生需求动态，设计、变革服务，确保留学生能够享受到优质的图书馆服务。

（三）提供个性化的信息服务

图书馆要提供个性化的服务，要积极分析留学生的文化背景、学习目的与知识结构，对他们进行个性化的服务，图书馆的工作人员要对留学生抱着一种开放的心态，积极主动地收集他们的资料，根据不同的需求进行不同的个性化服务，使他们有一种被关心的感觉，图书馆还要主动传送他们个性化的信息，主动推送各种有用的信息内容，对用户多多关心。

为了能够及时地解决一些留学生在利用图书馆时遇到的困难，开展一对一的咨询服务是非常有必要的，这样的举措具有较大的针对性，还可举办讲座，让一些经验丰富的教师讲授一些特定方面的知识，并且可以在举办过程中邀请各个年级的留学生来图书馆的交流中心，和专家教授一对一、面对面地交流，提出自己的疑惑与问题，让教师或者学长亲身讲授自己的体会与经验，留学生可以在这种环境中享受一对一的咨询服务，这样有助于增进留学生对中国的感情、消除他们的焦虑紧张之感。

（四）强化对留学生的教育和培训

相当一部分留学生在利用图书馆方面存在障碍。图书馆员要详细介绍OPAC（Online Public Access Catalogue，联机公共目录查询）检索和利用以及本馆图书排架规则、文献传递流程等内容，并对

《中国图书馆分类法》和图书馆主页的其他功能等进行一定的介绍。

1. 做好留学生入馆教育

留学生在进入图书馆学习之前，和其他中国新生一样都要进行入馆教育，对他们进行入馆教育，主要是让他们尽可能快地参观熟悉图书馆、熟悉图书馆的环境、图书参考文献的分布、图书馆的一些规章制度等，并让他们熟悉图书馆服务人员，让他们在以后的图书馆学习中更为便利，可以寻求这些馆员的帮助，并给他们介绍电子阅览室的服务窗口、软件系统以及下载文献资料的途径，使他们尽快克服各种障碍，适应中国的环境。

2. 开设留学生信息检索课程

留学生信息素质教育应该"因材施教"，注重理论与实践的结合。由于留学生的母语不是中文，其成长环境和文化背景与国内学生迥异，因此对留学生的信息素质教育不能是对国内学生文献检索课的直接翻译、移植，而应该从留学生的信息需求和信息素质现状出发，实施以需求为导向的留学生信息素质教育。

3. 加强对留学生专业数据库的介绍和使用方法等方面的讲解

调查显示，绝大部分留学生都没有受过专业数据库使用方面的教育培训，只能搜索和利用公开网络信息，显著影响了其学习和研究的效果。在留学生信息素质教育中，图书馆员应尽量举办不同类型和功能的数据库将重点放在信息检索与数据库的选择和利用上，同时结合论文撰写和发表的要求来讲授。

（五）建立留学生文献保障体系

根据留学生自身特点、语言程度、专业特色等采购文献资料。购买提高汉语水平、汉语考试等相关书籍、中国历史文化、风土人情等方面的书籍。馆际互借是良好的补充形式，据问卷调查显示，外籍留学生从未进行过馆际互借服务，对馆际互借这种形式也没有了解，在留学生中加强宣传，帮助他们完成馆际互借等相关服务。

（六）设置留学生阅览室

由于相当一部分留学生是来中国学习中文的，因此高校图书馆还应考虑留学生的这一特殊需求，进行文献布局的相应调整，如将中文学习资料和中国历史文化介绍之类的资料集中摆放，设置专门的留学生阅览室，方便留学生之间的交流、阅览。还可以定期举办留学生沙龙，为留学生提供外文期刊目次推送服务，包括国际政治、国际关系类、国际经济类、语言类等外文期刊。

（七）探讨建设图书馆双语环境

为留学生开设英文的图书馆服务介绍课程、建立中英文网站、提供图书馆专有术语词汇表、并为这些词汇加注简单的英文解释，制作中英双语术语手册，提高全体图书馆员的英文水平。设置专门的留学生服务大使（留学生馆员），高校图书馆应该对全体馆员进行跨文化交流培训以保持文化的敏感性，通过培训使图书馆员了解一些外国文化常识、语言禁忌，以及如何与外国留学生进行有效交流的技巧。参考咨询员既可通过电子邮箱，以收发电子邮件的形式及时回答留学生提出的各类问题；还可以通过网络聊天的形式实行一对多的实时交流，有效提高咨询服务的质量与效率。

结　语

随着我国社会经济的不断发展，我国越来越多地融入到国际的大家庭中，来我国留学的学生也日渐增多，为了他们能够在我国更好地学习，我国的图书馆对留学生的信息服务工作一定要做好，使他们感受到一种亲切的感觉，能够安心学习，做好这项工作，首先就是要对他们的信息需求做一个调查分析，然后找出信息服务工作中存在的问题，提出具体的解决措施，来提高图书馆信息服务的管理工作，为学生创造一个良好的学习氛围，提供个性化的高质量的服务。

留学生服务反映了一馆甚至是一所院校开展对外学术交流以及参与教育国际化发展的水平及能力，因此，高校图书馆留学生服务问题不容小觑。目前图书馆留学生服务存在重视度不足、语言障碍、文化障碍等系列性问题，高校图书馆应通过转变服务理念，强化交流水平，建立多途径的留学生交流反馈机制，克服交流障碍，在留学生服务中贯彻以人为本的服务理念，确保留学生服务的优质与高效。

汉语拼音著者号码表优化项目的实践与研究

图书馆　王　雪

图书情报事业随着时代信息化的发展而日新月异，学科地位也不断提升。高校图书馆是图书情报事业的重要阵地，也是图书馆利用率较高的场所之一。当读者走入一座座建筑或宏伟或优美的阅读殿堂，图书馆人应奉上的是开启阅读的钥匙、陪伴书香的解惑以及传递知识的喜悦。如何更高效地使用图书馆，以及如何更高效地为读者提供所需服务是高校图书馆始终追求的发展目标。要实现这些美好的图书馆建设愿景，需要图书馆人在各自岗位上扎实工作，不断学习，科研创新。在科研创新方面，外交学院图书馆中文编目部进行了汉语拼音著者号码表优化项目的实践与研究，并取得了一定的成果。

一、研究背景

在中文图书编目工作中，最重要的部分即赋予图书资料个体具有唯一性和可查性的一串号码。它通常由数字与字母以及一些符号组成，叫做“索书号”。索书号一般由两部分组成：分类号与排架号。“图书的索书号又称排架分类号、图书索取号，它是每种图书在书库中所处位置的唯一标识，是图书排架和读者检索图书的重要依据”。[①] 图书索书号由编目人员给出后，在计算机中先记录下来，然后将索书号打印于专用标签纸上，成为书标，再由加工人员黏贴于图书指定位置，完成图书上架前的编目加工工作。打印成书标的索书号见图1所示：

D095.654 L817(6)

图1（索书号被分为两行显示，上面一行为分类号，下面一行为排架号）

图书分类号按编目规则由《中国图书馆分类法》查询得出，目前本馆使用的是由“国家图书馆出版社”出版的第五版用书。索书号的另外一部分“排架号”（也称书次号）的取得则由各图书馆根据自己的实际情况进行选择。目前排架号主要有“种次号”和“著者号”两种选择。

在中国中文图书编目工作的历史发展进程中，一直存在着著者号与种次号选取的争论。吴礼志在《书次号码的三次研究热潮及其认识》一文中总结了自1950年起至2000年，我国出现的三次“书次号码”研究热潮。“第一次研究热潮：研究与编制汉语拼音著者号码表；第二次研究热潮：同类书排列采用著者号还是种次号；第三次研究热潮：书次号码标准化问题研究”。[②] 纵观20世纪下半叶的排架号研究演进过程，可以简单概括为从著者号到种次号再到著

① 周晓惠：《浅谈我馆图书索书号取法》，《湖北函授大学学报》，2014年第27卷第22期 总第142期，第100页。

② 吴礼志：《书次号码的三次研究热潮及其认识》，《高校图书馆工作》，2003年第1期，第23卷，第93期，第4页。

者号的过程。特别是《通用汉语著者号码表》在1992年由刘湘生编辑定稿出版后，学界的主流选择偏向了著者号码。然而，随着20世纪计算机的普及与应用，21世纪数字信息技术借助计算机应用于图书情报学，图书馆实务界出现了众多创新与突破。一方面，在自动化推广中，图书馆研究人员联合计算机技术人员开发了“计算机著者号自动标引系统”，并实现了在计算机分编系统中附加汉语拼音著者号码自动标识功能模块，以及在编目功能模块中增加著者取号自动化系统的功能应用。另一方面，很多高校图书馆以及公共图书馆为应对越来越多的图书在短时间内入库的挑战，以及人才制度的改革，都采用了“业务外包”的形式来进行日常业务的分流。而“种次号”以其“给号方法简单、容易掌握、号码简短连贯、不易重号”的特点受到外包公司的青睐，继而在各大高校及公共图书馆中成为主流。[①]

我馆在1985年将馆藏图书的索书号改为统一的著者号为排架号。为了图书资料索书号的系统性及完整性，我馆坚持将查阅著者号码表的排架号选取方式沿用至今。《汉语拼音著者号码表》一书是我馆在中文编目中采用的排架号的给号依据。它是根据图书责任者的中文姓名的汉语拼音字母的音序顺序编制，由“汉字、字母、阿拉伯数字”组成的查询表。根据《汉语拼音著者号码表》查询得出的排架号是字母与阿拉伯数字相结合的混合组号，即著者姓与名分别用字母与阿拉伯数字来表示的号码。在中文编目操作中，分类号后给出的排架号就是依据著者号码表查询著者姓名所对应的著者号取出的。现我馆使用的纸版《汉语拼音著者号码表》出版年代为1989年，据今已有将近三十年的历史。在使用期间，根据工作实际，在号码表中不断添加了一些汉字与著者号，且由于使用频次与人员的增加，我馆的著者号码表经历了多次翻印，造成字迹模糊，

① 吴礼志:《书次号码的三次研究热潮及其认识》,《高校图书馆工作》,2003年第1期，第23卷，第93期，第5页。

在查找使用中造成困难，见图2。由于以上种种不便，中文编目人员决定重新勘定著者号码表中的错误缺漏，并在编目程序中完成一份完整精确的著者号码表数据库，以便日后的查询使用。

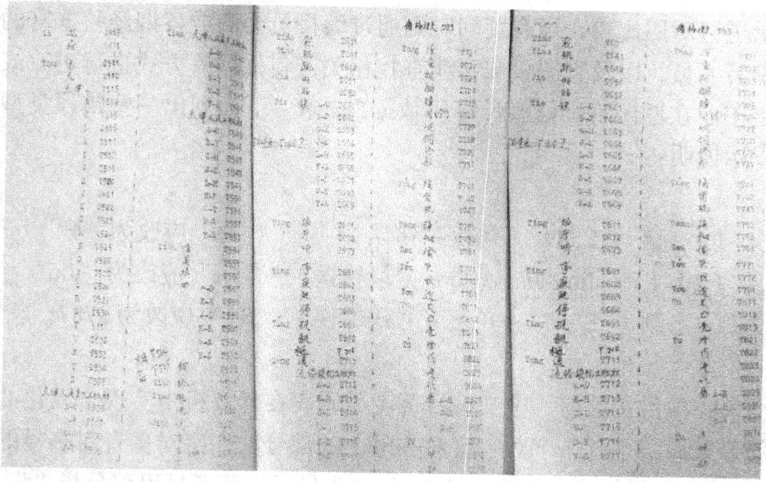

图2

二、实践过程

我馆编目部门于2015年初制定上报了《汉语拼音著者号码表》重新校对修改添加的优化项目。经过六个月的筹备与实践，整理计算机中著者号码表8251条记录，其中添加639条，修改332条；添加同号异字237条，转见字24条，疑难生僻字6条；与北邮软件公司不断沟通解决20多个问题。著者号码表优化完成后，在实际应用中协调调试程序数十遍，最终解决快捷键区分问题，字段长度问题以及711字段非姓氏识别问题等实际操作中出现的问题。下面就具体项目实践中出现的问题与解决过程论述如下：

（一）校对查错

首先，针对原来储存在电脑程序中的7000多条数据，进行纸本对照，勘察错误。在勘误过程中，编目员逐条数据与纸本上的记录进行对照比较，当有疑问时则通过编目员会商或咨询经验丰富的编目人员，以及查阅权威字典查找相关资料依据等方式进行更改或更正。在勘误阶段修改计算机数据332条。下面列出一些错误类型以示说明：

（1）鹏	F589	（汉字错误）	“鹏”应改为“鵬”
（2）上海	Jing-Jia	（拼音区段错误）	“Jia”应改为“Jiu”
（3）泗	S797	（著者号码错误）	S797应改为S787

在项目实施前，中文编目著者号码表在计算机中实现自动化的部分只局限于“一字对一音对一号”的部分，一字对多音对多号的“大姓氏”部分并未能输入计算机。“大姓氏”著者号码部分指“张、王、李、赵”等在责任者姓氏中占比例较高的汉字，它们一般后面对应的名的读音很多，所对应的著者号码也很多。如下图：

Wang	王	A	W272
		Ba-Beng	W273
		Bi-Bing	W274
		Bo-Bu	W275
		Ca-Ceng	W276
		…	
		Zi-Zuo	W325

在工作人员的努力下，通过与软件公司沟通，解决了这一技术问题。在对照勘误的阶段，工作人员把从未被电脑数据库收录的

“大姓氏”一共8个姓氏432条记录添加进数据库，极大地提高了《汉语拼音著者号码表》数据库的完整性。

（二）同号异字的查找与添加

在对照勘误阶段完成大量数据的对照与勘误以及大姓氏的添加后，工作人员开始对《汉语拼音著者号码表》中存在的一些特殊事例进行处理与添加。同号异字，指著者号码表里有一个以上的汉字由于读音相同而共同使用一个著者号码的现象，但这些同音同号字并不一定是彼此的通假字。优化项目前，计算机数据库中只能录入一个汉字对应一个著者号，所以同音字很多并未被数据库收录。在技术问题解决后，通过工作人员的检查添加，同号异字共237条被整理添加入数据库。现列举一些例子如下：

Jia 榎(檟) J309	Jia	榎	J309
	Jia	檟	J309

（纸本印刷如上）　（计算机程序改进后，可同一个著者号对应多个汉字）

（三）多音字转见问题的解决和生僻疑难字的输入

在纸本《汉语拼音著者号码表》中，同样一个字，读音不同，但只有一个或一个区段著者号码表示这两个读音的被视为多音字转见问题，通常在《汉语拼音著者号码表》中标注如下：××字读××音时见××字的××音。例如“藏”读音有cang和zang，当cang读时，它的著者号码查找被标注为“cang藏见zang”，这时则需要编目员去Z的音序下去查找对应的汉字及著者号码。[①]这种多音字转见问题在纸本阅读时还可以由编目员人工解决，但在电脑数据库的技术上实现目前比较困难。于是在多方面征求编目人员和

① 《汉语拼音著者号码表》，第15页。

计算机技术人员的意见后，由工作人员把这些有转见问题的多音字归纳出来，查阅字典，重新给它们没有著者号码的读音添加新的号码，共添加转见字24条。这样不仅完善了电脑数据库，还方便了编目工作中的查询。如完善“藏”的cang音著者号码，新添加：藏cang C184；“盛”的cheng音著者号码，新添加：盛cheng C580；“会”的kuai音著者号码，新添加：会kuai K594等。

生僻疑难字因以前的技术限制一直未被添加进数据库，在工作人员的努力下，通过查找康熙大字典等词典资料，利用计算机输入技术将6个生僻疑难字录入数据库，解决了数据库查询的完整性问题，如睇(ti)、楝(lian)、欻(hu)字等。目前《汉语拼音著者号码表》中仍存在着极少数疑难字无法在字典中被查到及输入数据库的问题。

（四）姓氏与非姓氏的属性区分添加

在此次《汉语拼音著者号码表》的整理过程中，工作人员结合MARC21的程序需求，为《汉语拼音著者号码表》数据库中的每一条著者号码数据信息添加了“姓氏”与“非姓氏”的属性区分。在中文编目中，711字段在MARC中指“团体责任者”，701字段指“个人责任者”。通常个人责任者是取得著者号码的主要来源，且在中文编目程序中也设置了相应的快捷键，可以直接提取701字段中的责任者姓名，在排架号一栏直接生成著者号码。团体责任者在过去则需要编目人员手工翻阅《汉语拼音著者号码表》查找，并进行人工键入添加。在此次优化项目中，工作人员将著者号码表中涉及到团体责任者的词组直接添加了“非姓氏”的属性，使其区分于个人责任者著者号码信息的“姓氏”属性。711团体责任者字段在此次优化中因为添加了“姓氏”和“非姓氏”的区分信息段，而711字段新添加Ctrl+R快捷键，从而实现了团体责任者的取号自动化问题。此次改进也解决了个人责任者和团体责任者取号的精确度和便捷度的问题。

（五）与北邮计算机技术人员的协作

在整理添加修改的过程中，工作人员也遇到了一些计算机程序与软件的问题。通过积极与软件公司沟通，进行远程协助，项目工作人员解决了近20个计算机问题。如711字段属性更改后程序脚本冲突造成的程序运行不畅问题，疑难生僻字无法录入计算机数据库的问题以及著者号码表数据库中一些汉字无法与MARC字段关联而自动生成著者号码问题等。

三、结语

《汉语拼音著者号码表》优化项目的实践与研究是基于我馆编目实践，其成果极大地改善了中文编目日常工作的操作繁琐性，简化了编目操作环节，减轻了编目员的工作压力。在项目的实践与研究过程中，通过查阅相关资料以及收集数据统计表明，著者号码表的优缺点显著。著者号码作排架号情况下，在流通部门典藏书籍入库时可以把同一作者的同类书籍排放到一起。这样读者在开放书架的环境下查阅书籍时，不仅可以找到自己想阅读的书籍，还可以在书架上相应看到相关联的书籍，主动为读者提供了关联阅读查询的便捷。对于著者号作排架号的缺点也是显而易见的。由于中国人的姓氏重复过多，造成著者号重，进而索书号重的情况会以较大比例出现。目前解决这一问题的方法就是在排架号后继续添加小号来加以区分，而这些小号的添加是由各馆根据自身情况自行制定的，这就造成索书号在更大层面（如全国）的统一上存在困难。

随着科技的发展，时代的进步，图书情报事业也紧随时代脉搏，不断创新。图书馆改革一直未停步，如打破僵化体制，把专业的事情交给专业的人，发展专业咨询业务等。图书馆目前随着编目业务部分的外包，种次号的普及，取著者号作为排架号的图书馆和机构并不是主流。在调查中，北京地区高校图书馆，如北京师范大学图书馆、北大图书馆以及中国政法大学图书馆等大馆，在中文新书的编目中都采用了种次号作为排架号的方式，以提高图书馆的上架速度。在公共图书馆中，如国家图书馆、首都图书馆等也都采取了种次号作为排架号的方式进行中文编目。但仍有一些图书馆在坚持使用著者号作排架号，如清华大学图书馆、外交学院图书馆等。在CNKI搜索中，以“著者号码”为主题词检索，2000年之后的研究仅仅有三篇文章，而大多数对此的研究都集中在90年代初期及21世纪之初。[①] 可见，在著者号和种次号之间，种次号的快捷性和不重性是其显著的优势。综合著者号的优缺点可见，在图书量在一定规模之内的著者号取号方式会使图书库位展示更加精准；但在进书量越来越大的今天，种次号是达到图书更快传递到读者手中的更优选择。

在完成著者号码表的整理与完善项目后，我馆中文编目将有望完全实现计算机化。除去疑难生僻字还需查阅字典之外，套录数据书籍将在编目员认真检查数据下“一扫一点一敲”完成计算机编目工作。我馆目前拥有的《汉语拼音著者号码表》数据库存在着自身的独特性，如这份完整的电子化著者号码表可以被其他单位参考借鉴，则可为扩大我馆知名度有所助益。

① 中国知网CNKI检索页面，http://epub.cnki.net/kns/brief/default_result.aspx，2016年3月1日登录。

环渤海地区FDI和进口的技术溢出效应研究
——基于面板协整模型

国际经济学院　付韶军

改革开放以来，我国与世界各国的经济联系不断加强，进出口贸易和外商直接投资如火如荼开展，有效促进了我国经济的快速发展和生产技术的不断进步。环渤海地区是我国发展速度较快的经济圈之一，近年来环渤海经济圈取得了长足进步，生产技术和生产效率得到了快速提升，其中外向型经济功不可没，为考察FDI和进口对环渤海地区生产技术的促进效应，以下将采用索洛余值法进行实证分析，探讨FDI和进口的技术溢出效应。

一、引言

环渤海地区是指环绕着渤海全部及黄海的部分沿岸地区所组成的广大经济区域。位于中国沿太平洋西岸的北部，是中国北部沿海的黄金海岸，在中国对外开放的沿海发展战略中占重要地位。环渤海地区包括北京、天津、辽宁、河北、山西、山东和内蒙古中部地区，与“长三角”和“珠三角”并列为中国三大经济区。20世纪80年代中期，中科院地理所副所长李文艳最早提出了“大渤海地区”的概念。随着我国对外开放的重心由南向北、由沿海向内地的转移，环渤海地区的开放和开发被推到了关键地位，党的十四大报告提出要加快环渤海地区的开放和开发，国家有关部门正式确立了“环渤海经济区”的概念。2014年3月5日李克强总理在政府工作报告中指出要加强环渤海及京津冀地区经济协作，加快环渤海地区的健康协调发展更加引起党和国家的高度重视。

环渤海地区陆域面积达112万平方公里，人口3.1亿，占全国人口的22.85%。近年来环渤海地区经济发展迅速，2014年环渤海地区GDP总量达18.5万亿元，占全国GDP总量的29.1%；2014年环渤海地区进出口总额10309.99亿美元，占全国进出口总额的23.97%；2014年环渤海地区吸引外商直接投资838.27亿美元，占全国吸引外商直接投资总额的70.06%。环渤海地区近几年取得了不

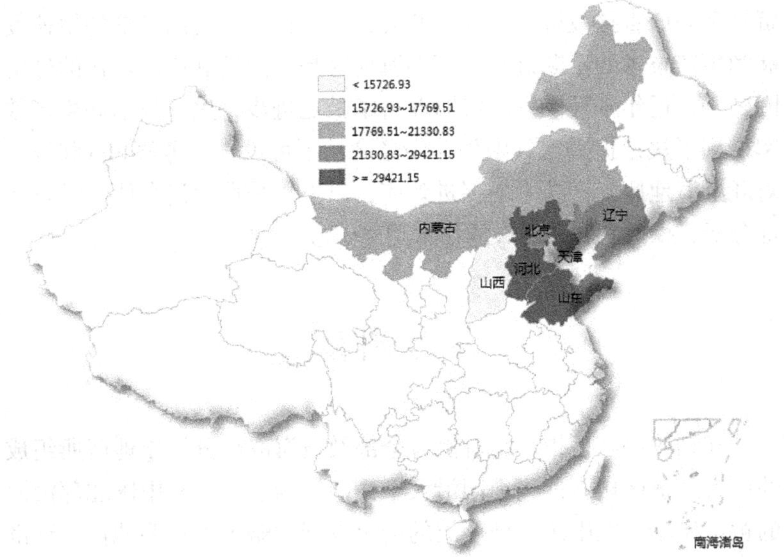

图1 2014年环渤海地区GDP

小的进步，在对外经济方面进展顺利，进出口和外商直接投资取得了较快增长（见图1、图2和图3），但与长三角经济圈和珠三角经济圈这两大经济圈相比仍逊色不少，区域经济一体化程度明显低于其他两大地区。

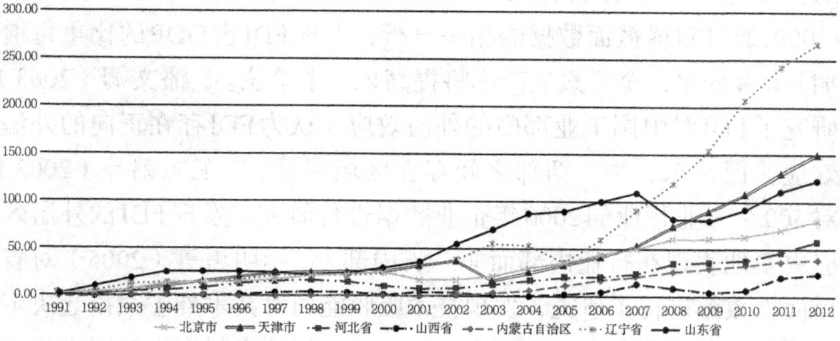

图2　1991—2012环渤海地区外商直接投资（单位：亿美元）

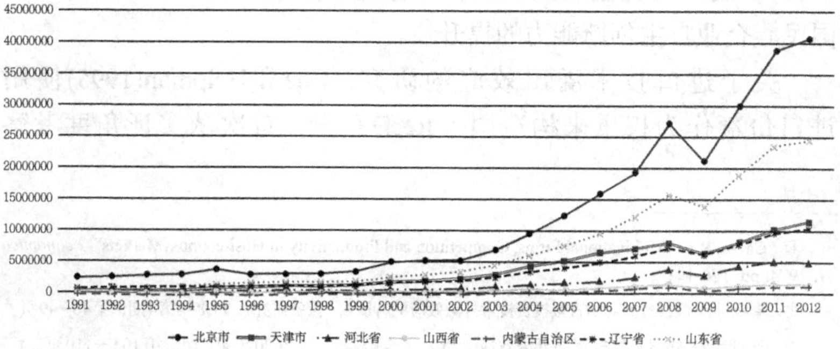

图3　1991—2012环渤海地区进出口总额（单位：亿美元）

二、文献综述

关于技术溢出问题历来受广大学者所关注，不同学者分别从不同角度研究了FDI和进口的技术溢出效应。最早对FDI技术溢出进行计量研究的为Caves(1974)，他研究了澳大利亚的产业层面数据，发现FDI在澳大利亚制造业产生了正面的溢出效应。[①] 国内学者秦晓钟(1998)使用1995年全国第三次工业普查数据中全部39个行业的数据进行计量分析，发现FDI产生了正面溢出效应。[②] 沈坤荣(2000)通过对横截面数据的相关分析，发现FDI占GDP的比重每增加1个百分比，全要素生产率将提高0.37个单位。[③] 潘文卿（2003）研究了FDI对中国工业部门的外溢效应，认为FDI存在正向的外溢效应，但是东、中、西部之间存在区域差异。[④] 王志鹏等（2003）对500个工业行业的2000年企业数据进行研究，发现FDI的外溢效应更多地表现在行业内部而非一省内部。[⑤] 赖明勇等（2005）对省市面板数据进行了研究，发现技术吸收能力对技术外溢效果起决定作用。[⑥] 冼国明等（2005）对1998—2003年的省际面板数据进行了研究，发现FDI对中国创新能力存在正面的溢出效应。[⑦] 王红领等（2006）通过对行业层面的面板数据进行研究，发现FDI促进了中国民族企业自主创新能力的提升[⑧]。

关于进口技术溢出效应的研究，Coe和Helpman(1995)使用进口份额作为权重来构造国外R&D存量，首次从实证角度考察

① Caves, R.E. "Multinational Firms, Competition and Productivity in Host-country Markets". *Economica* 41, 1974, pp. 176-193.

② 秦晓钟:《浅析外商对华直接投资技术外溢效应的特征》,《投资研究》, 1998年第4期，第46—49页。

③ 沈坤荣:《外国直接投资的外溢效应分析》,《金融研究》, 2000年第3期，第103—110页。

④ 潘文卿:《外商投资对中国工业部门的外溢效应：基于面板数据的分析》,《世界经济》,2003年第6期，第3—7页。

⑤ 王志鹏、李子奈:《外资对中国工业企业生产效率的影响研究》,《经济研究》,2003年第4期，第17—25页。

⑥ 赖明勇等:《外商直接投资与技术外溢：基于吸收能力的研究》,《经济研究》,2005年第8期，第95—105页。

⑦ 冼国明、严兵:《FDI对中国创新能力的溢出效应》,《世界经济》,2005年第10期，第18—25页。

⑧ 王红领、李稻葵、冯俊新:《FDI与自主研发：基于行业数据的经验研究》,《经济研究》,2006年第2期，第44—56页。

贸易伙伴的R&D如何通过进口贸易传导机制而影响本国技术进步。[1] Coe，Helpman和Hoffmaister（1997）采用77个欠发达国家1971—1990年间的数据，进一步考察了国际技术外溢对发展中国家技术进步的作用。[2] 国内学者方希桦等（2004）利用协整模型发现进口贸易传导机制，贸易伙伴国R&D投入，国内科技投入对我国全要素生产率的提高具有显著的促进效应。[3] 仇怡等（2005）在进口贸易的技术外溢测度模型中引入实际进口渗透率变量，发现通过进口贸易传导机制，贸易伙伴国的先进技术，R&D成果对于我国技术水平的提高具有显著的促进作用。[4] 蔡虹等（2008）测算了中国基于进口贸易所获得的潜在与有效溢出的技术知识存量，进而实证研究了外溢知识存量的产出弹性系数和边际收益率，表明进口贸易技术溢出促进了中国的经济增长。[5] 谢建国等（2009）利用1992—2006年中国省区的面板数据，研究了国际R&D通过进口贸易对中国省区的技术溢出效果，发现国际R&D通过进口贸易对中国的全要素生产率有显著的影响。[6]

本文利用面板协整模型，首先通过索洛余值法测度环渤海地区的全要素生产率，进而分析进口和FDI的技术溢出效应。

---

① Coe, D.T. and Helpman, E., “International R& D Spillovers”, *European Economic Review*, 1995, (39), p.859-887.

② Coe, D.T., Helpman, E. and Hoffmaister, “North -South R& D Spillovers”, *European Economic Review*, 1997, (107), pp.134-149.

③ 方希桦、包群、赖明勇:《国际技术溢出：基于进口传导机制的实证研究》,《中国软科学》,2004年第7期，第58—64页。

④ 仇怡、方齐云:《基于进口贸易的国际技术外溢测度与应用》,《中国软科学》, 2005年第10期，第132—138页。

⑤ 蔡虹、孙顺成:《进口贸易技术溢出的经济效应研究》,《西安交通大学学报(社会科学版)》,2008年第1期，第25—29页。

⑥ 谢建国、周露昭:《进口贸易技术溢出的经济效应研究》,《世界经济》, 2009年第9期，第68—81页。

三、面板协整模型简介

本文采用的面板单位根检验为Fisher-ADF和Fisher-PP检验。Maddala和Wu在1999年以及Choi在2001年对由Fisher提出的该检验方法进行了发展和改进。

我们定义π_i为任意第i个截面单位根检验的P值，该检验的原假设为N个截面存在单位根，检验统计量为：

$$-2\sum_{i=1}^{N}\log(\pi_i) \to \chi^2_{2N}$$

此外，Choi定义统计量为：

$Z = \frac{1}{\sqrt{N}}\sum_{i=1}^{N}\Phi^{-1}(\pi_i) \to N(0,1)$，其中$\Phi^{-1}(.)$为标准正态分布的反函数。

本文采用的面板协整检验方法是Fisher和Johansen提出的Fisher（combined Johansen）检验。Fisher在1932年利用多个个体独立检验的结果来进行整体的联合检验，后来Fisher的方法被用到面板数据的联合检验中，将其与Johansen检验结合，即整合单个截面的Johansen检验结果得到检验整个面板数据的检验统计量。

令P_i是单个截面Johansen协整检验的p值，则在不存在协整关系的零假设下，检验统计量为：

$$p = -2\sum_{i=1}^{N}\log p_i \to \chi^2(2N)$$

本文采用的面板协整的估计方法为Kao和Chiang提出来的pooled DOLS估计法，对于如下方程：

$$\tilde{y}_{it} = \tilde{X}_{it}^{'}\beta + \sum_{j=-q_i}^{r_i} \Delta\tilde{X}_{it+j}^{'}\delta_i - \tilde{\upsilon}_{1it}$$

其中，$\tilde{y}_{it}$和$\tilde{X}_{it}$为消除了个体确定型趋势的变量，注意短期动态系数δ_i可以包含截面因素。

假定$\tilde{Z}_{it}$为$\Delta\tilde{X}'_{it+j}$的截面虚拟变量，并且假定$\tilde{W}'_{it}=\left(\tilde{X}'_{it},\tilde{Z}'_{it}\right)$。pooled DOLS估计量可以写成如下形式：

$$\begin{bmatrix}\hat{\beta}_{DP}\\ \hat{\gamma}_{DP}\end{bmatrix}=\left(\sum_{i=1}^{N}\sum_{t=1}^{T}\tilde{W}_{it}\tilde{W}'_{it}\right)^{-1}\left(\sum_{i=1}^{N}\sum_{t=1}^{T}\tilde{W}_{it}\tilde{y}'_{it}\right)$$

Kao和Chiang在2000年 证 明pooled DOLS估 计 量 与pooled FMOLS估计量渐进相同，我们可以采用相关子矩阵估计$\hat{\beta}_{DP}$的协方差阵：

$$\hat{V}_{DP}=\hat{\omega}_{1.2}.\hat{M}_{DP}^{-1}$$

其中，$\hat{M}_{DP}=\frac{1}{N}\sum_{i=1}^{N}\frac{1}{T^2}\sum_{t=1}^{T}\tilde{W}_{it}\tilde{W}'_{it}$，$\hat{\omega}_{1.2}$为长期残差估计量。

Mak和Sul在2003年则采用如下形式的估计量：

$$\hat{V}_{DP}=\hat{M}_{DP}^{-1}.\hat{D}_{DP}.\hat{M}_{DP}^{-1}$$

其中，$\hat{D}_{DP}=\frac{1}{N}\sum_{i=1}^{N}\left(\hat{\omega}_{1.2i}\frac{1}{T^2}\sum_{t=1}^{T}\tilde{W}_{it}\tilde{W}'_{it}\right)$，$\hat{\omega}_{1.2i}$为长期个体残差估计量。

四、实证模型和数据

考虑数据的可得性，本文选取了1991—2012年环渤海地区各省市的面板数据。为了使不同区域和不同年份的数据具有可比性，本文采用基期为1991年的各类价格指数进行平减，其中国内生产总值采用工业品出厂价格指数进行平减，固定资产投资和FDI采用固定资产投资价格指数进行平减，进口采用消费价格指数进行平减。① 为了在一定程度上消除异方差性，对各个指标进行对数化处理。为了准确度量FDI对全要素生产率TFP的影响，需要计算FDI资本存量，本文采用目前应用较多的永续盘存法进行测算，应用的公式如下：

$$K_{it}=K_{it-1}(1-\delta_{it})+I_{it}$$

其中i表示第i省市，t表示第t年，δ为经济折旧率。关于经济折旧率的选择，借鉴张军等（2004）的做法，我们选取的经济折旧率为$\delta=9.6\%$。

首先基于柯布－道格拉斯生产函数构造模型如下：

$$Y_{it}=A_{it}K_{it}^{\alpha}L_{it}^{\beta}$$

其中，产出变量Y用国内生产总值代表，资本变量K用固定资产代表，劳动变量L用年末从业人数代表。对数化模型如下：

$$\ln Y_{it}=\ln A_{it}+\alpha\ln K_{it}+\beta\ln L_{it}$$

接下来采用索洛余值法测度TFP：

$$\ln TFP_{it}=\ln A_{it}=\ln Y_{it}-\alpha\ln K_{it}-\beta\ln L_{it}。$$

然后再构造模型

$$TFP_{it}=FDI_{it}^{\eta}IM_{it}^{\lambda}。$$

其中，FDI_{it}为外商直接投资存量，IM_{it}为进口。

对数化模型为

$$\ln TFP_{it}=\eta\ln FDI_{it}+\lambda\ln IM_{it}$$

五、实证研究

为防止对非平稳变量进行建模时出现伪回归，本文首先检验了各变量的平稳性，采用检验异质面板单位根的ADF检验法，包括

① 基期为1991年的价格指数为采用环比价格指数换算得到。

ADF-Fisher Chi-suare检验和ADF-Choi Z-stat两种统计量，分别对各变量的对数值和各变量对数值的差分变量进行检验。

表1　面板单位根检验（ADF检验）

变量	ADF - Fisher Chi-square		ADF - Choi Z-stat	
	统计量	P值	统计量	P值
lnGDP	0.9288	1.0000	5.2388	1.0000
lnK	1.8372	1.0000	4.6429	1.0000
lnL	1.7973	1.0000	5.8458	1.0000
dlnGDP	24.1863	0.0435	-1.8756	0.0304
dlnK	31.2499	0.0051	-2.9368	0.0017
dlnL	27.4124	0.0170	-2.4126	0.0079

注：原假设：存在异质面板单位根

资料来源：利用Eviews软件计算得出。

由上表可以看出，各变量的对数值都不平稳，而各变量对数值的差分变量都是平稳变量，因此各变量均为一阶差分变量，即$\ln GDP_{it} \sim I(1)$，$\ln K \sim I(1)$，$\ln L \sim I(1)$。

对于非平稳变量需要检验各变量之间是否存在稳定的长期关系，即检验三个变量是否存在面板协整关系，本文采用Fisher（combined Johansen）检验，这种检验方法主要用于检验异质面板协整关系。

表2　Fisher（combined Johansen）面板协整检验

Hypothesized No. of CE(s)	Fisher Stat.* (from trace test)	Prob.	Fisher Stat.* (from max-eigen test)	Prob.
None	47.95	0.0000	41.01	0.0002
At most 1	20.47	0.1159	14.55	0.4097
At most 2	24.10	0.0446	24.10	0.0446

资料来源：利用Eviews软件计算得出。

由上表可以看出三个变量之间存在稳定的面板协整关系。接下来我们采用Kao和Chiang (2000)提出的pooled DOLS法进行面板协整估计，得如下面板协整方程：

$$\ln GDP_{it} = 0.3543\ln K_{it} + 0.2604\ln L_{it}$$
$$(9.7910) \qquad (2.1423)$$

采用索洛余值法估计全要素生产率TFP_{it}，进一步计算得对数化变量$\ln TFP_{it}$。为研究外商直接投资和进口的技术溢出效应，先检验各变量的平稳性：

表3　面板单位根检验（ADF检验）

变量	ADF - Fisher Chi-square		ADF - Choi Z-stat	
	统计量	P值	统计量	P值
LNTFP	0.7651	1.0000	4.4367	1.0000
LNFDI	1.7750	1.0000	3.9134	1.0000
LNIM	7.9110	0.8939	1.0590	0.8552
dLNTFP	58.2212	0.0000	-5.2463	0.0000
dLNFDI	94.9685	0.0000	-7.7949	0.0000
dLNIM	44.7712	0.0000	-4.5524	0.0000

资料来源：利用Eviews软件计算得出。

由表3可以看出，非差分的各变量对数值都不平稳，而各变量对数值的差分变量都是平稳变量，说明三个变量均为一阶单整变量，即$\ln TFP_{it} \sim I(1)$，$\ln FDI_{it} \sim I(1)$，$\ln IM_{it} \sim I(1)$。

接下来检验各变量之间是否存在稳定的长期关系，即检验三个变量是否存在面板协整关系，检验结果如下：

表4　Fisher（combined Johansen）面板协整检验

Hypothesized No. of CE(s)	Fisher Stat.* (from trace test)	Prob.	Fisher Stat.* (from max-eigen test)	Prob.
None	71.92	0.0000	62.86	0.0000
At most 1	26.00	0.0259	20.22	0.1233
At most 2	23.50	0.0526	23.50	0.0526

资料来源：利用Eviews软件计算得出。

由上表可以看出，三个变量之间存在稳定的面板协整关系。采用Kao和Chiang (2000)提出的pooled DOLS法进行面板协整估计，得如下面板协整方程：

$$\ln TFP_{it} = 0.4214\ln FDI_{it} + 0.1121\ln IM_{it}$$
$$(7.1340) \qquad (2.0112)$$

FDI和进口都通过了t检验，FDI和进口都产生了正向技术溢出效应，其中，FDI每提高1个单位，全要素生产率提高0.4214个单位，进口每提高1个单位，全要素生产率提高0.1121个单位。

六、结论

根据上面的研究可以得知，外商直接投资和进口产生了正向技术溢出效应，都对全要素生产率起到了一定的促进作用。为了进一步促进环渤海地区经济持续快速发展，我们应该采取以下措施：

第一，促进环渤海区域经济一体化发展。近几年，环渤海地区的各省（市）自治区虽然也有一些合作意向和合作项目，但与长三角和珠三角相比仍存在不小的差距，还没有从区域分工协作角度形成一个有机整体，还时常在对外贸易，对外招商和参与国际分工方面出现恶意竞争的现象。环渤海地区要进一步开放开发，需要建立有效机制，加强合作，促进环渤海地区经济一体化发展。区域内需要统一规划，建立高级别的沟通协调机构，打破行政区划的限制，促进资源区域内的优化配置。

第二，积极利用外商投资，发挥环渤海区域优势。环渤海地区地理位置优越，区域中有政治经济中心，文化中心，制造业中心，也是外商投资的重点地区，我们要积极有效利用外商投资，进一步促进环渤海地区的经济发展。但为了可持续发展，在引进外商投资时需要有所甄别，重点考虑引进高技术，低污染的外商投资，发挥外商投资的技术溢出效应，提高区域内生产技术水平，促进环渤海地区可持续协调发展。

第三，扩大对优势产品的进口贸易。进口贸易不仅会给我们带来消费的多样性，提高我们的生活水平，而且进口贸易所产生的技术溢出效应也是我国技术进步的重要来源之一。优势产品的进口会对我国企业产生一定的“倒逼效应”，迫使区域内生产企业不断提高自己的生产技术水平。要注重对外来已有先进技术产品的引入，模仿和吸收，将国外已有先进生产技术不断转化为我们自己的生产力，促进环渤海地区的健康可持续发展。

论当下诊所式法律教育的内容变革与应对

国际法系　焦　阳

诊所式法律教育引入我国的时间并不长，却已在很多高校开花结果，培养出了一届届合格的法律人。我校法律诊所教育开展已超过10年，逐渐呈现出鲜明的特色，也积累了一些经验。网络课堂、慕课浪潮、模拟审判平台等的兴起，改变了传统的课堂教学方式，也必然会影响到诊所式法律教育的学习实践。法律诊所如何应对网络时代的变革，是新时期每个课程参与者应面对的问题。

一、诊所式法律教育的内容与设立模式

相比传统的法学教育模式而言，法律诊所教育进入我国的时间还不长。尽管如此，它受到的关注丝毫没有减弱，反而成为国内法学教育的“宠儿”。这是因为，法律诊所教育把增强学生的实务能力放在突出位置，契合了司法改革与教育变革的背景，其鲜明的特色引领着理论发展的方向。

诊所式法律教育（clinic legal education）是一种致力于培养律师等法律工作者在完成专业教育时所应具有的法律意识、立场、技能及职责的法学教育模式，在这种教育中，参与者不仅能学到法律

技能和实务经验，还能培养自身的职业道德，增强法律人的使命感。法律诊所（legal clinic）起源于美国，它作为诊所法律教育的载体，就如其英文的本意一样，未必有一个固定的场所，也未必有一个稳定的机构，但至少所接触的人或环境都是是真实的。

之所以采用“诊所”这样的概念，形象地区别于传统的课堂教学，就是因为其如同医学专业的学生临床实习一样，广泛接触各类现实实例，并根据自己所学的理论知识进行“诊断”，以最终得出正确的结论为目标。在法律诊所中，学生如同医师，形形色色的各类案件就是各种轻重不同的病例，而对案件的具体处理方式即为医师开出的“处方”。在诊所中，学生从案例中来，能获得现实的法律实践经验；而“患者”也能切实解决自己的问题，矛盾得以化解，可谓一举两得。

（一）诊所式法律教育的内容

就我国目前的情况看，各法律诊所都是结合本身的实际条件来安排该课程的具体内容的，并不统一。如北京大学的法律诊所教育着眼于法律咨询、代理案件和法律研究，并以法律研究为特色。武汉大学的法律诊所教育内容主要包括解答咨询、代理诉讼案件和非诉讼案件，其中以代理诉讼案件成绩显著。由于法律诊所在我国还属于新生事物，不同学校对此问题的关注度和认识都不同，因此，教学内容都凸显出尝试阶段的特点。

法学教育的目标与功能并不仅限于培养合格的律师，而应当包括各种各样的为社会需要的法律人才，如法官、检察官、警察、其他行政执法官和法学理论研究人才等。基于此，法律诊所的教育内容并不应该有统一的形式。不同的法律诊所可以根据各自需要侧重于某一方面。一般来说，结合当前法律诊所发展现状和资金条件的限制，法律咨询和代理诉讼案件是法律诊所应涵盖的内容，如果由于各种原因无法定期参与案件代理的，至少应该进行模拟案件的训练，这样才能初步实现实践教学的目标。

从案件办理的流程来看，一个诉讼案件一般要经历接待与会见当事人、事实调查、阅卷、法律分析、咨询、调解、参与审判、执行等各阶段，在这当中，还要穿插着谈判、法律文书写作等内容，部分案件有可能申诉，对以上每部分的了解和掌握都是必要的。另外在法律实务中还会经常接触到一部分非诉业务，这也是需要学习的。对办案来说，每个流程都很重要，法律诊所的学习不能舍弃任何部分。因此，本书的内容将按照以上这些流程进行编排，在每部分除介绍实务中的流程以外，还会就本部分运用中的技巧和常见问题予以提示和说明，以增强参与者的实践能力，在每章的最后，将会提供实案训练，供参与者实际演练。

（二）诊所式法律教育的设立模式

我国从引进法律诊所开始，都注意与中国的司法实践相结合，进而推动本土化的法律诊所的建设。从各院校所选择确定的法律诊所教育的主题角度来看，我国的法律诊所反映了各院校教学特色和学生特点，主要有以下三种模式：

第一是综合型主题模式。在这种模式中，学生代理的案件不受案件类型的限制，只要是向学生法律援助中心提出，并且符合提供法律援助的基本条件，案件又适合学生代理的，基本都可纳入法律诊所的承办范围。武汉大学、北京大学即采用这种模式。

第二是单一主题诊所。这种模式要求根据一个比较固定的诊所主题组建专业化的诊所，师生参与办理这一类案件。它要求诊所的老师和学生都对某一领域的案件非常熟悉，研究深入，促进本校学科专业化特色的形成。清华大学的消费者权益保护诊所、四川大学的刑事法律援助诊所、西北政法大学的立法诊所等即是这类典型。

第三是单一诊所与总体综合相结合的模式。在这种模式中，对于一个诊所个体而言，其办理案件的主题是单一的，但其所依托的院校却根据自身特色开设了不同主题的诊所课程，实际上是多主题诊所的综合。复旦大学、华东政法大学的诊所均以劳工保护为主，但同时兼顾其他援助案件。

以上三种模式均是从承办案件的类型、主题角度进行划分的，法律诊所从场所与学生的参与程度角度还可以划分为下述三种类型：

第一种是虚拟的法律诊所。在这种诊所中，教师根据真实诊所的法律问题、程序，从中挑选出典型的案件，学生在教师的指导下进行法律实务技能模拟训练。在这个过程中，教师与学生等扮演不同的角色，广泛互动，学生在虚拟案例中学习协商、谈判、辩论、询问等一系列诉讼基本技能。

第二种是校内真实当事人法律诊所。这种模式是将法律诊所设立于法律院系内，其运作、管理都在校内完成。学生在专业教师的具体引导下，会见当事人，为其提供咨询意见，帮助其准备案件，直至完成一件案件的全部代理工作。在这种模式下，当事人都是真实的当事人，学生在诊所中不仅学到了法律技能，也为社会提供了法律服务。

第三种是校外法律诊所。校外诊所是校内真实当事人法律诊所的一个补充，指学生在校园外从事法律工作的诊所。学生在校园之外的特定机构中，在其他法律从业人员的指导下，直接从事法律服务工作，有助于学生全面了解社会从业环境，便于其与各司法机关广泛接触，案件办理的现实性进一步提升，对学生未来就业的帮助也更为明显。

二、慕课、模拟审判平台的兴起对诊所式法律教育的挑战

网络技术的变革改变了人们的生活方式，教育领域也不能置身于外。当课程外的学习从自主搜集资料，到网络课程录像，再到网络公开课，直到慕课的时候，以往我们固守的一些教育理念都需要

革新，以迎接时代的挑战。

（一）慕课兴起与“翻转课堂”变革教学基本理念

“慕课”浪潮迅速席卷全球，传统教学正面临着前所未有的挑战。一台电脑，只要与国际互联网相连，无论身在何处，都能听到看到世界顶尖大学的网络开放课程。

所谓“慕课”（MOOC），顾名思义，“M”代表Massive（大规模），与传统课程只有几十个或几百个学生不同，一门MOOCs课程动辄上万人，最多达16万人；第二个字母“O”代表Open(开放)，以兴趣导向，凡是想学习的，都可以进来学，不分国籍，只需一个邮箱，就可注册参与；第三个字母“O”代表Online（在线），学习在网上完成，无需旅行，不受时空限制；第四个字母“C”代表Course，就是课程的意思。慕课与早先的网络公开课相比，具有使用范围更广、信息接收更全面、能加入班级完成课堂作业和参加考试等特点。一堂完整的慕课不仅能够提供全面的教学资源，还能让学生参加教学活动的全过程，并获得相应的学分。慕课是网络时代下教育的新形式，慕课资源正式让学生与学校脱离物质上的依附，而走向实质的技能水平提高。在这个浪潮中，我们年轻一代的刑法教育工作者要率先示范，吸收世界一流高校的慕课教学方法和资源整合模式，做出适应于我们高校教学的课程设计与课后引导。

知名高校的慕课内容既包括课堂教学的视频、资料，还包括各种课后习题和延伸阅读的书目，每节课后还有各种形式的测试题供学生选用参考，资源的种类和数量都非常丰富。这类网络资源将课堂教学与课后学习提高完美结合，对一项知识的延展度做到了最大化。更值得注意的是，慕课课程参与范围由特定的人扩展到了无边界的相互分享，同学之间也可以互相批改作业、参与讨论。这种课程突出了教学的互动与参与性，使真正愿意学习、追求知识的参与者能充分发挥自己的主观能动性，使其随时发现问题，并在问题引导下学习思考。在“慕课”的世界里，视频课程被切割成10分钟甚至更小的“微课程”，由许多个小问题穿插其中连贯而成，就像游戏里的通关设置，只有答对才能继续听课。不少“上瘾”的学生因此津津乐道。这就意味着，学生的积极性能通过该平台被迅速激发，传统的“要我学”正向“我要学”转变。

慕课浪潮带来的不仅考验着传统教学的吸引力和互动性，还带来了“翻转课堂”的理念，这从根本上改变了传统教学的方式。当课堂讲授、课下答疑逐渐转变为课下学生在慕课平台学习、课上集中讨论引导思考时，真实课堂的主动权交给了学生，学生成为了教学真正的主人。

诊所式法律教育的内容虽不像传统的部门法课程那样具有前后相接的知识体系，但也同样需要教师引导和系统的课程设计。慕课平台改变了传统的课程间关系，线下学习活动成为了教学的主体。在某种层面上，可以说慕课形式与诊所法律教育的理念更契合。诊所式法律教育是通过课堂介绍司法操作流程，教师引导学生模拟演练，并在课堂外接手真实的案件实现价值的，而慕课平台提供了随时随地特别是课下观看技巧解读、实际司法过程的资源，这就可以使课堂模拟培训更有针对性和效率。对任课教师来说，慕课的兴起对我们提出了更高要求，当学生与老师拥有相同的资源平台，备课的内容就再也不能仅限于已有的书本内容，教师自己必须拥有丰厚的理论知识和成熟的实践技能，只有将自己融入司法实践，并融入学生的现实思考，才能增强授课效果，拉近法学院与法院的距离。

（二）模拟审判平台打破传统时间的限制

各种模拟审判平台的兴起可以为学生提供全方位的模拟审判实践机会，各种新技术让学生像玩游戏一样可以随时在校参加模拟案件审理和裁决。比如，LETS系统就通过影响更多学生参与，促其尽快与司法机关对接。

LETS是由中南财经政法大学于2006年开始自主研发的法学实验教学系统，打破了以知识单元课程内横向的传统法学教学理念，形成了主要采取软件系统模拟法律运作过程的以问题为导向、动态的、纵向的全真模拟实验教学理念。该软件迄今已经大规模运用到本科实验教学中，接受LETS培训和应用的本课程、政法干警试点班学员超过3500人，实验人时数超过120000人次。该系统以真实法庭作为原型，设置了原告、被告、公诉人、辩护人、法官以及书记员等多种角色，案例遍及民商法、刑法、行政法、国际法乃至仲裁等多个领域，可以为广大同学提供一个线上模拟法庭的实践机会。该系统既可以用做课堂教育的具体环节，也可以作为课下同学对法庭的模拟训练；既可以根据原有数据库提供的案件材料进行模拟，也可以自行上传案例、诉状等材料创建新的素材。

通过选用该系统，青年学生的兴趣被激发，大家在这个过程中，可以逐渐懂得，司法实践这一“游戏”有更多内涵、更多趣味，课下的时间荒废变为了充实提高。可见，这一作为辅助手段的平台将课堂有限的时间扩充，诊所式法律教育的内容被无限延伸，学生的执业技能也在不经意间提高，诊所式法律教育的效果已经通过新形式呈现。

三、诊所式法律教育的具体方式变革

面对网络时代的挑战，诊所式法律教育这种面向社会的形式有了新的载体，也可以呈现为多样化的形态。为应对时代的变革，诊所法律教育要善于运用各种平台，把握新技术机遇，以效果为向度，提升学生的自主学习、实践能力。

（一）将课上课下、线上线下连为一体

诊所式法律教育本属于实践教学的一部分，让学生形成司法官的思维方式，真正明确案件处理的流程是教学应达到的目标。单纯的课堂教学已难以满足新时代学生的要求，如何使课上课下的学习

无缝衔接，延伸教学的广度成为时代赋予我们的崭新课题。传统的课下学习由学生复习功课、预习新知、完成作业等组成，这些内容对于巩固知识、强化基础都有重要作用。现有的课堂教学要进一步针对90后、95后青年人的认知特点，采用多形式、多样化、富有趣味的手段促成其学习。

正如上文所述，现在网络信息以爆炸式的方式传播，信息的封堵已变得不可能。从教育的角度看，这为学生获取全方位的信息，根据自身情况选择学习内容的深度成为可能。关键的是，在课下如何巩固课堂效果，将所学方法用于案件咨询办理中，这还需要对接的过程。在课堂的诊所式教育应偏重于方法上的传播，而课下的学习则要和办案实践相结合，网络为其解决问题、选择对策提供了最佳支持，现实办案才是将以上一切落到实处的归宿。

新媒体技术的广泛发展让教师与学生的交流从学习走向生活。微信、微博等技术都可以成为传播刑法知识、督促日常学习的平台。这些自媒体可随时传播参与者的个人生活状态，学生的所思所想都能第一时间通过网络传播给相关受众。通过与网络名人的互动，各种社会热点的评论观点都能被及时捕捉到。结合现在学生的特点，通过与学生展开群对话、朋友圈评论的方式，可以及时了解学生动态，并恰当对教学效果进行反馈评估。利用新媒体的交流，教师与学生的距离会被拉近，当彼此间没有了刻意的防线，交流效果就会提升，教师也能根据最新的信息及时调节教学方法和进度。

（二）增强实务技巧训练，依靠学生自主能力

我国传统的法学教育注重概念讲授和逻辑推演，对社会现实的关注还很欠缺。诊所式法律教育虽为舶来品，我国也不能直接照搬国外法律诊所的既有模式，这是因为我国的法律教育结构不完整，缺乏对法律实务知识的传授，从而使得法律诊所教育丧失了基本的依托。因此，我国诊所教育改革的必要部分就是在教育体系中增加与本国法律实务相关的知识的讲授环节，通过对我国法律实务的现

状的描述、基本规则的介绍、部门之间分工衔接的梳理，让学生从宏观思维上建立法学理论与法律实务的连接方式，进而在观念上理解诊所性实践教育的积极价值。以此作为诊所教育的必要准备，一方面能够填补我国法律教育的空白，实现教育内容的全面、均衡；另一方面，学生在获得相关知识之后，容易迅速进入法律诊所的学习状态，对于诊所教育特有的方法、目标也能够有充分的领悟。

如果从制度引进的角度看，我们对于现有的诊所教育模式的内化工作还没有完成，扩充职业角色训练目标似乎为时过早，但从本国社会实际需求的角度来看，这却是让诊所教育真正融入我国法律教育体系的良好契机。从我国的法律实务界来看，由于职业教育职能及相关机构的缺失，对于职业人才的需求是全方面的。而目前法律诊所主要针对律师职业能力的培养的思路，显然与我国的实际需要格格不入。因此，我国的法律诊所本土化的改革方向必须是建立起全面的职业角色技能培训，这不仅是我国法制环境的需要，也是法律诊所在我国充分发展的必经之路。否则，如果诊所课程脱离了现实需求而自行运行，那么不仅无法起到服务社会的作用，僵化的模式必将在法律教育的进程中被淘汰。而按照这一思路，利用诊所教育的思路指导校外实践、实习，将实践部门资源同学校资源结合起来，或是大力发展校外诊所等方法，都是实现这一目标的有效途径。

学生参与校外法律诊所能将课堂传授与技能训练延伸到现实中，在利用上述各种资源、做好充足准备的情况下，教师应鼓励学生独立办理完整案件，在这个过程中可以提供精神上的支持和技术上的必要引导，但不要插手过多，更不要影响学生自己的判断。只有依靠学生自主能力，其才能真正体会到中国司法现状的精髓，才能产出适应符合我国本土司法国情的人才。

当前中国大众传媒与精神文明建设的关系

基础教学部　钟媛媛

大众传媒在社会文明发展进程中既是文化的重要载体，同时其本身也是精神文明的重要内容。随着“媒介化社会”的深入，大众传媒与人的精神世界有了更为复杂、紧密的交织，媒体深刻影响甚至左右着人们的价值观和心灵世界。新形势下，媒体不仅仅是公民个体的掌中宝，更成为国家软实力和意识形态传播的重要渠道。因此，无论是微观个体精神世界的关照，还是社会、国家宏观层面的精神文明的构建，无论是现在，还是将来，媒体在人类精神文明建设中的地位只会越来越凸显和重要。

一、大众传媒与社会文明发展

（一）大众传媒是文化载体

美国的政治学家拉斯韦尔（Harold Lasswell）在其1948年发表的文章《社会传播的结构和功能》中，首先分析了传播过程的五个构成要素5W，即：Who（谁）、Say What（说什么）、In Which Channel（通过什么渠道）、To Whom（对谁）、With What Effect（产生什么效果），并在此基础上明确提出传媒的三大社会功能，即监视社会环境、协调社会力量和传承社会遗产。因此，传媒不仅要反映社会和协调社会，同时也需要传承社会，传媒通过信息的传播活动将前人的经验、知识和智慧加以记录、积累和保存，实现文化的传承，推动社会的发展。思想道德建设和科学文化建设是社会主义精神文明建设的两个重要内容，而这也恰好是大众传媒作为一种文化载体和传播工具最为主要的传播内容。尤其是新媒体时代，技术的变革跨越了传统媒体文化传播力的阻隔和障碍，文化的交流、传播、传承提供了前所未有的便捷，促进了社会文明的发展。

（二）大众传媒是精神文明的重要内容

在大多数情况下，人们仅仅会关注大众传媒作为文化载体的工具性存在本质，而忽视了大众传媒本身即是精神文明的重要构成部分这一事实。美国学者约瑟夫·奈在《软力量：世界政坛成功之道》一书中谈到，随着国际竞争的加剧，评价一个国家的综合国力不再囿于对军事、科技和经济实力的衡量，例如国家的意识形态和发展模式，社会价值观念和文化习俗，人们的生活方式等等软性力量（softpower）开始进入人们的视野，逐渐成为国家竞争力的重要指标。大众传媒作为意识形态国家机器的重要组成部分“不仅承载着信息文化的传播任务，同时，大众传媒自身也是文化的有机组成部分”[①] 尤其是社会的发展将我们置身于一个被媒介包围的世界中，大众传媒从根本上影响着人们对整个世界的认知，甚至左右着社会重大事件的发生。一个社会拥有什么文化水准、道德品质和价值取向的大众传媒，拥有什么文明素养的传媒工作者，不再是传媒业内自己的事情，也不只是传媒行业共同体的事情，而是一个社会共同需要关注的事情。大众传播道德与否，其决定和影响因素不仅仅要考虑自身，更与社会其他系统之间有着不可分割的联系。而

① 程曼丽：《论我国软实力提示中的大众传播策略》，《对外传播》，2006年第10期，第33页。

这种千丝万缕的联系，始终是置身于整个社会的精神文明大背景下的。从功能理论的角度出发，大众传媒的目的之一在于通过信息的传播使人们了解、接受并认同其传播的理念和文化价值，而“软实力”理论从其诞生之初就明确其本质是通过意识形态、社会制度、文化价值等方面的吸引力而使客体产生“认同”。“软实力提升的标志是一个国家的价值理念和文化在世界各地得以广泛传播并被人们所接受、内化，而大众传媒的重要职责之一恰好就是通过自身优势传播本国文化，增强国家竞争力。”① 因此，软实力的提升和大众传媒本身有着近乎相同的使命，这也进一步佐证了大众传媒本身即是“软实力”的重要组成部分。

二、大众传媒与个体精神世界

（一）“婴儿态”——对媒体的深度依赖

大众传媒和人的精神世界是什么关系呢？我们不妨做这样的假设，假如有一大段时间可以让我们去郊区或偏远的地区度假，人们在享受因避开纷繁复杂的人事干扰而带来的轻松时，也会莫名地产生一种被孤立、隔绝的心理恐惧，这是很多人都曾有的经历和体会，似乎不读读报纸就会与世隔绝，不看看电视就会跟不上时尚，不打开手机就会被人遗忘，不上网冲浪就会与现代生活脱节。大众传媒成为人与社会、人与人之间重要的联络工具和沟通平台，虽然这个工具和平台为人类提供的只是一个拟态环境，但它却越来越成为人类认知、认同的公共领域，人们习惯在这样的环境里生存，并感到舒适和安全。这就是人们对大众传播媒介的深度依赖或崇拜。我们知道，人类早期的传播是面对面的交流，这种交往的模式使得交流者都是主体，并处在同一个时空中，他们之间的语言、表情、

① 程曼丽:《论我国软实力提示中的大众传播策略》,《对外传播》，2006年第10期，第34页。

动作甚至是着装都能作为符号线索，为交流者提供心理上的信任度和依存感。随着传媒技术的发展，报纸、广播、电视、网络等新媒体的出现，人们的交流方式逐渐向“媒介化类互动”转化，大众传媒很自然地成为人们生活的必需品，随着时间的推移，人们对大众媒介的依赖逐渐演变成一种集体的无意识和无防备的麻痹状态，也就是媒介崇拜，具体可以解释为“人们在使用传播媒介的过程中所表现出的一种对媒介作为必不可少的日常习惯和日常仪式，心理上将媒介作为极其可靠的经验代理，几乎完全依靠传播媒介建立与外部世界的联系，把媒介内容看做毋庸置疑的现实再现、权威发言和真理表达，进而将媒介的价值观内化为自身的价值观。它是人对媒介的一种过当使用，是人与媒介关系的一种异态表现。”[①] 施拉姆曾将大众传播媒介比喻为“时间的窃贼”，这个“窃贼”从人们身上盗走的时间随着传媒技术的日新月异变得越来越多，盗取的方式更加隐秘巧妙而不为人察觉。人们对现代传媒的深度依赖最常态的表现就是将每天生活的大部分时间交予媒介来处理和掌控，并且心甘情愿。人们对现代传媒的深度依赖还表现在心理的过度依赖。随着新媒介的发展，人们对报纸的依赖开始逐渐转向，电视成为人们生活中不可或缺的重要媒介，而网络、手机以及日新月异的触摸媒体也开始绽放光芒。通过对“使用与满足理论”的探究，传播媒介使受众在信息获取、消遣娱乐、社会认知、自我认同以及社会关系需求上都对媒介产生过度依赖，这种依赖不仅是“电视综合征”、“网瘾综合征”的行为的非自控性，更表现为面对媒介时心理所呈现的“婴儿态”，对媒介不假思索的认同、信赖及盲从使他们丧失了根本的批判和抵御能力。

（二）思维碎片化——理性思辨能力弱化

传媒大师麦克卢汉说过：“每一种新媒介的产生与运用，都宣

① 樊葵：《媒介崇拜论》，北京：中国传媒大学出版社，2008年版，第10页。

告一个新的时代的来临。”新媒介的产生及其使用改变了传统的教育环境和学习方式，也改变了人们的认知方式和思维方式。思维的碎片化就是在新媒体传播环境下所产生的结果。所谓“碎片化”，Fragmentation，本意指完整的东西破碎成诸多零块，不再完整。人的思维碎片化是由于新媒体环境的传播特征及整个社会文化多元化的个体体现。较之传统媒体，新媒体突出表现为交互性和多元主体性、即时性和全域性、虚拟性和“去中心”性、融合性和渗透性等特征，新媒体打破了传统媒体“线性”的传播方式来组织文字、图像、声音、视频等多种信息，为人们呈现了更便捷的应用平台，例如微信、手机电视等，但与此同时，这种交互性、虚拟性也模糊了传统意义的“传受”界限，“碎片化”、“去中心化”的信息传递方式，让多元文化大放异彩的同时，也在一定程度上冲击了“主流信息”影响力，传统意义的“把关人”和媒体权威被弱化。存在决定思维，人们在长期接受局部、碎片化信息过程中，也逐渐形成了一种碎片式的思维方式。相较于整体性思维方式，碎片化思维体现为跳跃性、个体性、缺乏思辨等特点。法兰克福学派指出大众传媒标准化的生产方式从根本上异化和消解了现代主体。阿多诺在《文化工业再思考》一文中说：“文化工业整个原则是违反启蒙原则的。它是一种桎梏意识的手段，文化工业阻碍了个人的发展，个人无法以独立的态度，有意识地自己决断事务。”。① 霍克海默也认为大众传媒本着“把人们调节成娱乐工业所期望他们成为的那类人”② 的目的，采取标准化的生产模式，导致文化产品千篇一律，缺乏个性。在这种文化产品的熏陶下，人们被欲望和感觉所支配，逐渐沦为感性异化的对象。不仅如此，文化工业对理性主体也有异化的功能，“如果说机遇可以使人偶然交上好运气，那么所

① T. Adorno, Culture Industry Reconsidered, in J. Alexander&Seidman(eds), *Culture and Socity: Contemporary Debates*, Cambridge, 1990, p.280.

② [德]马克思·霍克海默:《批判理论》，李小兵等译，重庆：重庆出版社，1989年，第275页。

有电影都不过把机遇看成是电影编排的另一个侧面而已。这是因为，社会的力量完全是按照合理性的方向发展的，所有人都必须成为工程师或者管理者，也正因为如此，社会已经完全丧失了理性因素，人们完全变成了社会为行使某种职能而不断加以培训或肯定的产物”。[①] 因此，表面看似理性的行为，其实早已被强制性的、合理化的社会秩序所控制。现代媒介文化从感性和理性上对主体产生异化，使个性成为一种幻想，而人的反思和批判性更是成为一种奢望。

（三）信仰缺失——个体意义世界迷失

当前，很多人发出“文化失落”的感叹，认为当代中国人的精神家园出现了“意义危机”，而这其中也有大众传媒所“贡献的力量”。随着新媒体时代的到来，信息传播的随意性、娱乐性，网络舆论的平等性、开放性，促使大家不再迷信权威，“三观”受到极大冲击和腐蚀。文化的价值在于能够培育和教化人性，给人以精神依托。但当商品经济的原则逐渐渗透到文化领域时，也就是说，当文化被当做消费品进入工业生产和商品流通领域时，其意义就不再那么崇高了。大众传媒很重要的一项功能就是文化传播，大众传媒在人类精神家园的构建中也确实发挥了积极的作用，但是传媒在逐步走向市场化的同时，也让文化走上了过度商品化的道路。当收视率成为电视节目的唯一宗旨，票房成为电影的追逐目标，发行量成为书籍的评优标准，那么文化真的仅仅只剩下干瘪的经济价值了。而当人类对物欲的追求掩盖了精神的追求，就会造成个体意义世界的迷失。西方马克思主义者认为，现代社会的危机实质上是现代性矛盾与冲突的体现，是一种以凌驾于精神文化之上的物质文化的主导地位为基础的文化危机。当人们一味以文化产业在国民经济中

① ［德］马克斯·霍克海默、西奥多·阿多诺，曹卫东译:《启蒙辩证法——哲学断片》，上海：上海人民出版社，2006年，第132页。

逐渐成为支柱性产业而骄傲时，应当更深入地考察文化产业中“文化”和“产业”的比重份额。在传媒消费主义怂恿下，当代中国人的精神世界出现了“意义的危机”，人的生活大都为消费所支配，过度物质的追求使人丧失了精神追求的活力。前些年大V翻手为云、覆手为雨，网络意见领袖的出现，消解了传统媒介社会中的权威舆论渠道和话语权力，许多意见领袖式的博主，通过转发或发动一项运动，甚至可以推动整个社会的发展和变革。网络意见领袖的人气指数飙升，对普通民众，尤其是青年的价值观影响极大。而类似于薛蛮子的所谓公知大V，他们的“谣翻中国”更是对人们信仰的构建起到了不小的负面作用。

三、大众传媒与国家意识形态

（一）“当仁不让”——国家意识形态属性

早在17世纪，西方学者就开始了“传媒是什么？”、“传媒应当是什么？”的讨论，以约翰·弥尔顿为代表的传媒自由主义理论倡导者们认为，媒体应拥有绝对的、独立于政府、财团等权力之外的自由，在其后又有学者提出“观点的公开市场”和“自我修正过程”作为理论的补充。随着19世纪30年代“便士报”、“美分报”等商业性报纸的诞生，关于媒体的经济属性和政治属性成为讨论的重点。马克思曾经说过报纸“是作为舆论纸币流通的”，揭示了报业的意识形态属性和经济产业属性。现代传媒并不是独立于社会之外的、静止的组织，现代传媒作为主导性的社会力量，与社会的其他子系统之间相互作用和牵制，其身份也纳含于复杂变化的社会文化语境下。因此，要研究现代传媒的属性身份问题，首先要用历史的、动态的方法来研究，其次，我们所研究的不仅是现代传媒“是什么”的问题，更是“将是什么”和“应当是什么”的问题，针对这两点，大众传媒的意识形态属性是毋庸置疑的。提到意识形态属性，人们很容易认同这是“专属于社会主义媒介属性”的观点。其实，纵观中外传媒史，传媒从来都没有逃脱作为意识形态工具而存在的现实。只不过在西方国家，对这个问题常常闪烁其词，而在中国，则从不避讳。最初的媒体基本是以宫廷报的形式出现，例如公元59年创办的《罗马公报》、中国唐代的官报、宋代的邸报，这些报纸都是当权者实施教化天下的意识形态工具。在西方国家，随着资本主义制度的建立，传媒逐渐成为各个党派之间互相倾轧的工具，18世纪末到19世纪初，美国报纸呈现出典型的意识形态性，各个报业基本都附属于政党，从事文化宣传。而二次世界大战和冷战时期，西方媒体更是彰显了其作为意识形态工具而表现出的战争热情，媒介一度成为各国发泄和宣传民族感情的工具，将“保持中立、客观报道”的战争报道原则抛于九霄云外。直至今日，尽管传媒商业化、传媒技术的发展以及互联网的普及导致媒介生态发生了根本变化，但西方媒体在国际关系中从未放弃对意识形态的争夺，一些主流的西方媒体如法新社、路透社、美联社等牢牢掌控着全球国际传播的控制权，对世界范围实行意识形态的输出。这些年，所谓“中国军事威胁论”“中国经济威胁论”“中国崩溃论”等对中国进行歪曲的各种舆论报道无一不首先是从西方媒体特别是美国主流媒体上扩散开来的。①

中国的大众传播媒介是且应当具有意识形态属性，在这一点上，我国无论政府、业界还是学界都是十分认可且从不避讳的。传媒及其从业人员在新闻传播活动中应以先进的意识形态对受众进行潜移默化的影响，以充分发挥舆论引导作用和意识形态功能。传媒的意识形态属性可能会因为不同时期党和政府的中心任务不同而表现意识形态功能的差异性，在计划经济体制下，传媒的纯事业体制决定了传媒是党、政府和人民的“喉舌”的角色，其意识形态功能在此时期得到充分体现和发挥。随着我国传媒业经历初步市场化、

① 姜飞:《海外传媒在中国》，北京：中国文联出版社，2005年，第2—3页。

传媒集团化和传媒业“转轨改制”，传媒的产业属性开始凸显，关于传媒意识形态属性和产业属性孰轻孰重，以及彼此关系的讨论声不断。“喉舌”观的说法或许已经很少被人提起，但大众传媒的意识形态属性并不因此被弱化或消失。事实上，从理论上来分析，传媒的意识形态属性决定于上层建筑的政治性质，这种自媒介诞生之初就伴随而有的属性，并不因传媒是否产业化以及产业化程度多少而存在或消失。从当前的传媒实践看，一个媒体的生存不仅依赖其产业经营，同时也依赖舆论导向，由于传媒产品作为精神文化产品的特殊性，使得传媒的意识形态属性成为传媒产业生存和发展的灵魂。因此，我国现代传媒实际是意识形态属性和产业属性的统一体，割裂或偏颇于任何一方都不利于传媒生存和发展。尽管一个国家的意识形态不是单靠大众传媒来运作，但当前大众传媒对任何国家的意识形态却具有举足轻重的作用。因此，在深化传媒体制改革的过程中，保证大众传媒的意识形态属性始终都应当作为基本原则来对待。

（二）隐忧与挑战——媒介帝国主义冲击民族精神家园的构建

习近平同志在2015年2月28日会见第四届全国文明城市、文明村镇、文明单位和未成年人思想道德建设工作先进代表时曾说：人民有信仰，民族有希望，国家有力量，实现中华民族伟大复兴的中国梦，物质财富要极大丰富，精神财富也要极大丰富。他还强调，一个国家，一个民族，要同心同德迈向前进，必须有共同的理想信念作支撑。确实，一个民族就像一个人一样，不仅需要物质财富，同样也需要精神食粮。一个民族的精神家园是民族凝聚力和亲和力的源头，她能够给这个民族每个个体以归属感、认同感和安顿感，也是这个民族繁荣昌盛、生生不息的精神支柱。一个民族的精神家园如果走向荒芜，那这个民族赖以存在的文化根基、道德精神和凝聚力也会随之消蚀，失去灵气的民族也最终会因为日益突出的矛盾和冲突走向灭亡。现代性社会，一个民族的文化认同和精神